教育部人文社会科学重点研究基地
南京师范大学道德教育研究所成果

道德人的生成与流变

中国中小学德育课价值取向研究

刘黔敏 著

中国社会科学出版社

图书在版编目（CIP）数据

道德人的生成与流变：中国中小学德育课价值取向研究／刘黔敏著．
—北京：中国社会科学出版社，2014.9
（德育新视野丛书）
ISBN 978－7－5161－4688－0

Ⅰ.①道… Ⅱ.①刘… Ⅲ.①中小学生—人生观—研究—中国
Ⅳ.①G631.2

中国版本图书馆 CIP 数据核字(2014)第 193461 号

出 版 人 赵剑英
责任编辑 孔继萍
责任校对 周 昊
责任印制 王炳图

出 版 中国社会科学出版社
社 址 北京鼓楼西大街甲 158 号（邮编 100720）
网 址 http://www.csspw.cn
中文域名:中国社科网 010－64070619
发 行 部 010－84083685
门 市 部 010－84029450
经 销 新华书店及其他书店

印刷装订 北京市兴怀印刷厂
版 次 2014 年 9 月第 1 版
印 次 2014 年 9 月第 1 次印刷

开 本 710×1000 1/16
印 张 15.75
插 页 2
字 数 260 千字
定 价 48.00 元

凡购买中国社会科学出版社图书，如有质量问题请与本社联系调换
电话：010－64009791

目　　录

绪　论

一　问题的提出

社会环境的日益开放与复杂使得我国学校道德教育面临诸多的问题与挑战。在我国中小学一直有设置“品德与社会”、“思想品德”、“思想政治”等课程专门对学生进行道德教育的传统，在本书中统称这些课程为中小学德育课。如何拓展学校道德教育的方式、提高其效果，是教育研究者颇为关注的问题。尤其是伴随着新一轮课程改革的进行，改变课程过于注重知识传授的倾向，强调形成积极主动的学习态度，使获得基础知识与基本技能的过程同时成为学会学习和形成正确价值观的过程已成为大势所趋。中小学德育课作为专门的道德教育方式，也面临着变革的任务。

我国自20世纪初在义务教育阶段设置德育课，发展至今其内容和形式都发生了巨大的变化，这种变化实质是德育课程理念的变化。这些德育课程理念对今天的中小学德育课模式有着重要的影响，因此需要探寻导致德育课程发展变迁的深层理念。以文本形式存在的课程标准和教科书就为研究这些理念提供了重要的资料，对这些文本的分析可能帮助我们去思考在新中国成立后的几十年里，我们学校的道德教育观发生了怎样的变化，有哪些核心的价值观是不变的，哪些是与时俱进的，哪些是需要反思的，为后续的教育提供思考和借鉴。作为制度化的道德教育形式，这种变迁其实质是一种核心道德价值理念的变迁在学校教育领域的呈现。这种变迁揭示着我们教育所期冀培养的“道德人”是如何生成和流变的。

相对于其他道德教育方式而言，德育课拥有专门的教材和师资，拥有制度上的时间保证。作为一种现实存在，它的效果如何需要接受现实的检验。在课程运行的过程中，课程标准和教科书是基础性的，但任何现实的课程教学都不是对课程标准和教科书的简单施行。在实际的操作过程中，课程编制者的原有理念必然会受到各种变量的影响（如具体的时空、教师、学生等），产生理念的转化和变形，脱离预定的课程"轨道"。因此，对中小学德育课的关注不应仅仅停留在理念分析的层面，更需要关注其实践的状况。

促使笔者对中小学德育课中的价值观流变进行深入研究的另一个重要原因，是在求学期间笔者参与编写了义务教育初中段《思想品德》教科书，这段经历让笔者对中小学德育课有了直观的认识和深刻的体悟。在此过程中，与中学一线中小学德育课教师和教研员的接触更让笔者感受到了现实德育课程中的核心价值理念和运行中存在的种种问题与困惑，认识到了研究这个问题的重要性与紧迫性。通过与人民教育出版社合作，笔者有机会搜集到新中国成立后按历程存档的历次中小学德育课课程标准和教科书，这为本研究提供了资料上的保障。

二　研究目的与方法

本研究的主要目的定位在把握中小学德育课在理念层面上的核心价值取向经历了怎样的变迁，在现实中又以怎样的方式实践，其效果到底如何。具体而言，包括以下几个方面。

（一）探讨中小学德育课的特点

专门的德育课是伴随着现代教育制度出现的，它在形式上与其他学科课程有着一致性。道德学习与知识学习、技能学习的机制有所不同，因此德育课有着自身的特点，而这些特点恰恰决定了德育课究竟能在学生的道德成长中发挥怎样的作用。

（二）从教学大纲教科书文本变化探讨新中国成立后我国学校道德价值观流变的过程

我国中小学德育课在形式上一直没有大的变化，都是以课堂教学的方式存在，但其内容却几经更迭，这些变化反映出不同时期德育理念的差异。因此本书期望通过对系统、连续的课程标准和教科书进行解读，探寻出学校德育课的价值观发展历程。

（三）探讨新课改背景下中小学德育课的发展

仅仅对现实存在的德育学科课程的理念和运行状况进行研究是不够的，做一些建设性的工作、推动此课程的发展才是本研究的最终目的所在。2002 年起，我国一直在推进新课程改革，2011 年新一轮的课程改革正在进行，在这种背景下德育学科课程在理念上发生了哪些变化，在实践的过程中又遇到了怎样的问题，怎样才能推动课程改革顺利进行，是本书关注的又一问题。

（四）探讨在社会和学校教育环境下中小学德育课的实践命运

在教育研究领域，应然的研究很多，而对实践的观照显得相对缺乏。作为一种专门的道德教育方式，中小学德育课得到了制度上的保障。这种课程在现实中究竟实践得如何、存在怎样的问题，是本书关注的问题之一。在本书的最后部分希望通过对现实德育课教师群体的研究了解中小学德育课的实践命运。

为了实现上述目的，本书采用文献分析、问卷调查、个案分析、访谈，与现场考察等方法相结合。力图从伦理学、哲学、社会学、心理学、文化学等多学科的视角对研究资料进行分析，以厘清我国德育课价值取向的发展流变。

三　相关研究现状

因为本书所研究的中小学德育课特指中国的德育课，因此这里的研究综述则专指这方面的研究，至于国外对中小学德育课的相关研究不作为本研究关注的重点，因为国外的学校道德教育的形态与我们有着较大的差异。就笔者现有的资料看，中小学德育课作为一个专门的研究论题是 20 世纪 80 年代以后的事，笔者查阅到的直接以中小学德育课为题的专著没有，以德育课程为题的专著有三本，分别是《现代德育课程论》（佘双好，2003）、《中国近代德育课程史》（郑航，2004）、《德育课程论》（魏贤超，2004）。其他的一些德育原理方面的著作对中小学德育课也有相关论述。这些研究主要集中在以下几个方面。

（一）对德育课进行基本原理方面的研究

这类研究以《现代德育课程论》、《德育课程论》等专著为代表。如佘双好的《现代德育课程论》主要是对我国古代的德育课程、西方近代德育课程发展和现代德育课程的相关理论进行了探讨，并指出现代德育课程必须以马克思理论为指导。此著作中的德育课程是采用的是大德育概念，所讨论的重心并不是专门的中小学德育课。魏贤超的《德育课程论》则主要论述了主体参与式和全息整体德育课程体系的基本理论构想，以及全息整体德育课程体系的理论及实践框架。除此之外，一些德育理论著作对中小学德育课作了相关的论述。如班华所主编的《现代德育论》对现代德育课程作了专章论述，从不同的维度对德育课程进行了分类并对不同类型的德育课程的特点进行了分析。黄向阳的《德育原理》侧重于对中国的中小学德育课的大德育模式的优点与劣势进行探讨。檀传宝的《学校德育原理》专门提出了中小学德育课的概念，并对它的特点进行了研究。这些学者的研究普遍认为中小学德育课作为一种直接的道德教育方式，其存在的合理性虽然存在学理上的争论，但仍有其现实的存在价值。

（二）对义务教育阶段中小学德育课教学史的研究

这方面的研究以《中国小学思想品德教学史》（高谦民，1995）和《中国近代德育课程史》（郑航，2004）两本专著为代表。这两本专著论述的重心有所不同，高谦民的《中小学思想品德教学史》重在从纵向的角度对中小学的思想品德课的发展沿革进行历史的梳理，而郑航的《中国近代德育课程史》则主要讨论了近代中国中小学德育课程的发展状况及其与文化变迁的关系。这方面的著作为本书研究中小学德育课的发展提供了翔实、具体的资料。

（三）德育课教学论的研究

在新中国成立后的很长时间里，中小学德育课具体就是指小学阶段所开设的思想品德和初中阶段开设的思想政治课。对这些课程的教学论方面的研究比较多。如《思想政治学科教育学》（朱明光、蓝维，2000）、《德育课程与教学论》（吴铎，2003）、《思想政治课程教学艺术论》（胡兴松，2000）、《中学政治教学建模》（曹宝静，2003）等。这类研究侧重以一般教学论理论为基础对思想政治课进行相关研究，重在对该课程的教法、学法以及评价等环节进行理论探讨，寻求适合本学科特点的教育教学模式。

随着课程改革的进行，对中小学德育课的反思与批判开始逐渐涌现，如《学科式德育课程的问题及其对策》（易晓明，2002）、《回归生活——

“品德与生活”“品德与社会”课程与教材探寻》（鲁洁，2003）、《构建中学现代化的德育课程——论德育课程设置的改革》（赵震寰，2001）、《中小学德育课程的创新》（鲁洁、高德胜，2004）等文，这些研究主要针对以往中小学德育课所存在的弊端进行了批判，包括对其教学目标、教学内容、教学方式和师生关系的批判，进而提倡中小学德育课走近学生的生活世界，改革原有的教材和课堂教学模式等。

（四）其他相关研究给予的启示

因为本书有相当部分内容是对历次的课程标准和教科书进行文本分析，因此教育社会学和课程社会学相关方面的研究对本研究很有启发。20世纪70年代以来，西方教育社会学受知识社会学、符号互动理论以及人种志方法论的影响，形成教育知识的社会学分析研究的倾向。其中，以英国的伯恩斯坦（B. Bernstein）、迈克·扬（M. F. D. Yong）、马斯格雷夫（P. Musgrave）以及美国的艾普尔（M. W. Apple）等为突出代表。总体而言，这种对教育知识的社会学分析主要都是质疑法定课程中“知识”的中立性，对进入教科书的知识的合法性及合理性进行追问。这些社会学家们深究各种知识在课程中是如何被选择、组织和评估的，进而研究其中所隐藏的意识形态及其他社会因素在其中起的作用，试图揭示隐含在学校课程背后的种种假设和理论依据。这类研究对本书进行课程标准和教科书分析有着重要的参考价值。

虽然对课程的研究很多，但是在我国从社会学的角度对课程进行研究却是20世纪80年代以后才出现的。这方面的研究一方面是对法定的课程进行社会学的探析，如《课程社会学》（吴永军，1999）、《知识演化与社会控制——中国教育知识史的比较社会学分析》（吴刚，2002）等专著，以及吴康宁的《知识的控制与分等：课程结构的社会学释义》（2000）、《价值的定位与架构：课程目标的一种社会学释义》（2000）、《意义的生成与变形：“课程授受”的社会学释义》（2001）等系列论文，这些研究运用社会学的相关理论对我国的现实课程进行了研究。另一方面是有些研究者逐步开始以专门的学科课程为研究对象进行这方面的研究，包括对课程标准进行解读和对学科课程进行知识社会学分析。具有代表性的有《历史人物在历史课本中的地位沉浮——我国两套初中〈中国历史〉课本所载“重点人物”的比较研究》（吴康宁、吴永军，1995）、《中国大陆小学“品德”课程标准的社会学研究——兼与台湾小学“道德”课程标准相比较》（吴康宁，2001）、《语文教科书的社会学阐释》（王有升，2000）、《教科书话语呈现的蒙太奇——作为一种整体性策略》（高水红，2002）等论文。已有这些研究为本书提供了一些思想方法和可以借鉴的研究模式，如运用统计的方法对中小学德育课文本进行解读、用纵向比较的方式对课程文本中的各种思想流变进行研究等。

总体来看，关于中小学德育课的相关研究存在下面一些问题：

1. 对新中国成立后整个小学和初中阶段中小学德育课的研究更多停留在静态的历史描述上，或者更多侧重于现有课程的具体教学法研究，而对其深层次的价值观理念变迁研究得较少，缺乏对德育课本身内容及其存在价值取向的反思。

2. 对此论题共时态的实证研究很少。已有的研究更多体现为一种学理上的探讨，或者重在中小学德育课的历史研究，现时态的实证研究比较欠缺。现有的实证研究更多是以问卷的方式对中小学德育课的实施情况和该学科教师的构成状况进行调查。而运用质的研究方法，走进中小学德育课的课堂、走近中小学德育课教师的实证性研究非常少。

3. 对中小学德育课本身特点和功能定位的研究还比较欠缺。具体而言，德育学科的教学目的和师生关系的特点、教学评价和教材的特点等方面的研究不够。以往的研究往往是把一般课程论和教学论的理论套用到中小学德育课之中，忽视了对其学科特质的研究。

四　研究框架和基本观点

笔者认为，中小学德育课作为一种学科课程有着自身的一些特点。通过对课程标准和教科书的解读，可以看出这门课程的深层次理念的“变”与“不变”。而通过对中小学德育课教师群体的研究则可以发现这门课程在运行中所存在的一些结构性问题。课程改革的进行为中小学德育课的发展提供了契机，同时使其面临一系列的问题与挑战。

研究基本框架如下：

第一章：中小学德育课概略。本章主要对中小学德育课概念进行了界定，并对其发展历史进行了简单描述。

第一，中小学德育课需要在概念上加以澄清。从学理的角度，德育并不能成为一门学科。而从现实来看，开设专门的学科课程进行道德教育是一种普遍的现实，因此，中小学德育课的概念是成立的，有研究的价值与意义。

第二，作为一门学科课程，中小学德育课与其他的课程和其他的道德教育方式相比有着自身的特点。从道德学习的特点出发分析，中小学德育课有如下一些特点：它是一种人格化的课程，是一种非学科性的课程，是一种侧重于道德认知发展的课程，是一种同步化和标准化的道德教育方式。

第三，我国从清末设置中小学德育课至今，经历了一系列的发展变化。从课程的变迁中可以看出我国的中小学德育课内容相当繁杂，而且受政治变迁的影响很大，这对整个中小学德育课的发展产生了深远的影响。

第二章：分析 1949 年到 2001 年我国德育课课程标准和教科书中价值取向的变迁。本章主要通过对新中国成立后历次课程标准的分析探寻中小学德育课程的道德价值观的理念变迁过程。

一般认为，课程标准是以纲要的形式，规定出学科的内容、体系和范围。它规定出课程的实质性内容，是编写教科书的直接依据，也是检查教学质量的直接尺度，对教师工作有直接的指导意义。课程标准对教科书的编写、实践层面的课堂教学、课程的评价等都起着一种方向性的导引作用。尤其是对我国这样一个长期实行中央集权课程管理制度的国家，一纲一本的课程制度延续多年，发展到今天成为一纲多本的形式，因此这一纲在整个课程中的重要性更是不证自明。它的每一次变化都会带来教科书的变化，进而影响课程的具体运行。历次的课程标准成为中小学德育课理念变迁最直接的载体。笔者搜集到自新中国成立后该门课程的所有初中和小学阶段课程标准，力图从中解析出我国的学校道德教育在上位层面的理念的发展历程。经过分析后发现：

第一，从教学目的上来看，从接班人走向道德人的培养，从培养高尚的人逐步走向重视培养合格公民。

第二，通过对历次中小学德育课程要点的归类分析后发现，一方面，我国的中小学德育课存在如下的一些具有稳定性的价值取向：（1）“群体”的占场和“个人”的缺场：“群体本位型”的价值取向；（2）“义务”的占场与“权利”的缺场：“单向度的服从型”的价值取向；（3）“集体”的占场与“公共”的缺场:“弱公共型”的价值取向;(4)“体制组织”占场与“生活世界”的缺场:“道德理想型”的价值取向等。另一方面,从重视外部的道德要求转向关注道德主体自身的精神生活;从培养“高大全”的道德高尚者演变为关注道德的底线要求则反映了这一时期德育理念的发展。

从教科书的内容来看,通过对新中国成立后5套完整的初中段中小学德育课教科书和两套小学段中小学德育课教科书进行分析,把握德育理念的变迁。

教科书是教材的一种,所占据的比重最大、作用最大、使用面最为广泛,内容最基本也最为成熟。课程的变革与发展都与教科书的形式、内容的变化息息相关。从人们创办学校开始,教科书就紧紧地同学校联系在一起,在近代采用印刷机器和纸质材料后,教科书连同班级教授课制和课堂教学,在学校教学中广泛应用,并逐步定型化。它在各国学校中的作用已经根深蒂固,获得了绝大多数公众的认可。自新中国成立后一直到90年代初期,我国都是实行一纲一本的课程管理制度,后来逐渐出现一纲多本的情况。尽管如此,人民教育出版社所出版的教科书仍然是使用面最为广泛、使用人次最多的教材。因此笔者选用人民教育出版社所出版的几套教科书作为分析的样本,希望通过对其的研究发现在教科书编写这个层面我国的深层德育理念是什么,而且这些理念经历了怎样的变迁。由于对中小学的所有教科书进行全面分析的工作量很大,在此笔者采取以分析初中的几套教科书为主、分析小学的两套教科书中为辅的方式。分析过程中采取点线面结合的方式,即根据具体的情况有的进行纵向分析,有的则抽取一些课文作为样本进行研究。本章主要从教科书的逻辑编排、榜样沉浮、叙事特点三个维度对教科书中所体现的理念进行探析。

1. 在逻辑方面,通过分析笔者发现中小学的德育课教科书几乎都是以“是什么,为什么,怎么办”的逻辑进行教科书的编排。这体现出一种道德知识论的逻辑,对课堂中的师生关系就限定为“授—受”关系。

2. 通过对5套初中段教科书和两套小学段教科书中出现的榜样人物的统计分析,笔者发现书中的榜样呈现如下特点:自致角色多于先赋角色;表现性角色多于功利性角色;成人世界的榜样为主。教科书中的边缘以及被忽略的人物是少数民族的人物、实业家、传统历史人物、资产阶级人物等几类。榜样的选择体现了这样一些理念："精英化"的道德价值取向；"完人化"的道德价值取向；"成人化"的道德价值取向；"男性优越化"的道德价值取向等。

3. 通过对教科书的叙事进行分析后发现，中小学德育课教科书的叙事呈现如下特点：高度结构化；线性的叙事结构；故事矛盾的鲜明性；故事发生情境的极端性；故事人物的功能定型化等。叙事潜存着这样一些理念：（1）客体化的学生观；（2）抽象而单一的道德观；（3）善恶二元对立的人性观。

第三章：分析2002年到2013年新课程改革背景下的中小学德育课程的变革与挑战。本章从中小学德育课的新理念、新编教科书的特点和新课程的挑战三个角度对课程改革背景下的两次德育课面对的变革与挑战进行分析。

第一，对2002年的课程改革背景下中小学德育课的价值取向变化进行了分析。此次课程理念主要集中在三个方面。一是道德生活成为课程建构的基础，具体体现为：课程的逻辑编排遵循生活的逻辑；在具体的内容取材上贴近学生生活。二是重视道德学习，具体体现为：整个课程内容都是以"我"作为线索联结起来；课程标准中把德育课定位为实践性的课程；课程实施提倡关注学生的独特的个性、兴趣、爱好和知识结构等。三是强调教学内容的有机整合。通过分析，2003年以后的德育课教科书呈现出如下的一些特点。（1）教科书定位为师生共同的"学本"；（2）内容组织贴近学生生活；（3）注重道德思维能力的培养：内容生成与适当留白；（4）注重道德体验，强调道德践行等。新编教科书存在的问题集中表现为对不同类型生活差异性的处理还不够到位，内容的有机整合还需进一步加强。

第二，对2011年新一轮的课程改革背景下中小学德育课的价值取向进行了分析研究。通过对中小学德育课的课程标准进行分析发现：标准强调为了生活的价值取向；淡化"人民教育"，强调"合格公民"培养取向的价值取向；摒弃"知性德育"，强调"践行模式"的价值取向。从内容要点来看，新的变化体现在私德与公德并重，强调道德的底线要求；关注网络信息化时代信息道德的培养。

第三，本章还对新课程改革背景下对实践教学层面提出的挑战进行了分析。首先，对教师提出了新的要求。长期以来教师在课程编制中的“缺席”地位使得教师对课程改革缺乏意义感，而且养成了一定的教学惰性。新课程一方面需要教师真正对学生进行道德引领；另一方面要求教师从传统的学科教师角色转化为真正的德育教师。其次，新课程需要新的课程模式作为支撑。体现为变封闭的课堂为开放、真实的课堂，变授—受关系的课堂为对话和互动的课堂。再次，课程改革的成功需要评价制度的改革。中小学德育课的评价应尽量摆脱选拔的功能取向，通过评价过程本身促进学生的道德学习。

第四章：对现实中德育课的实践效果进行研究。德育课在现实中运行得如何是本章论述的重点。

在课程标准和教科书制定下来之后，中小学德育课在实践层面是通过教师的教学实现的。通过对该课程的教师群体进行研究可以推知这门课程现实运作的一些基本状况，研究主要集中在以下三个方面。

第一，中小学德育课的学科独立性问题。通过对德育课教师的专业构成、专业定位两个方面进行量和质的分析说明德育课的大德育模式、政治化取向和知识化取向使得德育课的依附性较强，没有形成自身独立的学科品格，影响到该门课程的学科声誉。

第二，中小学德育课的学科地位问题。通过教师对自身地位认知的调查和对现实中德育课教师地位的研究可以推知这门在中小学课程体系中的地位是比较低的。体现为该学科在学校和学生心目中不受重视，正常的课时得不到保证等。德育课的地位问题反映出其在功利性教育文化中的困境。

第三，中小学德育课的运行效果问题。从德育课教师的职业意义感的调查分析和现实课堂中德育课教师面临的困境中可以发现，这门课程的实际效果不尽如人意，这与多元、开放的社会环境和社会公共道德教育资源的缺失有关。

第一章

中小学德育课概略及发展

本书研究中小学制度化的德育课程核心价值理念的变迁，在研究这种价值观流变之前，我们首先需要厘清作为一种制度化的道德教育方式，中小学德育课与其他德育课程相比其课程的特质是什么，其从设立之初至今课程的形态发生了怎样的变化。在我国中小学包括小学、初中和高中三个阶段，就其课程性质来看，具有鲜明道德教育价值取向的是义务教育阶段的“品德与社会”、“思想品德”课程，由此文本所探讨的中小学德育课程，主要指涉的就是义务教育阶段的相关德育课程。

第一节　中小学德育课概略

要对课程的价值取向流变进行分析研究，首先需要对德育课程的相关概念进行界定。课程一词，可谓教育学中最难定义也是定义最多的专业名词之一。随着课程改革的兴起，对这一概念的界定更为多样化。根据《中国大百科全书》的定义，课程即学科，或者指学生学习的全部学科——广义的课程，或者指一门学科——狭义的课程。[①] 这其实也是绝大多数实践工作者对课程的理解。如有学者指出的：“不管人们给‘课程’下的定义是什么，至少迄今为止中国人心目中的‘课程’所指的，仍然

① 《中国大百科全书·教育》，中国大百科全书出版社 1985 年版，第 207 页。

是‘所有学科的总和’或某一门学科。”[①] 而本书所讨论的正是这样一种“课程”。这样的课程包括专门的课程目标、专门的课程标准和教材、课程的计划安排、教学进程、时限和评价等。

一 中小学德育课及相关概念界定

（一）德育课程

德育课程是近年来才兴起的一个概念，而对课程千差万别的定义使德育课程的概念也是多样的。在界定之前需要对德育一词作界定。德育有广义和狭义之分。狭义的德育是指道德教育或品格教育，是形成人们一定的道德意识和道德行为的教育。它的任务是提高道德认识，陶冶道德情感，锻炼道德意志，确立道德信念，培养道德习惯等。[②] 而广义的德育，则是指旨在形成受教育者一定思想品德的教育。在社会主义中国包括思想教育、政治教育、道德教育。在西方，一般指伦理道德教育以及有关价值观的教育。[③] 就我国的国情来看，多在广义的层面上使用德育一词。对德育课程概念的界定比较有代表性的几种观点是：（1）侧重于课程开设的目的性方面：德育课程是具有育德性质和功能因而对受教育者的思想品德发展有影响作用的教育因素，是整个教育课程的有机组成部分。[④]（2）侧重于课程的形式方面：德育课程是道德教育内容或教育影响的形式方面，是学校道德教育内容与学习经验的组织形式。[⑤] 从这些概念来看，人们达成这样的共识，德育课程必须是一种主观上具有育德意向的、在效果上有育德功能的教育方式。笔者认为，判断是否是德育课程应该从这样几个要素来进行分析，一是这种课程是否有着明确的道德教育目的，二是这种课程是否有明确的载体（如活动、课堂教学等）来实现这种目的。至于对学生起到怎样的育德作用则属于德育课程效果如何的问题，而不是课程本身

---

① 陈桂生：《“教育学视界”辨析》，华东师范大学出版社 1999 年版，第 118 页。

② 顾明远主编：《教育大辞典》，上海教育出版社 1998 年版，第 236 页。

③ 同上书，第 249 页。

④ 班华主编：《现代德育论》，安徽人民出版社 2001 年版，第 157 页。

⑤ 檀传宝：《学校道德教育原理》，教育科学出版社 2000 年版，第 116 页。

必须具备的要素。因此，德育课程即是学校在明确的道德教育目的指引下，通过一定的内容载体进行道德教育的一门制度化的课程。

中小学德育课发展到今天有着多样的存在方式，人们按照不同的维度对其进行了分类。如有学者根据对学生产生道德影响的方式分为显性德育课程与隐性德育课程；根据德育课程对不同道德心理机制的作用分为认识性德育课程和活动性德育课程；根据德育课程在学校课程体制中的存在方式分为学科德育课程与活动德育课程。① 还有学者把德育课程分为认识性德育课程、活动性德育课程、体制意义上的德育课程、气氛意义上的德育课程、隐性的认识性德育课程和隐性的活动性德育课程等。② 这些划分的最终目的都是为了从不同角度更好地把握不同德育方式所具有的特点和能够起到的作用。

（二）中小学德育课概念界定

学科一词在不同的语境下有着不同的意义。一是指学科的分类，指一定科学领域或一门科学的分支。二指教学的科目。③ 在科学的范畴内它主要指称学术学科，即人类知识体系中的门类，亦即专门化、系统化的知识。其英文称谓为 discipline 或 academic discipline。在教育范畴内所使用的学科则是指学校教育中主要的教育内容的门类，其英文称谓为 subject 或 school subject。④ 这与《中国大百科全书》对狭义课程的界定是相符的。学科课程是制度化教育的产物，是对学生学习经验的一种特定组织方式。根据《教育大辞典》中的定义：学科课程亦称“分科课程”，是以文化遗产为基础组织起来的传统的课程形态的总称，由一定数量的不同学科组成，各门学科各具固有的逻辑和系统。⑤ 从学理上看，德育不能成为一门学科课程，因为德育本身包括高度综合性的教育内容，并无专门的学术性学科作为其知识背景，也不存在固有的逻辑和系统，需要多种学科内容和通过多种途径实现整合。但是，通过设置专门课程对学生进行道德教育

---

① 班华主编：《现代德育论》，安徽人民出版社 2001 年版。

② 魏贤超：《整体大德育课程体系初探》，《教育研究》1995 年第 10 期。

③ 顾明远主编：《教育大辞典》，上海教育出版社 1998 年版，第 1800 页。

④ 陶本一：《学科教育学》，人民教育出版社 2002 年版，第 3 页。

⑤ 顾明远主编：《教育大辞典》，上海教育出版社 1998 年版，第 1801 页。

则是学校教育中的一种现实。因此从现实存在的角度，中小学德育课是存在的。本书所讨论的中小学德育课就是这样一种课程，即在学校教育系统内以专门介绍道德价值、道德规范为主要内容的，以促进学生道德发展水平为主要目的，以一门课程的形式存在的道德教育方式。它与其他的学科课程一样，具有明确的课程计划（教学计划）、课程标准（教学大纲）、教科书、师资配置、课堂教学和相应的教学评价等，是学校德育的有机组成部分。它是学校教育中一种直接的道德教育方式，也是制度上最有保障的德育课程之一。我国的中小学德育课曾经以不同的名称出现，如思想品德、公民、社会发展简史等，但不管课程的内容和形式怎样变迁，这种课程始终在学校的课程体系中占据着一席之地。

任何研究都需要有明确的指向性，本书所探讨的中小学德育课是我国小学和初中阶段的学校课程体系中的德育学科课程，下文中简称德育课。从我国的实际情况看，德育课是一种德目主义模式的课程，即把人们经过多年生活经验积淀和验证而得来的一些道德品质和规范以德目的形式固定下来，编成教科书，通过教师的系统传授而达到道德教育的目的。这种课程是在现代教育制度背景下产生发展而来，与中国古代具有道德教育价值的课程有着不同的意涵。

二　中小学德育课特征解读

德育课虽然是学校学科课程的组成部分，但对其研究却不能停留在一般课程论意义上的探讨，我们需要对其特征有进一步的把握，寻求此学科课程的个性所在。

开设德育课的主要目的是通过专门的道德教育促进学生的道德发展。道德教育要真正发挥作用，必须依靠道德主体自身的学习来完成。道德是学会的而非教会的，没有道德主体自身的建构，任何的道德教育最终都不能产生效果，因此道德学习的机制是道德教育的起点。只有对道德学习的特点有了清晰的认识才可能对德育课程的特点有进一步的把握。

（一）道德学习的特点

任何的学习都是在心理机制的参与下完成的。虽然研究者还未完全把握道德学习的心理发展规律，但也得出了一些卓有成效的研究成果。20世纪以来，认知心理学体系、行为主义心理学体系和精神分析学理论体系都对道德学习的机制进行了研究，并取得了丰硕的成果。认知心理学以皮亚杰和柯尔伯格为代表，他们通过间接故事法，从认知的角度研究了儿童道德判断发展的几个阶段。班杜拉等通过实验室的模拟实验，从社会学习的角度研究了儿童在与环境的相互作用中借助观念学习和替代强化形成道德行为的一系列问题。他认为，人类的行为是个体与环境交互作用的产物。个人的道德行为是通过两种方式进行的：一是直接告诉他们行为的对错和应该怎样，二是模仿学习。这两种方式都必须运用强化的作用。艾里克森从精神分析角度，通过临床法，研究了人格发展阶段的内心冲突和道德感的问题。在这三大理论体系中，他们的观点分歧很大，即使是在同一理论体系中，不同的代表人物对品德的发展又有不同的见解。他们争论的焦点集中在品德是怎样形成的和品德发展的阶段性问题等方面。近年来道德学习也逐渐成为一个专门的研究论题引起国内学者的关注，最具有代表性的是王健敏的专著《道德学习论》，作者在书中指出道德学习是一种价值学习，而且本质上是一种体验式学习。这种学习的特点是生成性、整合性、情感性、个别性。[①] 虽然这些理论的侧重点和研究的成果有所差异，但这恰恰揭示了道德学习的心理机制和过程的复杂性。

与一般性的知识学习、技能学习两者相比，道德学习无疑有着自身的特点和规律，具体可以从道德学习的目标、心理机制和学习环境三个方面进行分析。

1. 道德学习的目标：道德情感、态度价值观的形成

知识学习和技能学习面向的是人的智力和技能领域，在学习中所需要解决的问题主要是知与不知、理解与否、会与不会的问题。道德学习则面向人的情感态度和价值观领域。体现为通过学习，人在态度上是否赞同、情感上是否趋同、在行为上是否愿意体现，最终上升到人的信仰层面，成为一种稳定持久的道德信念和道德行为模式。

2. 道德学习的心理机制：整合性的学习

道德学习与知识学习和技能学习相比其心理机制无疑更为复杂，最为突出的一点就是它更多体现为一种整合性的学习。它需要认识认知、情感和行为的共同作用，有机整合才能达成。在道德的学习中不存在客观和中

---

① 王健敏：《道德学习论》，浙江教育出版社 2002 年版。

立的学习，即使是学习某一种道德原则，也是带有情感特征的，同时学习者也需要通过具体的行为进行学习。如杜威通过对康德的道德感直觉主义批判后所指出的并不存在先验的道德感。他指出："设身处地为别人着想，从别人的目的和价值观立场看问题，将我们对我们自己的需要和权利要求的估计，降低到一个充满同情心和毫无偏见的观察者看来能想象的水平，是获得道德知识的普遍性和客观性的最为可靠的方法。一言以蔽之，同情是道德知识的一般原则，这并非因为它的命令优于其他命令（它们不必优于），而是因为它提供了最为可靠的和有效的智力上的观点。"① 这段话深刻揭示出在道德学习中情感所起的作用。苏霍姆林斯基则指出："认识，只有在行为能给孩子带来正义感，能使他激动，能使他心灵上产生快乐感和兴奋，并能振作精神的情况下，才能转化为信念。"② 概言之，道德学习是在认知、情感、行为等多重因素的共同作用下和相互不断强化的过程中完成的，这就决定了道德学习的整合性特点。

道德学习的整合性尤其强调体验和践行的作用，知识学习更多依靠的是识记、思考、记忆等心理机制的作用。相对其他的学习方式，道德学习尤其强调情感体验和行为践行的作用。如黄向阳所言："一个人在道德上'知'和'会'固然重要，但是'知之'、'会之'并不保证'为之'，须先使人'信'之，就是说，使人在情感或态度上倾向于'所知'、'所会'。这种认同感的形成，需要诉诸学生在学与用中对所学和所用的知识和技能的价值的一种亲身的体验。"③ 道德的学习不以理解、掌握道德作为其终极的目的，必须在践行的过程中才能强化。此外，只有在行为上具有道德评判的意义，并成为一种稳定的行为特征才能说明道德学习产生了效果。

3. 道德学习：预存立场下的学习

在知识领域或者技能领域，学习与未学习的差别在于学习者以前是否

---

① ［美］杜威：《道德教育原理》，王承绪译，浙江教育出版社 2003 年版，第 275 页。

② ［苏］苏霍姆林斯基：《苏霍姆林斯基选集》（第四卷），教育科学出版社 2001 年版，第 259 页。

③ 黄向阳：《德育原理》，华东师范大学出版社 2000 年版，第 85 页。

知道、是否会做某一项技能。道德学习则是一种“从摇篮到坟墓”的学习，自人出生之日起，就从各种渠道开始各种形式的道德学习而形成了自身独特的道德学习的谱系。儿童首先是从其父母身上和家庭生活中习得最初的道德，而不是从书本中获取道德。家庭父母的影响、自身生活经历的体悟等都在潜移默化地对人的道德成长产生着影响。苏霍姆林斯基就认为精神生活的创造是教育过程中最复杂、最精细的领域之一。它之所以复杂和精细，是因为每一个人都生活在一定的具体情境中，每个人都处在种种不同的、有时是相互矛盾的思想影响之下。[①] 著名的文化人类学家露丝·本尼迪克特在《文化模式》一书中指出：“个体生活的历史中，首要的就是对他所属的那个社群传统上手把手传下来的那些模式和准则的适应。落地伊始，社群的习俗便开始塑造他的经验和行为。到咿呀学语时，他已是所属文化的造物，而到长大成人并能参加该文化的活动时，社群的习惯便已是他的习惯，社群的信仰便已是他的信仰，社群的戒律亦已是他的戒律。每个出生于他那个群体的儿童都将与他共享这个群体的那些习俗，而出生于地球另一面的那些儿童则不会受到这些习俗的丝毫影响。”[②] 由此，人的道德学习不是以知到不知的线性方式进行，而是在“预存立场”的前提下进行的。也就是说，在接受道德教育之前个体在已有的道德认识和道德体验的基础上形成了自己的道德心理结构，这决定了他如何对外来的道德教育信息进行选择和加工。

另外，在知识和技能的学习领域，学习者基本上可以以一种客观的立场进入学习的状态，不需把自身的价值取向带入学习之中，道德的学习本身则面向价值领域，学习者不可避免地带有主观的情感价值取向，它不是一种价值无涉的学习。如有学者所指出的，道德学习是关涉价值的学习，而价值事实与非价值事实的区别就在于前者是客体对主体需要、欲望、目的的效用性，因而其存在依赖于主体的需要、欲望、目的；后者则与主体的

---

① ［苏］苏霍姆林斯基：《苏霍姆林斯基选集》（第四卷），教育科学出版社2001年版，第274页。

② ［美］露丝·本尼迪克特：《文化模式》，王炜等译，三联书店1988年版，第5页。

需要、欲望、目的无关，因而其存在不依赖主体的需要、欲望、目的。[①] 这就决定了个体进行道德学习时如何选择和提取外来的教育信息。如学者赵汀阳指出的:“由于幸福总是落实在具体生命（存在）也是个人生命上，所以伦理学主体是真正个人化的主体，而不同于知识论意义上的代表着人类或任意某人的一般主体。伦理学主体就从根本上区别于知识论主体（即一般意义上的主体），这一点决定了伦理学主体总是特殊的、局限于身体存在的主体，它不是个‘思’（mind）而是个‘心’（heart）。”[②] 学习者所接触的道德教育内容可能与自身主观的情感价值取向发生冲突和矛盾，心理机制也就更为复杂。

正因为道德学习的特殊性，必然使道德教育与其他形式的教育有所不同，中小学德育课也因此具有了自身的一些特质。

（二） 中小学德育课的特点

对德育课的特征进行分析，可以从以下两个维度进行思考。首先，作为一门学科课程，与学校课程制度中的其他学科课程如语文、数学等学科相比它有着怎样的独特性？其次，作为学校道德教育的一种方式，它与其他形式的学校道德教育方式相比又有着怎样的不同？这样我们才能在充分把握中小学德育课的个性的基础上给予其恰当的功能定位。

1. 人格化的课程

德育课的目的是促进学生道德的发展，与其他学科课程一样，在课程中它需要借助一定的内容载体来实现此教学目的。这些内容本身必然要求具有道德意蕴，能够成为道德教育的资源。与其他学科课程不同的是，除了教学内容本身要与教育目的一致外，这门课程的教师本身的道德水平本身就构成了一种课程资源影响着学生的道德学习，因为学生不仅仅是通过教师所教的内容来进行道德学习的，更是直接通过教师自身的道德人格来学习道德的。正如苏联哲学家车尔尼雪夫斯基所言：“教师把学生造成一种什么人，自己就应当是这种人。”[③] 如果说学生在进行其他的课程学习时可以把教师和他说教的内容有所区分，做到价值无涉的学习，德育课则正好相反，教师甚至比所教的内容更先成为影响学生道德学习的因素。如

---

① 王海明：《伦理学方法》，商务印书馆2004年版，第254页。

② 赵汀阳：《论可能生活》，中国人民大学出版社2004年版，第124页。

③ 郑金洲：《教育通论》，华东师范大学出版社2000年版，第325页。

小园国方所指出的："不管想要实施多么有意识的、有具体方案的教育，话说得多么大，自己没有的东西终归是传授不出去的。同样，尽管不想传授，而欲隐藏，可是内在的我必然要向外表现，不知不觉之间，就使他人在受影响。"① 这就使德育课呈现出人格化的特征。

教师对德育课的影响主要是通过两种方式实现的。一方面，教师自身的道德水平影响着德育课是否产生理想的效果。一个道德高尚的教师本身就是一个道德教育场，不用特定的教学载体他就能对学生产生良好的道德影响，起到无言之教的效果。有了这种德性的基础性作用，学生对其所传授的道德内容也更容易接受。当然这并不意味着其他学科教师的师德不重要，而是说这门课程教师的道德水平是其职业素养构成中最为重要的方面。我们可以要求其他学科教师只具备基本的师德，但是对德育课教师而言这样却是不够的，因为德育课教师本身的道德水平正是其教学的灵魂所在，更具有本体的价值。就如很难设想一个医术低下的医生能够成为良医一样，很难设想一个道德败坏的人能够成为一个成功的德育课教师。苏霍姆林斯基就指出："如果没有教育者的真情实感和敏锐的智慧赋予真理以活的灵魂，那么即使最高尚的道德真理，对学生来说仍旧只能是空洞的词句。如果没有教师这样一个活生生的人的炽热的心、高尚的情操和审慎的理智，任何一种教育理论，不管它们多么高明，都会变得毫无用处。"② 概言之，其他学科的教师对其所传授的内容更多体现为一种"占有"关系，德育课教师与所教的内容则是一种"共生"的关系。

另一方面，教师与所教内容之间的关系影响着学生的道德学习。德育课的教学一般都要通过一定的内容载体（如课程文本中的内容）来实现，教师对自己所教内容的态度自然就会影响到学生的道德学习。具体而言，教师是否相信自己所教的内容，是否把自己所教的那些道德价值观化为自身的行为准则，对学生是否接受这些内容有着重要的影响。如果教师自身的价值取向和行为表现与所教课程宣扬的价值观和行为准则相一致，学生

---

① ［日］小园国方：《小园国方教育论著选》（上卷），刘剑乔、由其民、吴光威翻译，吴光威、由其民校，人民教育出版社 1993 年版，第 159 页。

② ［苏］苏霍姆林斯基：《苏霍姆林斯基选集》（第四卷），教育科学出版社 2001 年版，第 786 页。

就更容易接受教育，否则就可能出现一种“反课程”的现象。具体体现为学生不但没有接受教育者意图教授的道德内容，反而有可能产生情感上的抵制情绪，进而对教师所传递的内容产生怀疑甚至是嘲讽，因此教师在很大程度上影响着学生对德育课的学习意愿和学习效果。德育课作为一种人格化的课程提醒着教育者们要关注自身在该课程实施过程中所发挥的作用。

2. 非学科性的课程

虽然德育课以学科的方式存在是一种实然，但在学理上它是一门很难被学科化的课程。作为一门学科课程，它需要具备这样一些构成要素：(1) 有着明确的课程目标；(2) 有着系统的知识体系作为课程的知识基础；(3) 它要根据学生的年龄特点、社会要求和学科本身的特点把这些内容循序渐进地编排进教材之中；(4) 需要专门的授课教师进行教学；(5) 需要有效的评价方式对课程的实施情况进行评价。[①] 从这些构成要素来看，德育课要真正成为一门学科课程在学理上有着相当的难度。

首先，教学内容的逻辑性和系统性何在？课程内容的选择和组织是课程编制中很重要的一环，课程内容的系统性和逻辑性是影响课程效果的重要方面。其他的学科课程大都以相关学科的知识作为其内容选择的依据，从这些内容背景来看这些学科尤其是自然学科的学科内容比较系统，是由一系列的概念、判断、命题所构成的较为完整的理论体系。在进行课程编排的时候，所要考虑的主要问题是如何根据学生的智力发展水平和思维特点组织教学内容。比较起来，德育课的知识基础则是复杂多样的，系统性和逻辑性都很弱。这从我国不同阶段德育课内容的调整、不同国家德育课内容的差异可以窥见一斑。就我国的具体情况而言，德育课所包含的内容比较多，如现行的初一到高三的德育课就包含了若干方面的内容，分别为心理、法律、国情、道德、经济学常识、哲学常识、政治学等。在前面笔者已经论及道德学习机制非常复杂，要寻求其中的规律非常困难，因此要将这诸多内容进行整合，找出其逻辑性与系统性的难度很大。在道德情感态度价值观的领域，很多时候各种道德原则并不是单独和线性地起着作

① 施良方：《课程理论——课程的基础、原理与问题》，教育科学出版社 2003 年版，第 45 页。

用，更多的是一种综合、复合的影响，这就决定了德育课的逻辑性和系统性都无法像其他学科一样清晰明了。

其次，授课教师的专业性如何？作为学科化的课程不仅要求该课程的内容具有系统性和逻辑性，同时要求承担该门课程的教育者具有专业化的特征。用这样的标准衡量中小学的德育课，我们不难发现该门课程的教师在专业化水平上需要置疑。人们虽然都对苏格拉底的美德即知识的观点非常熟悉，但是却忽略了他所提出的一个更为深刻的问题：如果美德可教，为什么没有专门的美德教师？他自己一直没有对这个问题作出满意的回答，这个问题直到今天仍然有着探讨的价值和意义。

不同学科都有着特定的教学目标，对教师提出的要求也有所差异。从我国的德育课的目标来看，不管是小学阶段的《品德与社会》，还是初中阶段的《思想品德》，虽然课程内容的重点有所差异，但是它们的主旨都在于帮助学生提高道德素质、形成健康的心理素质、树立法律意识、增强社会责任感和社会实践能力，为把学生培养成为合格的社会公民奠定基础。在学科的教育目标上，这门课程就与其他学科有了不同，各门学科的教学目标可以总结为“教书育人”，而德育课的育人性目标显得尤为突出。如前所述，这门课程不仅仅要求教师具有相关的专业知识背景，更为重要的是教师自身的道德水平直接成为一种课程资源，影响着这门课程是否能够取得好的效果。问题就在于从理论上讲德育课的教师应该道德更加高尚，但应然不等于实然。这种“应然”的要求与“实然”之间究竟有着怎样的距离？早就有学者对“教师是否应该是道德家”提出了不同的观点。甘剑梅就明确指出：教师不应该也不可能成为道德家，要求教师成为道德家本身就是反道德的。[①] 就如现实中道德高尚的人毕竟是少数的一样，我们不可能苛求每一位德育课教师都是道德家，有时候我们甚至不能断言这些教师就一定比受教育者更有道德。对德育课教师的道德性要求只能停留在倡导的层面，很难通过现实的操作性方式达到理想的境界。

再次，德育课的课程效果评价是否有操作性的学科性指标？评价是任

---

① 甘剑梅：《教师应该是道德家吗——关于教师道德的哲学反思》，《教育研究与实验》2003 年第 3 期，第 5 页。

何一门课程必不可少的环节。通过课程的评价，可以诊断课程、修正课程、比较各种课程的相对价值、预测教育的需求、确定课程目标的达成度等。德育课在评价环节上也存在一定的特殊性。某门课程的评价方式方法的确定由该门课程的目标所决定，德育课的终极性目标是促进学生的道德情感、态度和价值观的发展，因此对其的评价也应指向这些方面。人的道德发展更多体现为一种内隐性的存在，通过一定情境下的行为的倾向性表现出来，对这些方面进行评价需要长期观察学生的道德认识水平和道德行为的倾向性。以道德价值观的考察为例，它是一种观念，是衡量行为、仪表、效率或价值的标准。没有谁能看见别人的道德价值观，因为像所有观念一样，它也是一种精神性的东西。我们是通过观察人们的具体言行来了解他们的道德价值观的，这就与知识和技能学习的评价有着截然的差异。知识的学习可以用是否掌握理解和运用所学的知识作为评价的操作性指标，也可以用操作性比较强的语言表达，如布鲁姆所制定的知识领域学习的评价指标体系。德育课的评价如若用这类评价方式，所考察出的最多是学生对一些道德知识的掌握情况和文字语言的表达水平，对其内隐性的道德成长和变化的测察度则非常有限，评价的信度和效度很难得到保证。一般认为对学生的道德发展测评可主要通过行为观察、调查、问卷、谈话、情境测试法、人物推定法、投射法、个案研究法等。① 但是没有任何一种方法能够完全测评出学生的道德发展状况。

另一方面，德育课的评价所要考察的是此门课程在学生道德发展中所起到的作用，但问题在于影响人道德发展的各种变量很多，德育课只是其中的一个变量而已，学生的道德发展变化与课程的实施并不存在必然的对应关系。如约翰·马丁·费舍等人所指出的，并非一个行为者的所有行动都产生于相同的根源：一个行为者的行动可能是由各种不同的机制产生的，包括实践理性的正常实施、未经思考的习惯和（例如）对大脑的直接刺激。② 即使我们能够对学生的道德发展水平作出评价，又何以证明学

---

① 胡卫：《学生品德测评》，华东师范大学出版社 1992 年版，第 163—244 页。

② ［美］约翰·马丁·费舍、马克·拉维扎：《责任与控制——一种道德责任理论》，杨韶刚译，华夏出版社 2003 年版，第 205 页。

生的这种发展变化是由道德课的教学所导致呢？要在评价中体现德育课这个影响因子在学生的道德发展变化中所起的作用非常困难。

3. 侧重于道德认知发展课程

德育课是道德教育的一种形式，这种形式与其他的道德教育方式相比也有着自身的一些特点。前面已经论及道德学习主要是人的道德情感态度价值观领域的学习，这种学习是通过道德理性的培养、道德情感的激发和道德践行的综合作用实现的。根据德育课程的分类可以分为认识性德育课程、活动性德育课程、显性德育课程、隐性德育课程等。德育课则是一种偏重于认识性的德育课程，其主要的目的指向是人的道德理智感的形成，这主要是由课堂教学这种方式决定的。在现阶段，德育课主要是以文本为载体的方式出现，并在固定的时空中进行。虽然在学术研究中人们对文本一词的解释多种多样，而且有日益泛化的趋势，但在实际的运用中德育课的文本就是以教科书的方式呈现的。自古以来，文本所发挥的主要功能是通过人对文字信息的吸收，进行思维的加工从而获得智力上的发展。同时作为一种制度化的课程，德育课总是在规定的时间和空间内进行的，教育的情境就局限在了一定的时空中。因此围绕文本进行道德教育的德育课程所能借助的学习机制主要就是人思维方面的机制，如识记、理解、分析、综合等。时空的局限性也制约了其他的一些道德学习方式不容易展开，如直接的道德情感体验和道德践行的机会。因此这种以文本为主要内容载体的道德教育方式就决定了这种课程是侧重于促进人的道德认知发展的课程。

4. 集中化、标准化、同步化的课程

道德教育有着多种多样的方式，不同的方式有着自身的指向性和特点。以学科课程的形式出现的道德教育是班级授课制的产物。班级授课制这种教学组织形式是在现代大工业化的背景下产生的，因此它必然带有工业文化的特征。如著名的未来学家托夫勒在《第三次浪潮》中精辟总结的："各种文明都有其潜在的规则，有一整套规律和原则贯穿在它的一切活动之中，好像是经过反复设计好了似的。"① 根据他的观点，工业文化

① ［美］阿尔温·托夫勒：《第三次浪潮》，朱志焱、潘琪、张焱译，三联书店1984年版，第13页。

有6个最为典型的法则：标准化、专业化、同步化、集中化、好大狂、集权化。德育课自然摆脱不了这种文化的影响。

首先，这种课程面向班级中所有学生，而且是在同一个时空中进行，有着明确的教学目标，可以说它是一种集中化的道德教育。其次，在课堂上所有的学生都有着一样的学习节奏，因此它是一种同步化的道德教育方式。最后，这种道德教育要求学生学习同样的教学内容，具体的就是使用同样的教科书在教师的引导下进行学习，因此这是一种标准化的道德教育方式。这几个特点就决定这门课程通常是从对学生的应然要求出发而不太可能过多地顾及学生的个体需要。比较而言，其他的一些道德教育方式无论是从形式上还是从内容上都更为灵活多样，可以是师生的单独谈心，可以是实际的团队活动，也可以是学生自己日常的道德体验和感悟等。这种集中化、标准化和同步化的特点就直接影响着这门课程的效果。

第二节　中小学德育课发展简述

本书所论述的中小学德育课是伴随着现代教育制度的产生而产生的。虽然对是否应开设专门的德育课对学生进行道德教育存在学理上的争论，但历史上很多国家和地区都开设了这种专门的德育课。最早可以追溯到1872年，日本颁布《学制》，要求小学开设“修身”课，中学开设“修身学”课。1882年，法国在西方率先以法令形式规定“道德课”为学校的正式课程。其他的国家也相继开设专门的“道德课”或“公民课”、“公民道德课”、“修身课”、“道德与社会关系课”、“共产主义道德品质教育课”、“道德价值教育课”、“人格教育课”，希望通过专门的道德课，系统地向学生传授道德知识和理论。[①] 笔者无意研究该门课程的发展历史，根据占有的资料，本书将主要论述新中国成立后的德育课的价值取向的变化和在实践教育教学中运行的状况，而对此前的德育课只作一个大致的历史梗概描述。

---

① 黄向阳：《德育原理》，华东师范大学出版社2000年版，第180页。

一 中小学德育课设置与变迁

(一) 课程开设简况

1. 清朝末期初设“修身”课

我国从20世纪初开始设置道德课。1902年，清政府颁布了由管学大臣张百熙拟订的《钦定学堂章程》，即“壬寅学制”。该学制将初等教育分为三级：蒙学堂、寻常小学堂和高等小学堂，规定蒙学堂和小学堂以及中学均开设“修身”和读经二科，其中修身为第一科。[①] 这个学制未在全国施行，但却是我国用法令形式规定德育课程之初始。1904年，清政府颁布并实施的《奏定学堂章程》中规定初等小学堂、高等小学堂和中学堂均开设修身和读经讲经二科，其中修身课也为第一科。[②] 该学制在“壬寅学制”基础上加以补充修改，因而更加完备，是我国第一个正式颁布并在全国实际推行的学校教育制度。[③] 章程中规定“其要义在随时约束以和平之规矩，不令过苦，并指示古人之嘉言懿行，动其欣慕效法之念，养成儿童德性，使之不流于匪僻，不习于放纵，尤须趁幼年时教以平情公道，不可但存私吝，以求合于爱众亲仁、恕以及物之旨。此时具有爱同类之知识、将来成人后即为爱国之根基”。[④] 初中的修身课则指出：所讲修身之要义，一在坚其敦尚伦常之心，一在鼓其奋发有为之气，尤当示一身与家族朋类国家世界之关系，务须勉以实践躬行，不可言之不符。[⑤] 虽然这一时期的德育课仍然为封建传统所垄断，但是从此德育开始成为一门独立的课程，在学校课程中占据一席之地。

---

① 郑航：《中国近代德育课程史》，人民教育出版社2004年版，第37页。

② 同上。

③ 高谦民主编：《中国小学思想品德教学史》，山东教育出版社1995年版，第193页。

④ 舒新城：《中国近代教育史资料》（中册），人民教育出版社1961年版，第419页。

⑤ 1904年《奏定学堂章程》（摘录），引自《20世纪中国中小学课程标准、教学大纲汇编·思想政治卷》，人民教育出版社2001年版，第132页。

2. 中华民国政府时期的德育课

南京临时政府成立后，著名教育家蔡元培就任教育总长，立即着手对清末的封建教育进行改革，包括对中小学德育课的改革。

清朝政府曾把"修身"课改为"道德要义"，但国民政府成立之后又恢复"修身"课的称呼。民国初年对德育课的内容和形式都进行了重大的变革。袁世凯复辟之后，虽然未取消修身课，但却恢复了读经文的传统。他以孔孟为代表的儒家思想作为正统的思想向学生灌输，以所谓"圣贤之正理"来熏陶儿童。北洋政府教育部于1915年7月公布了《国民学校令》和《高等小学校令》，都列有"读经"和"修身"两科，作为德育的教学科目。后来又删去"读经"科目以及相应的内容。这样"修身"就成为德育课的主要内容。① 这一时期初中的教材大纲虽然名称还是修身课，但是其所包含的内容还是有所不同。在1912年的《中学校令施行规则》（摘录）中指出："修身要旨在养成道德上之思想情操，并勉以躬行实践，完具国民之品格。修身宜授以道德要领，渐及对国家社会家族之责务，尤宜注意本国道德之特色。"② 从中可以看出，此时的修身课已经开始注意本土的道德教育问题。

在这一时期，最值得关注的是"公民教育"的提倡和实施。在国民政府时期，公民方面的教育内容在整个德育课中占据着重要的地位。早在1912年蔡元培就发表了《对于教育方针之意见》，批判了清朝末年的教育宗旨，认为"忠君与共和政体不合，尊孔与信教自由相违"；同时提出了军国民教育、实利主义教育、公民道德教育、世界观教育与美感教育的"五育"方针。③ 尤其是在1916年以后，公民教育逐渐成为一种教育思潮。随着新文化运动的深入和教育思潮的兴起，"公民教育"就在教育界普遍提倡了。1923年改"修身"课为"公民"课，后来又改为"三民主

---

① 高谦民主编：《中国小学思想品德教学史》，山东教育出版社1995年版，第223页。

② 《20世纪中国中小学课程标准、教学大纲汇编·思想政治卷》，人民教育出版社2001年版，第135页。

③ 陈学恂主编：《中国近代教育文选》，人民教育出版社2001年版，第324—330页。

义”和“党义”等课。[1] 在1923年6月公布了中小学课程标准纲要，作为全国统一的课程标准。小学1—4年级设社会科（由公民和历史、地理、卫生组合而成），5—6年级设公民科。初中阶段设改修身为公民科。[2] 加强公民教育，是新学制课程标准的特点之一。当时人们觉得旧课程中的修身课，只讲个人修养的空洞道德，“不足以陶冶儿童的智力，不足以造成正确的人生观”，“我们应当以使儿童修养成功一个适合于共和国家世界潮流的好公民的标准，而从实际生活中指导儿童生活于社会的种种德智”。[3] 在1923年的《小学公民课程纲要》中指出课程的目的是“了解自己和社会（家庭、学校、社团、地方、国家、国际）的关系，启发改良意识和思想，养成适于现代生活的习惯”。[4] 课程内容都是与儿童生活密切相关的社会问题，或是对儿童有影响的国内国际问题，以此影响儿童的观念，陶冶儿童的品德，造就适合共和国民的资格。

从课程的设置来看，单独的修身课的取消，社会综合课的开设，说明这一时期的德育课已经注意把道德教育融于各科教学和各种课外活动之中，已经不再是完全的德目模式。同时值得注意的是，用公民科（社会科）取代原有的修身课意味着道德教育观念的转变，从以前注重私德的培养转向注重培育合格的社会公民。

3. 国民政府时期的德育课

1927年，以蒋介石为代表的国民党在南京建立国民政府。南京国民政府为巩固其统治，着手制定教育方针政策，颁布教育宗旨和一系列的教育法规，并在新学制课程标准的基础上，逐步形成了比较完备的课程标准体系。而这些教育法规和课程标准，都统一在三民主义教育宗旨之

---

① 黄向阳：《德育原理》，华东师范大学出版社2000年版，第180页。

② 郑航：《中国近代德育课程史》，人民教育出版社2004年版，第171页。

③ 丁晓先：《小学社会科教学概要》，《教育杂志》第16卷第1号，转引自高谦民主编《中国小学思想品德教学史》，山东教育出版社1995年版，第244页。

④ 《20世纪中国中小学课程标准、教学大纲汇编·思想政治卷》，人民教育出版社2001年版，第11页。

下。[①] 三民主义教育宗旨及其实施原则是南京国民政府时期实施德育的指导方针。在课程设置方面，1928 年，在公民科基础上增加三民主义。1929 年，中小学课程暂行标准规定以党义科取代公民科和三民主义，并在中学专设童子军一科。1932 年小学的党义科被取消，将党义内容融入国语、社会、自然等科中。另设公民训练科。1942 年修订课程标准，将公民训练改称团体训练。1948 年二次修订，又将团体训练改为公民训练，将道德训练和卫生习惯合而为一。中学阶段，1932 年，党义科被重新改为公民科，“童子军”和“体育”则合并为“体育及童子军”。1948 年，“体育及童子军”被调整为“童子军”。[②]

在这一时期，南京国民政府一度接过广州国民革命政府时期提出的“党化教育”的口号，作为国民政府的“教育方针”。他们解释其含义是，要把教育“建筑在国民党的根本政策上”。[③] 这样就使德育课成为一党专政的工具。在这一时期国民政府的德育课内容上有两个鲜明的特点：一是整个教育、教学都以“三民主义”为中心，要求知识道德都要“融会贯通于三民主义之下”。二是把“忠孝仁爱信义和平”作为施教方针，提倡“新生活运动”，要求把“礼义廉耻”贯穿到衣食住行之中，以规范学生的思想行动。[④] 这些内容是各级学校德育课教学的中心内容，影响很大。

4. 解放区的德育课

中国共产党在新中国成立前就在苏区小学设置了“共产主义”或“公产主义浅说”、“政治常识”、“社会进化史”等课。抗日根据地的中小学设置“政治常识”或“政治”、“公民训练”或“公民”、“边区建设”等课。解放区的中小学则开设“政治”或“政治常识”、“公民”、“民主政治”、“民主建设”、“青年问题”、“时事研究”、“政治经济学”、“新民主主义论”、“政策”、“中国革命运动史”、“哲学”、“社会发展

---

① 高谦民主编：《中国小学思想品德教学史》，山东教育出版社 1995 年版，第 257 页。

② 郑航：《中国近代德育课程史》，人民教育出版社 2004 年版，第 283—284 页。

③ 姜书阁：《中国近代教育制度》，商务印书馆 1935 年版，第 20—21 页。

④ 《20 世纪中国中小学课程标准、教学大纲汇编·思想政治卷》，人民教育出版社 2001 年版。

史"、"时政讲话"、"社会科学"等课。[①]可见，解放区的德育课是以政治方面的教育为主。这直接影响到新中国成立后的德育课的开设。在新中国成立后的很长时间里虽然德育课的名称经过了多次改动，但是人们习惯上还是用政治课来统称德育课，直到现在仍然如此。

（二）课程设置的理论分析

从这段时间德育课的开设状况来看，大致能够反映出以下几个方面的问题。

1. 课程内容繁杂

从清末的修身课到后来将修身课改为公民，合历史、地理、卫生为社会科，混合教学，传授公民知识、训练行为习惯，一直到国民政府时期的"三民教育"等，德育课所包含的内容从一开始内容就很混杂。开始的"修身"课所涉及的更多是个人私德的范畴，后来的公民课、社会课的实施则使德育课的内容日益泛化。政治信仰、卫生习惯、历史地理知识、公民道德等都被纳入了德育课之中。这样的道德教育就包括了政治教育、思想教育、道德教育等方面的内容。人们对什么内容应该进入德育课并没有前后一致的观念，所涵盖的内容也就经常处在变动之中。德育课虽然是以学科的形式出现，在内容上并没有专业性，似乎只要和道德有关的、与日常生活有关系的都可能成为课程的内容。这就隐藏着这样一个问题：道德教育的课程究竟应该包含哪些内容，道德教育是否可以脱离其他的学科（如地理、历史等）而存在等。由此可见，这门课程从一开始就不具有独立的学科品质。

2. 注重个人修养转向注重培养合格的公民

从德育课的名称变化中我们就可以看出这门课程的培养重心的变化。名为"修身"课自然是注重个人道德修养的形成。到民国时期（1923年）修身课改为"公民教育"课，这是观念上的飞跃。从1923年的《新学制课程标准纲要、初级中学公民课程纲要》一直到1948年出台的关于小学的公民教育的课程标准共两个，初中公民教育的课程标准累计达到8个：分别是1923年《小学公民课程纲要》、1932年《小学公民训练标

---

① 参见黄向阳《德育原理》，华东师范大学出版社2000年版；高谦民主编《中国小学思想品德教学史》，山东教育出版社1995年版。

准》、1923年《新学制课程标准纲要、初级中学公民学课程纲要》、1932年《初级中学公民课程标准》、1936年《初级中学公民课程标准》、1940年《修正初级中学公民课程标准》、1941年《六年制中学公民课程标准草案》、1948年《修订初级中学公民课程标准》。[①] 从中就可以看出当时对公民教育的重视程度。

"公民"一词本身是源于政治学的概念。培养公民的观点最早起源于欧洲,19世纪欧洲很多国家就提倡在学校设公民科,对学生进行公民教育。[②] 从注重个人修养的培养转向培养公民这种理念上的变化是很有意义的,尤其是对中国这样一个长期处在封建社会的国家而言,在道德教育的领域里多是"臣民"和"子民"的教化。公民教育理念的提出和实施既符合了世界道德教育的浪潮,同时也是针对中国具体国情的变革。

3. 课程设置受政治变迁影响很大

从德育课设置的历史不难看出,与其他的学科课程相比,德育课的形式和内容受政治的影响更大。清朝政府要培养顺民就提倡封建道德,如"孝悌、忠信、礼义廉耻、敬长尊师、忠君爱国"等封建社会的主流价值观。民国政府虽然存在很短暂,但其共和的思想也反映到德育课之中,公民教育的思想就是此时提出的。袁世凯复辟之后又以所谓"圣贤之正理"来熏陶儿童,这从道德教育的发展来看无疑是一种倒退,但在当时的具体情境下并不难理解。当南京国民政府成立之后,又试图以"党化教育"作为道德教育的宗旨,虽然后来用的"三民主义"作为道德教育的指导方针,但其实质还是一种"党化教育"。从最初清朝政府的"修身"课程到民国政府的"公民教育"再到袁世凯的"尊孔读经"运动和国民政府的"党化教育",德育课始终处在时代政治浪潮的起伏之中。这门课程从培养目标到课程标准和教科书的内容等无一不打上了政治的烙印,每一次国家政治的变化都会带来德育课的变化。这说明中国的德育课作为学校教育中的制度化存在,其目标和具体内容都与政治有着密切的关联,工具化

---

① 《20世纪中国中小学课程标准、教学大纲汇编·思想政治卷》,人民教育出版社2001年版。

② 徐继超:《公民道德教育与公民法制教育》,中国社会出版社2003年版,第75页。

的特征明显。

二　新中国成立后中小学德育课发展概况

德育课一直是新中国成立后学校的常设课程，除了“文革”时期短暂的中断外。在这几十年里，德育课的名称几经更迭，也先后出版了若干套完整的教科书。本章所论述的主要是新中国成立后直至此次课程改革前的德育课发展状况。

（一）课程开设的简要回顾

为了更为清晰地把握不同阶段的德育课发展状况，笔者把新中国成立后的德育课分为“文革”前的17年和“文革”后两段进行分析和解读。之所以要这样进行划分，是因为从中国社会的发展变迁来看，“文革”之前的德育课和之后的德育课无论是从形式还是内容都有着显著的不同。

1. “文革”前开设课程的概况

在1941年到1982年这段时间里，小学并未开设专门的德育课对学生进行道德教育，只是在部分地区开设了政治常识课，在形式上没有统一的教学大纲和教材。在中学的德育课名称虽然在变化，教育内容也因形势而不断变化，但一直都开设专门的德育课进行道德教育，具体的课程名称如表1-1所示。

表1-1　“文革”前初中阶段德育课开设一览表

时间	年级	开设的德育课
1949—1950年		在许多地区小学高年级中开设政治常识课 教育部颁发《中学暂行教学计划（草案）》，在中学开设政治课
1951—1954年	初三	“中国革命常识”
1951年11月	初三	“中国革命常识” 从初一到高三增设“时事政策”课
1955—1956年	初三	“政治常识”

续表

时间	年级	开设的德育课
1954—1955 年	初二	“中国革命常识”
	初三	“中国革命常识”
1957—1958 年	初一	“青年修养”
	初二	“青年修养”
	初三	“政治常识”
1958—1959 年	初一	“社会主义教育”
	初二	“社会主义教育”
	初三	“社会主义教育”
1959—1960 年	初一	“政治常识或道德品质教育”
	初二	“社会发展简史”
	初三	“社会发展简史”
1961—1962 年	初一	“道德品质教育”
	初二	“道德品质教育” 或“社会发展简史”
	初三	“社会发展简史”或“中国革命和中国共产党”
1963—1964 年	初一	“道德品质教育”
	初二	“社会发展史”
	初三	“中国革命和建设”
1964—1966 年	初一	“做革命接班人”
	初二	“社会发展简史”
	初三	“社会主义革命和建设”

资料来源：《20 世纪中国中小学课程标准、教学大纲汇编·思想政治卷》、黄向阳《德育原理》、高谦民主编《中国小学思想品德教学史》、吴铎《德育课程与教学论》等。

从表 1-1 不难看出，这 17 年中德育课的变化比较频繁，而且名称也多种多样。课程的内容主要限定在革命传统教育的范围内，政治化倾向非常明显。

2. “文革”后课程开设概况

“文革”结束后，我国义务教育阶段所开设德育课如表 1－2 所示。

表 1－2　　“文革”后义务教育阶段德育课开设一览表

时间	年级	开设的德育课
1978—1997 年	小学	“思想品德”
1997—2012 年	小学	“品德与生活” “品德与社会”
2012 年至今	小学	“品德与社会”
1978—1981 年	初一 初二 初三	“社会发展简史” “社会发展简史” “科学社会主义常识”
1982—1985 年	初一 初二 初三	“青少年修养” “社会发展简史” “法律常识”
1986—1992 年	初一 初二 初三	“公民” “社会发展简史” “中国社会主义建设常识”
1993—1997 年	初一 初二 初三	“思想政治” “思想政治” “思想政治”
1997—2003 年	初一 初二 初三	“思想政治”（公民道德、心理品质教育） “思想政治”（法制教育） “思想政治”（社会发展简史、基本国情教育）
2003 年至今	初一 初二 初三	“思想品德” “思想品德” “思想品德”

资料来源：《20 世纪中国中小学课程标准、教学大纲汇编·思想政治卷》、黄向阳《德育原理》、高谦民主编《中国小学思想品德教学史》、吴铎《德育课程与教学论》等。

从表 1－2 中可以看出，“文革”后德育课包含的内容更为多样化，出现了“公民”、“青少年修养”、“思想品德”等课程，使学校德育课所涵盖的内容更丰富，较之“文革”前意识形态的色彩有所减弱。该门课程的设置和社会发展的背景是契合的，从 80 年代开始从意识形态的教育转向关注对学生进行经济常识的教育，到 90 年代以后开始逐步地重视法制方面的教育及学生心理健康方面的教育。其次，德育课程呈现出综合化的取向，这在初中阶段表现得尤为明显。如 1993 年初中统一开设思想政治课，体现出德育课综合化的趋向，即把各种道德教育的内容和要素都安排进一门课程而不是分年级进行不同专题的教育。

（二）课程编制特点分析

1. 德育课存在方式是以道德知识教育为主

新中国成立后的德育课的知识化取向比较明显。从开始的“政治常识”、“中国革命常识”以及“时事政策”等课程，到后来的“青少年修养”、“公民”、“社会发展简史”、“社会主义建设常识”等，都显示出了这种特点。这些课程既然以知识的方式呈现，也就决定了这门课程主要是一门知识性教学为主的课程，让学生在了解这些知识的基础上提升思想认识和觉悟。

如“文革”前教育部所颁布教学大纲（1959 年《中等学校政治课教学大纲（试行草案）》）中在论述这门课程的任务中指出:[①] 中等学校政治课的任务，是以共产主义道德和社会发展常识、政治常识、经济常识、辩证唯物主义常识、党的方针政策等内容教育学生，培养学生共产主义品质、工人阶级观点、群众观点和集体观点、劳动观点即脑力劳动和体力劳动相结合的观点、辩证唯物主义观点，提高学生的政治思想觉悟，清除资产阶级思想的影响，发展独立思考、明辨是非的能力，并为进一步学习马克思列宁主义打下初步的基础。一般而言，教学大纲的用语都是相当规范和准确的。从这几个关键词就能够看出这门课程的性质与功能定位。从大纲内容中我们可以提取出这样几个关键词：常识、政治、观点。课程的内容主要是一些常识，也就是一些知识性的材料，培养的是某些观点。这种课程在实践教学中就成为一门传授知识为主的课程，学生需要做的是了解、记忆这些知识性的内容。学习的目的就是得到某些观点、形成一定的

---

① 《20 世纪中国中小学课程标准、教学大纲汇编·思想政治卷》，人民教育出版社 2001 年版，第 205 页。

觉悟，而这种觉悟也更多的是政治思想觉悟。

2. 道德教育政治化倾向明显

无论是“文革”前还是“文革”后，德育课都是一种大德育的模式，所包含的内容有政治教育、思想教育和道德教育、心理教育等，只是在不同时期课程的内容重心有所差异。在这种大德育模式中政治教育无疑占据着更为重要的地位。

如果说新中国成立前的“修身”和“公民教育”相继成为学校德育课的主流的话，那么新中国成立后的政治教育则在德育课中占据了最为重要的位置。从不同时期德育课的名称上我们就可以看出这点。尤其在“文革”前的17年中，道德教育政治化色彩更为强烈。不管是“中国革命常识”还是“政治常识”、“时事政策”，实质上都是不同形式的政治教育。其中，我们可以总结出这样一些带有高度稳定性的教学内容：热爱领袖和忠于党的思想教育；党的政策教育和革命传统教育；革命教育和共产主义教育；集体主义和共产主义道德教育；社会主义的爱国主义教育和无产阶级国际主义教育等。如1959年的《中等学校政治课教学大纲》中就指出在初中的“政治常识”中内容包括共产主义道德、社会发展简史、社会主义革命、社会主义建设和思想方法等方面的常识，其中的关键词“共产主义”、“社会主义”都是政治术语，属于意识形态范畴的概念。如在1980年《关于印发和加强中学政治课的意见的通知》中则指出中学政治课是中学教学计划中主要课程之一，是对学生进行马列主义、毛泽东思想知识教育的课程，是思想政治教育的重要途径之一，是贯彻德、智、体全面发展的教育方针的重要方面，是区分社会主义与资本主义的重要标志。[①] 一个有趣的问题是，在前面对这门课进行陈述时说它是“思想政治教育的重要途径”，紧接着又说它是“贯彻德、智、体全面发展的教育方针的重要方面”，后面的“德”所指涉的自然是前面所提及的“思想政治教育”，因此在很长时期里德育课实然的存在方式是“思想政治教育”。在这里笔者暂且不论这种“思想政治教育”与真正的道德教育是何种关系，不可否认的是这种导向对后续中小学的德育课模式的形成产生了深远

---

① 《20世纪中国中小学课程标准、教学大纲汇编·思想政治卷》，人民教育出版社2001年版，第205、234页。

影响。

这种以政治为主要教学内容的课程其实是继承了新中国成立前解放区的课程特色。由于新中国成立后所面临的特殊的国际国内环境使政治教育被推到了德育课的前台成为一种主流的导向，这门课程的培养目标也就偏重于政治素质，所凸显的是人的政治属性，而对其他方面的道德品质的培养是被忽略的。这种政治取向化的课程也决定了这门课程的内容很容易变化，因为政治生活本身就经常处于变动之中。

3. 学科化倾向明显

从表 1－2 中能够看出，在初中阶段德育课在不同年级的内容安排上大都以专门学科的形式出现，虽然到 1993 年形式上统一称为“思想政治”，但不同年级的内容仍然不同，实质上还是以学科化内容编排。如 1997 年课程改革也只是把初一改为心理教育，初二为法律教育，初三为国情教育和社会发展简史的综合。单就这些课程内容本身，如“社会发展简史”和“社会主义建设常识”是可以单独作为一门学科出现的，因为它们有着相对稳定的知识系统。如果考虑到这些课程内容是德育课的构成部分，这种学科化的内容编排则不太合适。学科化可以使得知识内容相对集中，有利于教师进行知识教学，学生也可以学到比较系统的知识，但问题在于德育课的内容本身是系统性与非系统性、逻辑性与非逻辑性的统一，如果用学科化的方式组织，就显得不妥。如初一是公民教育，难道初二和初三就不需要进行公民教育了吗？难道对国情的了解只需要三年级来完成吗？苏霍姆林斯基指出：“人并不是由一个个螺丝钉装配而成的，而是和谐培养成的。不能今天培养一种道德品质，明天培养另一种道德品质。在制订和实施教育大纲的时候，都要考虑如何使人的全部品质和谐地确立起来。”① 这种把德育课知识化、学科化的后果就是让这门课程在实践中成为知识教学的课程，与道德教育的本来内涵越离越远。

与新中国成立前的德育课相比，德育课无论是课程目标还是课程内容上，一切似乎都是全新的，从中既看不到传统“修身”教育的影子，也看不到民国“公民教育”的踪迹，这可以视为我国学校德育的新开始，

---

① ［苏］苏霍姆林斯基：《苏霍姆林斯基选集》（第四卷），教育科学出版社 2001 年版，第 755 页。

却也可以看作道德教育的一种断裂，折射出整个社会生活的巨大变迁。现实的道德教育与道德教育传统之间如何保持必要的张力就成为必须面对的问题。

4. 课程是一种“大德育”模式

前面在论述德育课的课程特点时对该门课程的学科性提出了质疑，认为其既缺乏系统化、逻辑化的学科知识，也缺乏专业化的课程教师和指标化的考核体系。该门课程的这种特质，从课程内容的安排上我们可以看出我国的德育课是一种“大德育模式”，包含的内容非常多。如果进行简单的归类，可以看出德育课包含了这几方面的内容：法制教育、政治教育、思想教育、心理教育。虽然从发展趋势来看有将这几种教育融合成一门课程的趋势，但是如果去仔细分析这门课程的内容，还是能够分解出这些教育内容要素。

这种大德育模式可能在现实的教育实践中带来一些问题。首先，这门课程的目标指向并不明确。究竟是关注学生个人修养的养成还是公共道德品质的形成，到底是让学生了解一些社会常识还是让学生内化某些道德情感抑或是掌握某些社会技能，从课程设置本身无法看出。其次，对教师的专业性要求也显得模糊，无法对职前该门课程教师的培训提供指导，因为该门课程内容如此丰富，看似什么都有，涉及多个学科领域，但每个学科领域的内容却并不是系统的，这反而淡化了对教师的专业要求。针对这个问题，本书将在后文中进行深入阐释。

第二章

从教学大纲及教科书看中小学德育课价值取向的流变（1949—2001）

任何课程都有一定的理念支撑。因为课程的编制必然涉及课程目标、课程内容、课程实施、课程评价等基本领域。课程理念包含了课程编制者对这些基本领域的认识和思考。总之，任何课程都必然包含学科观、学生观、教师观、课程功能观等，这些理念有的以显性的方式呈现，有的则以隐性的方式存在。在操作的过程中，课程的编制者本身可能也未意识到，但会通过教学大纲或者教科书体现出来。一旦课程理念发生变化，也必将在课程的各个环节中有所体现。从 2002 年起，我国开始改革传统的一纲一本的教科书模式，改为一纲多本，而且制定了新的课程标准。2011 年又颁布了新的课程标准，但其理念和 2002 年的课程改革一脉相承，因此笔者以 1949—2001 年一纲一本的时代作为一个历史阶段，对中小学德育课中核心价值取向的流变进行分析。要达到此目的，我们就需要依托两类最重要的价值载体，即对历次教学大纲和历套教科书进行文本分析。

第一节　从教学大纲看中小学德育课价值取向的流变

课程专家古德莱特的观点对分析德育课的理念有着重要的理论价值。他认为存在着 5 种不同的课程：（1）理想的课程：由研究机构、学术团体和课程专家提出的应该开设的课程。（2）正式的课程：教育行政部门规定的课程计划、标准和教材。（3）领悟的课程：任课教师所领会的实际是什么的课程。（4）运作的课程：在课堂上实际实施的课程。（5）经验的课程：指学生实际体验到的东西。[①] 理想的课程更多还处在构想的层面上，而正式的课程则以现实的方式存在。沿循着这种思路，教学大纲作为正式课程的构成部分，它无疑是一种把握德育课理念发展的方式。（自1996年起，教学大纲已改为课程标准，但为了保持文章的连贯性，在本章统称为教学大纲。）一般认为，教学大纲是以纲要的形式，规定出学科的内容、体系和范围。它规定出课程的实质性内容，是编写教科书的直接依据，也是检查教学质量的直接尺度，对教师工作有直接的指导意义。[②]教学大纲对教科书的编写、实践层面的课堂教学、课程的评价等都起着一种方向性的导引作用。尤其是对我国这样一个长期实行中央集权课程管理制度的国家，一纲一本的课程制度延续多年，发展到今天成为一纲多本的形式，因此这一纲在整个课程中的重要性更是不言自明，它的每一次变化都会带来教科书的变化，进而影响课程的具体运行。历次的教学大纲（课程标准）成为课程存在的物质方式之一，也是体现德育课价值取向最直接的载体。从不同时期的教学大纲的解读中可以发现在正式课程的层面上核心价值取向的变迁。笔者搜集了新中国成立后所有小学和初中阶段德育课教学大纲，力图从中解析出我国的学校德育课上位理念的发展历程。

在此次课程改革前，我国在新中国成立后不同历史时期颁布了若干次中小学教学大纲。小学段是1982年的《全日制五年制小学思想品德课程教学大纲》和1986年的《全日制小学思想品德教学大纲》、1990年的《九年义务教育全日制小学思想品德课教学大纲（初审稿）》、1992年的《九年义务教育全日制小学思想品德教学大纲（试用）》、1997年的《九年义务教育小学思想品德课和初中思想政治课程标准（试行）》。2003年颁布的《九年义务教育小学品德与生活、品德与社会课程标准（试行）》和2011年颁布的《九年义务教育小学品德与社会课程标准》。初中段是

---

① 施良方：《课程理论——课程的基础、原理与问题》，教育科学出版社2003年版，第9页。

② 王策三：《教学论稿》，人民教育出版社2001年版，第218页。

1959年的《中等学校政治课教学大纲（试行草案）》、1982年的《初级中学青少年修养教学大纲（试行草案）》、1982年《初级中学社会发展简史教学大纲（试行草案）》、1986年《中学思想政治课改革实验教学大纲（初稿）》、1988年《初级中学〈公民〉改革实验教学大纲》、1988年《初级中学〈社会发展简史〉改革实验教学大纲》、1988年《初级中学〈中国社会主义建设常识〉改革实验教学大纲》、1993年《九年义务教育全日制初级中学思想政治课教学大纲（试用）》①、2003颁布的《九年义务教育全日制初级中学思想品德课课程标准（试用）》、2011年颁布的《九年义务教育全日制初级中学思想品德课课程标准（修订稿）》。从这些教学大纲颁布的变化来看，不仅是课程的名称有所变化，其内容也处在渐变之中。通过对这些教学大纲（课程标准）的分析，大致可以将我国中小学制度化的德育课的价值理念分为不同的阶段。进入21世纪以后，不仅教学大纲更名为课程标准，其内容的逻辑也发生了较大变化，反映出课程改革的新趋势。由此，本研究将21世纪后的课程标准的分析放入课程改革的背景中展开，这里主要分析在此之前的教学大纲中核心价值取向的流变过程。

我国的教学大纲一般由教学目的、教学内容和教学要点（或教学基本要求）等组成，有的还包括教学原则和实施指导等内容。本节主要从教学目的和教学内容两个角度分析中小学德育课价值取向的发展变化过程。

一　从教学目的看核心价值取向的变迁

在教育领域内，存在着教育目的、培养目标、课程目标、教学目标等几个不同层次的概念。在学校教育中占据着最高地位的是教育目的，它是对受教育者的质量规格的总体要求，是所有教育工作者的出发点和最终归宿。培养目标是对各级学校的具体培养要求，它是根据国家的教育目的和自己学校的性质及任务，对培养对象提出的特定要求。课程目标是指导整个课程编制过程的最为关键的准则。确定课程目标，首先要明确课程与教

① 《20世纪中国中小学课程标准、教学大纲汇编·思想政治卷》，人民教育出版社2001年版。

育目的、培养目标的衔接关系，以便确保这些要求在课程中得到体现。其次要在对学生的特点、社会的需要、学科的发展等各个方面进行深入研究的基础上，才有可能确定行之有效的课程目标。教学目标是课程目标的进一步具体化，是指导、实施和评价教学的基本依据。[①] 我国的历次教学大纲中对教学目的都作了明确的要求，大纲中的教学目的类似于课程目标的表达。在这里，笔者选取小学阶段德育课教学大纲中的教学目的内容作为分析的蓝本。

（一）教学目的的稳定性分析

笔者查阅了“文革”后的小学阶段德育课教学大纲中对教学目的的规定，主要内容如表 2－1 所示。

表 2－1　　新中国成立后小学德育课教学目的一览表

时间	教学目标
1982 年	思想品德课是建设社会主义精神文明，全面贯彻党的教育方针，用共产主义理想向小学生进行思想品德教育的一门重要课程。它的教学目的是使小学生初步具有共产主义道德品质和良好的行为习惯，立志做有理想、有道德、有文化、守纪律的劳动者，为把他们培养成为共产主义事业的接班人打下思想基础。
1986 年	通过以“五爱”和“五讲四美”为中心的社会公德教育和社会常识教育（包括必要的生活常识、浅显的政治常识以及同小学生生活有关的法律常识），从小培养学生社会主义国家公民应有的思想品德和行为习惯，为使他们成为有理想、有道德、有文化、有纪律的社会主义建设的各类人才打下初步的基础。
1990 年	教育学生爱祖国、爱人民、爱劳动、爱科学、爱社会主义；遵守社会公德；培养学生良好的意志、品德和辨别是非的初步能力，为使他们成为有理想、有道德、有文化、有纪律的社会主义事业的建设者和接班人打下初步的良好的思想品德基础。

① 施良方：《课程理论——课程的基础、原理与问题》，教育科学出版社 2003 年版，第 92—95 页。

续表

时间	教学目标
1992 年	教育学生初步具有爱祖国、爱人民、爱劳动、爱科学、爱社会主义的思想感情；初步养成关心他人、关心集体、认真负责、诚实、勇敢、勤劳、节俭等品德和文明礼貌、遵守纪律等行为习惯；初步具有辨别是非的能力，为培养社会主义现代化建设的各级各类人才以及各行各业的劳动者奠定初步的良好的思想品德基础。
1997 年	小学思想品德课和初中思想政治课的教学，以马列主义、毛泽东思想和邓小平建设有中国特色社会主义理论为指导，紧密联系实际，生动具体地对学生进行个人生活、家庭生活、学校生活、社会公共生活、国家民族生活中的基本道德规范教育，进行思想方法、心理品质、法律意识、社会发展常识和基本国情的教育；逐步培养学生爱祖国、爱人民、爱劳动、爱科学、爱社会主义的思想情感，文明礼貌、遵纪守法的行为习惯；初步使学生在基本的思想观点和道德观念上具有辨明是非的能力，在了解唯物史观的基础上树立崇高的理想和参加社会主义建设的社会责任感。

资料来源:《20 世纪中国中小学课程标准、教学大纲汇编·思想政治卷》，人民教育出版社 2001 年版。

从表 2－1 的内容中我们可以看出不同时期小学德育课教学目的要求中的一些稳定性较高的内容。

1. 五爱感情的培养：情感目标的重点

除了 1982 年的教学大纲外，“五爱”一直出现在历次的教学大纲中。在情感培养的目标方面德育课始终定位在“五爱”的思想感情（爱祖国、爱人民、爱劳动、爱科学、爱社会主义）上。可见，“五爱”的思想一直在德育课的教学目的中占据着重要的地位。

“五爱”的要求本身并不是德育课所提出的，最早的“五爱”出现在新中国成立后中央人民政府所颁布的《中国人民政治协商会议共同纲领》中。具体内容是：“提倡爱祖国、爱人民、爱劳动、爱科学、爱护公共财物为中华人民共和国全体国民的公德。”① 1950 年，徐特立专门在《人民

① 毛礼锐、沈灌群主编:《中国教育通史》（第六卷），山东教育出版社 1989 年版，第 2—3 页。

教育》上撰文《论国民公德》，对五项国民公德进行了具体的阐述。[①]后来，爱护公共财物被爱社会主义所取代，就形成后来“五爱”的固定内容。在当时的历史条件下，爱祖国也就是爱社会主义祖国；爱人民是有具体的指称的，主要是指无产阶级阵营内部的人；而爱社会主义就更是一种政治要求，说明这些要求本身侧重在人的政治素养方面。如果要把它作为德育课的教学目的，就应该结合本门课程的特点具体化为本门课程的教学目的。从大纲所反映的内容来看，是直接把这种论述放入要求中，显得不妥。

就内容本身来看，这五爱的内容虽然概括力很强，但同时具有非常抽象概括的特点，尤其是小学阶段的学生要理解这些词汇有一定难度。儿童心理学已经指出，儿童有着自身的认识世界的方式和语言世界以及相应的行为模式。有研究表明，儿童直到年满 12 岁或 12 岁以上才能对“祖国”这一概念获得恰当的情感价值，在这个年龄阶段以前，儿童难以达到这个水平。[②] 而社会主义一词对小学生就更具抽象性，它是一种政治意识形态，体现为一种社会制度、在社会生产力和生产关系以及社会上层建筑上得以体现，让小学生理解它非常困难。如果从逻辑上来分析，祖国、人民、劳动、科学、社会主义几个概念并不在同一维度，劳动与闲暇对应，科学与愚昧对应，社会主义与资本主义或封建主义对应。从评价的角度来看，“五爱”也很难化作操作化的评价体系，为德育课的教育教学提供指引。

在目标中明确提出要让学生初步具有爱祖国、爱人民、爱劳动、爱科学、爱社会主义的思想感情。对事对物产生思想感情是比认知更高的境界，它所借助的心理机制也就更为复杂，不仅需要一种认识上的理解，同时要有自身亲身经历和情感体验作为依托，还需要一种外在刺激的强化，最终才能生成某种稳定的情感倾向，成为一种道德信念。对小学阶段的学生而言，理解祖国、人民和社会主义这些名词都还有一定的困难，又何谈热爱呢！或许苏霍姆林斯基的话是令人警醒的：“不要训

---

① 毛礼锐、沈灌群主编：《中国教育通史》（第六卷），山东教育出版社 1989 年版，第 4 页。

② 刘晓东：《儿童精神哲学》，南京师范大学出版社 1999 年版，第 178 页。

练孩子去表露他们还不会用语言表达的那些情感。不要让他们去背诵那些要在成年人大会上去发表的辞藻华丽的祝贺词，也无须让他们在鼓乐伴奏下去列队祝贺。我们成年人也不必为孩子们用他们响亮的话语所表达的那种'预定的'情感而激动，否则我们就会培养一些玩弄辞令的空谈家，随便就任何题目都敢大声议论的演说家。这样只会损害孩子的心灵。"① 教育目的违背儿童心理发展规律，在实践中要发挥其指导性的功能就比较困难。

2. 四有新人——对道德人规格的要求

在改革开放后的十几年时间里，培养有理想、有道德、有文化、有纪律的社会主义接班人都是德育课的教学目的之一，这也是20世纪80年代的小学生耳熟能详的口号。"四有新人"是在特定的时代背景下提出的。"文革"对社会各项事业都造成了严重的破坏，如邓小平所指出的："'四人帮'对教育事业的破坏，不仅造成科学文化的教育质量的下降，而且严重地损害了学校思想教育，败坏了学校纪律，腐蚀了社会主义社会的革命风气。"② 正是在这种情况下，他提出要建设社会社会主义精神文明，教育全国人民做到有理想、有道德、有文化、有纪律。因此，"四有"目标的提出与当时的时代背景有着紧密的联系，具有很强的针对性。

在德育课中，把四有作为教学目的列入教学大纲显示出国家领导人的教育思想对整个学校教育的重要指引作用，这也是我国教育的一个特色。从功能的角度，一门学科的教学目的的规定是指出这门学科的开设所要达到的要求，它要与整个学校教育的培养目标相适应，而且教学目的要能够成为此门课程教学评价的依据。应该说培养四有新人是整个教育的方针和培养目标，如果作为德育课的教学目标，这些道德要求则显得太宽泛，很难具有真正的可操作性。对于中小学生而言怎么证明其是否有理想或是有道德呢？因此以"四有"作为德育课的教学目标有指向不明、大而无当之嫌。

---

① ［苏］苏霍姆林斯基：《苏霍姆林斯基选集》（第四卷），教育科学出版社2001年版，第321页。

② 转引自罗炽、简定玉、李太平、陈会林《中国德育思想史纲》，湖北教育出版社1998年版，第882页。

（二）教学目的所体现的核心价值观的发展

除了一些带有稳定性的教学目的外，不同时期的德育课的教学目的中也折射出德育理念的发展过程。

1. 从接班人走向道德人的培养

“建设者”和“接班人”是在改革开放早期的教学大纲中出现频率比较高的词汇。在新中国成立初期，教育方针一般都是采用培养有社会主义觉悟的有文化的“劳动者”来表达，“接班人”一词在教育方针中出现有着特殊的时代背景。20 世纪 50 年代，资本主义国家对社会主义国家采取和平演变政策，毛泽东觉察到了这个问题。为了防止和平演变，毛泽东主要抓了两个问题：一是如何保证无产阶级革命事业后继有人，二是如何防止党和国家各级领导蜕化变质。在 1964 年 6 月 16 日，毛泽东在北京十三陵召开的一次会议上发表讲话，正式提出培养和造就无产阶级革命事业的接班人问题。他还就无产阶级革命事业接班人的条件和怎样培养接班人提出了具体意见。这种思想在当时成了整个教育工作的重要指导思想。[①] 由此，“接班人”一词有着丰富的政治意涵，这种思想在德育课教学大纲中出现证明了这门课所具有的政治色彩。从大纲中可以看出，在 1986 年的教学大纲中没有了“接班人”一词，而在 1990 年的大纲中它又重新出现，在 1997 年的课程标准这种表述不再出现，变为“参加社会主义建设的社会责任感”，这些变化与当时的政治变迁都是紧密相连的。“接班人”淡出德育课的教学目的之中，显示出这门课程的政治化特征逐步减弱。

2. 从培养高尚的人到逐步重视合格劳动者的培养

从纵向来看，随着时间的推移，德育课的教学目的的定位从崇高走向培养合格的公民。如在 1982 年要求“为把他们培养成为共产主义事业的接班人打下思想基础”，而到 1992 年则变为“为培养社会主义现代化建设的各级各类人才以及各行各业的劳动者奠定初步的良好的思想品德基础”。可见目标的要求更为具体，更具可操作性。尤其是对小学阶段的学生而言，过高的目的定位所带来的结果只能是使这种目的失去现实的有效性。从表面看，我国的德育课的教学目标看似在降低，但却更加贴近现实。在生活

① 王炳照、阎国华主编：《中国教育思想通史》（第八卷），湖南教育出版社 1994 年版，第 85—86 页。

中的道德境界是分层次的，高尚固不可少，底线却是最为基本的。没有这种梯度，整齐划一便是一种“道德暴力”。高尚的返照就是照到内在的卑微。如哈耶克所言：“通常的情况是，我们并不奢望人们能够获致最高限度的品行，而是希望他们能够以最小的痛苦和最少的牺牲，从而亦就是在最低限度的品行的基础上去实现最大限度的效用。不仅我们试图对所有的品行都给出公平的回报是不可能的，而且即使是把获致最高限度的品行作为人们应当实现的主要目的，也不是可欲的。”① 而大众教育本身就应该立足于培养大批合格的公民，培养道德高尚的人只是其中的一个组成部分而已。

3. 从强调抽象的道德要求转向关注学生真实的道德生活

从教学大纲的要求来看，一开始对学生的政治素养提出了很多要求，如紧密联系实际，它的教学目的是使小学生初步具有共产主义道德品质和良好的行为习惯，立志做有理想、有道德、有文化、有纪律的劳动者，为把他们培养成为共产主义事业的接班人打下思想基础（1982）。从小培养学生社会主义国家公民应有的思想品德和行为习惯，为使他们成为有理想、有道德、有文化、有纪律的社会主义建设的各类人才打下初步的基础（1986）。培养学生良好的意志、品德和辨别是非的初步能力，为使他们成为有理想、有道德、有文化、有纪律的社会主义事业的建设者和接班人打下初步的良好的思想品德基础（1990）。而在 1992 年出现了“初步养成关心他人、关心集体、认真负责、诚实、勇敢、勤劳、节俭等品德和文明礼貌、遵守纪律等行为习惯”这样的要求，1997 年提出了“紧密联系实际，生动具体地对学生进行个人生活、家庭生活、学校生活、社会公共生活、国家民族生活中的基本道德规范教育，进行思想方法、心理品质、法律意识、社会发展常识和基本国情的教育”的要求，显示出开始重视从学生现实生活出发，培养其适应现实生活的品质的特点。这种转变虽然缓慢，却为后来的课程改革奠定了基础。

二　从教学内容要点看核心价值取向的变迁

我国颁布的一系列中小学的德育课“教学大纲”中都对此门课程的

---

① ［英］弗里德利希·冯·哈耶克：《自由秩序原理》（上），邓正来译，生活·读书·新知三联书店 1997 年版，第 116 页。

教学要点作了要求。在中小学的德育课设置中，小学阶段和初中一年级更贴近狭义的道德教育概念，因此本部分将主要就这部分教学要点作较为详尽的探讨，而对其他部分的相关内容只作简要的分析。

从我国课程的发展历史来看，近百年来中小学课程的管理均采取中央集权制，中小学的课程目标、课程设置、课程内容和教学要求都是由中央政府统一制定，以中央教育主管部门的名义颁布，作为全国中小学教育教学的依据。这种课程管理制度就决定了我国德育课必然有着显著的国家控制特征。大纲中对教学要点的规定就体现出在不同的阶段哪些道德受到重视，后来发生了哪些变迁，哪些德目被忽视和禁止了等。这些问题有的是通过教学要点直接表现出来，有的则潜藏在这些要求之中，需要作深入的分析。

（一）历次教学大纲所强调的德目变迁

教学大纲中对教学要点的规定是对教学目的的具体呈现，更能体现出新中国成立后德育课程理念的变迁。笔者无意对这些内容进行简单的是非评判，仅仅试图根据这些具体的德目分析渗透在我国学校道德教育中的一些核心理念，以便对德育课的发展命运从历史纵深的角度有一个基本的把握。各个时期教学大纲所强调的教学要点归类如表2－2、表2－3所示。[①]

表2－2　　小学历次教学大纲中规定的教学要点归类一览表

时间	对个人	对家庭	对社会[②]	对国家	对世界万有
1982年	勤奋学习、诚实谦虚、勇敢活泼、艰苦朴素		热爱人民、热爱中国共产党、热爱劳动、热爱科学、热爱社会主义、热爱集体、爱护公共财物、遵守纪律、文明礼貌	热爱祖国	

① 参见《20世纪中国中小学课程标准、教学大纲汇编·思想政治卷》，人民教育出版社2001年版。

② 需要说明的是，笔者之所以把这一栏定义为“对社会”是因为找不到一个更具有概括力的概念。

续表

时间	对个人	对家庭	对社会	对国家	对世界万有
1986年	努力学习、热爱劳动、艰苦奋斗的教育；良好的意志、品格的教育		集体主义教育；文明礼貌的教育；社会主义民主和法制观念的启蒙教育	爱国主义教育和共产主义理想的启蒙教育	
1990年	努力学习、热爱科学的教育；热爱劳动、艰苦奋斗的教育；良好的意志、品格教育		热爱中国共产党的教育；热爱人民的教育；热爱集体的教育；文明礼貌教育；社会主义民主和法制观念的启蒙教育、辩证唯物主义观点的启蒙教育	热爱祖国的教育	
1992年	努力学习、热爱科学的教育；热爱劳动、艰苦奋斗的教育；良好品格的教育		热爱中国共产党的教育；热爱人民的教育；热爱集体的教育；文明礼貌、遵纪守法教育；辩证唯物主义观点的启蒙教育	热爱祖国的教育	
1997年	好好学习；勤劳节俭；诚实勇敢；热爱生命；热爱科学；诚实守信；勇敢坚毅；自尊自爱；个人生活中的道德规范	孝亲敬长；家庭生活中的道德规范	团结友爱；文明礼貌；遵守纪律；遵守公德；关心集体；学校生活中的道德规范；公共生活中的道德规范	热爱祖国、国家和民族生活中的道德规范	

说明：这种分析框架借用了郑航的博士论文中的分析框架：对个人、对家庭、对社会、对国家、对世界万有等。选择这种归类方式是出于这样的考虑：道德本身就带有场域性，根据这样的方式归类基本上能够把所有的教学内容纳入其中，比较简洁清晰。画横线的部分表示是每次大纲中新增加的内容。

表 2－3　　　　初中一年级的教学内容要求一览表

时间	对个人	对家庭	对社会	对国家	对世界万有
1959 年	为什么学习；勤俭朴素；诚实正直；机智勇敢；不怕困难；坚持真理		团结友爱；尊敬师长；不说谎话；热爱科学；集体和纪律；热爱劳动；爱护公共财物；不损人利己；不自私自利；向革命导师学习；向人民领袖学习	热爱祖国；热爱人民	伟大的国际主义精神
1982 年	诚实谦虚；艰苦朴素；锻炼意志；明是非，辨美丑；培养正当的爱好和志趣；活泼乐观	尊敬长辈	热爱劳动；热爱集体、热爱科学；尊敬师长、树立崇高理想；发扬革命英雄主义；让青春闪闪发光；遵守社会公德	热爱祖国；热爱人民；热爱中国共产党	
1986 年	培养良好的个人品德；培养审美情趣；珍惜时间的观念		集体主义观点；热爱科学；自觉纪律观念；劳动观点；社会主义社会人与人的新型关系；民主观念；树立法制观念；初步掌握一些法律知识；抵制不良影响，预防违法、犯罪、学会运用法律的武器和违法、犯罪行为作斗争	祖国和人民的利益高于一切的观念	

续表

时间	对个人	对家庭	对社会	对国家	对世界万有
1993年	培养劳动习惯，珍惜劳动成果；艰苦奋斗、勤奋学习、尊重科学、反对迷信、顽强拼搏	孝敬父母	发扬集体主义精神：个人成长离不开集体；建设良好的班集体；发扬集体主义，反对个人主义； 公民要自觉遵守纪律：社会生活要有纪律；遵守纪律是每个公民应尽的义务；提高认识，自觉遵守纪律； 热爱劳动，艰苦奋斗； 热爱科学、四化建设需要科学文化知识：努力学习科学文化知识； 认真学习社会主义法律知识：社会生活离不开法；学法才能更好地守法； 守法、护法是公民责任：公民要自觉守法；制止违法犯罪； 受教育是公民的权利和义务；培养为人民服务的思想：人民是国家的主人；爱人民是我国的社会公德；做一个忠于人民的人	祖国利益高于一切：个人前途和国家命运紧密相连、个人利益必须服从国家利益；热爱社会主义祖国：祖国的命运和前途同社会主义紧密相连：公民要树立民族自豪感、自尊心、自信心；维护祖国的统一、尊严和荣誉是公民的义务；奋发进取，为国争光；国家富强、人民富裕要靠辛勤劳动	

续表

时间	对个人	对家庭	对社会	对国家	对世界万有
1997年	磨砺坚强意志；能够承受挫折；勇于开拓进取；增强自尊自信；正确看待自己；锻炼心理品质；善于调节情绪；塑造良好性格；寻求真挚友情；陶冶高雅情趣；增强自律能力	公民在婚姻家庭中的权利和义务	法律是一种特殊的行为准则；依法保障社会主义经济建设；依法保障、促进社会主义精神文明建设；依法制裁违法犯罪；公民有受教育的权利和义务；公民要依法与违法犯罪作斗争，维护自己的合法权益；正确行使公民权利，自觉履行公民义务、依法保护青少年健康成长；依法维护社会公共生活；我国宪法是治国安邦的总章程；公民的人身权利受法律保护；公民在经济生活中的权利和义务；公民在政治生活中享有重要权利	培养爱国情操；公民要履行维护国家统一、保卫祖国安全的义务	依法保护人类共有的家园

通过表2－2、表2－3的归类，既可以看出在不同历史时期教学大纲所比较稳定的德目，又可以看出所强调德目的变迁，德育课价值取向的“变”与“不变”都能够比较直观地呈现出来。

1. 历史进程中“不变”的价值取向

首先笔者试图分析的是伴随着时代的发展教学大纲中的“不变”，因为这些“不变”能够较为充分地说明新中国成立后的德育课的一些基本的价值取向。

(1)“群体”的占场和“个人”的缺场：“群体本位型”的价值取向

如表中所示，在历次的教学大纲中分量最重的是“对社会”这一栏，再仔细分析就可以看出在这一栏目中出现频率最高的词汇是：集体、人民、社会等，从中我们可以发现中小学德育课是非常强调群体利益的，具体体现为对个人与集体关系处理的要求和对各种社会规范的遵守以及相应的一些社会责任的说明。这种群体本位的理念具体体现在以下几个方面：

首先，重群体利益而轻个人利益。在大纲中更多言及的都是个人应该对“集体”如何表现，个人对“人民”有怎样的责任和义务，却很少提及个人的权利。其次，在具体的德目论述中，所强调的是个人服从集体、为人民服务、遵守社会公德等，如“热爱集体”、“做一个忠于人民的人”等表述。无论是集体的制度还是集体的利益，在教学大纲中都具有了必然的先在的合理性与合法性。国家的利益、人民的利益和集体的利益和发展始终是优先于个人的利益和发展的，一旦二者发生冲突，个人必然应让位于这些“群体”，个人的思想情感和需求则从群体中退场，演变为一种工具性的存在。此外，在1997年以前的教学要点中对学生情感方面的要求则是要求学生“热爱祖国”、“热爱集体”、“热爱人民”、“热爱老师”，对学生如何“接纳和热爱自己”却并未提及。在提及个人的时候则是在论述“个人主义”和“集体主义”的时候，此时个人的情感和需要成为一种否定性的存在，因此教学大纲是有“群体”而无“个体”、有“他人”而无“我”的。吴康宁教授在《中国大陆小学“品德”教学大纲的社会学研究——兼与台湾小学“道德”课程标准相比较》一文中指出：大陆的教学大纲凸显着“集体精神”，几无“个人意识”。[①] 这样的取向同样在初中的教学大纲中体现出来。

任何的道德判断其实质都是一种价值判断，即对事物进行了价值高下的区分。在教学大纲中出现的“群体”占场与“个人”缺场的背后就是一种认为个人的价值低于群体的价值的观念。那么价值的高低又是如何确立的呢？如学者杨国荣所指出的：“价值存在于关系之中，它所涉及的基本关系项之一是人的需要：价值的确认，相应地离不开对人的需要的把握。”他还深刻地指出：“对需要的片面理解，总是逻辑地导致对价值的片面认定；它同时也从一个方面表明，正确地认识人的需要，是真实地把

---

① 吴康宁：《中国大陆小学“品德”教学大纲的社会学研究——兼与台湾小学“道德”课程标准相比较》，《南京师范大学学报》2001年第3期，第69页。

握价值形态的前提。”[①] 从这个角度进行分析，德育课对人的道德生活的需要的认定就是“群体本位”，认为人的各种需要和价值都是在各种性质的群体中实现的。

如果进一步分析在教学大纲中关于“集体”、“人民”、“社会”等名词，则会发现这样一些问题：①这些词汇所指的究竟是什么呢？在教学大纲中“集体”经常是与“个人”相对应出现的一个概念，但集体是什么我们的教科书并没有作出明确的回答，一般用班集体或者社会组织代称。人民一词也频频出现，而人民和国民、公民等词汇是有着不同的群体指称的，是否在国家的公民中有人民与非人民之分呢，这就体现了我国长期以来所盛行的“人民伦理”。如金生鈜所指出的，这种伦理就是社会成员以总体性的“人民”来体现，作为社会成员或社会公民的个体是通过“人民”来代表的，总体性的“人民”取代了或代替了个体性的道德权利与义务，代言了个体日常生活的道德表达。[②] 人民与集体在很多时候是一种抽象指称，而这种抽象的指称却成为一种强制性的力量支配着个人的道德生活。②集体本位的道德价值取向使集体的利益具有了不证自明的优先性，只要服从“人民”的需要、符合“集体”的利益就是好的，反之则是不可取的，但是这些群体的利益是否真正具有如此的合理性也需要追问。

这种对群体利益的强调与我国的道德教育传统无疑有着紧密的联系。如有学者所论述的，中国的人伦道德及其教育的最重要之点在于重整体利益，强调家、国利益高于个人利益，视个人利益服从家、国利益，乃至抛弃、牺牲个人利益而献身于家、国利益为崇高的美德。[③] 中国整个人伦道德教育系统强调的都是培养善于调节个人行为，及个人与他人的关系，乐于并善于事奉家、国的君子。“修身”，是中国传统道德教育的起始点，其目的在于“齐家”、“治国”，进而“平天下”。在现代化的进程中，这

---

① 杨国荣：《伦理与存在——道德哲学研究》，上海人民出版社 2002 年版，第 174 页。

② 金生鈜：《德性与教化》，湖南大学出版社 2003 年版，第 135 页。

③ 李申申主编：《人性：存在与超越的审视——中西方道德教育思想与实践比较研究》，新华出版社 1999 年版，第 96—99 页。

种价值取向却往往成为牺牲个人合法利益的手段。国内学者金生鋐教授就尖锐地指出:"'我'的道德教育其实就是以'无私'的为'人民'的名义抑制自我的道德权利与责任,服从'人民'的道德,形成社会中全体人民的道德一致。至于个体道德的自主、自由、生命价值的尊严,自我利益的正当性等等,则奉道德之名进行抑制和铲除。"① 在倡导个人权利和自由的今天,这种道德教育的价值取向需要我们反思。

(2)"义务"的占场与"权利"的缺场:"单向度的服从型"道德价值取向

历次教学大纲中传达出的又一道德教育的理念是:强调服从和个人对群体的义务和责任,而且这种服从是一种单向度的服从。如 1993 年的"遵守纪律是每个公民应尽的义务;提高认识,自觉遵守纪律",1986 年的"自觉纪律观念"等,1993 年的"个人利益必须服从国家利益"等。在具体的语言表述上是一种"命令式"或者"祈使式"的表达。个体没有选择的余地,更没有质疑的可能。如在教师与学生的关系处理中所要求的是"尊敬",在个人和祖国的关系上是"个人利益必须服从国家的利益",在集体与个人的维度上"要有集体主义观点"。这种单向度的道德教育观其实质所想要培养的是符合社会规范的顺应者,更强调的是对现有社会制度的遵守和服从。1997 年这种情况才有所改观,大纲中开始涉及更多权利方面的内容。

这种以强调服从为特点的道德教育体现为一种"利他性"的道德价值观。西方著名的伦理学家石里克对两种不同的伦理学进行了深刻的论述,虽然他论述的基点是西方伦理学的发展历史,但对我国的德育课教学大纲也有一定的解释力。他指出,西方普遍流行的道德是一种反利己主义的道德,这种道德的特征是要求为了同类的欲望而压制个人的欲望,它要求的是一种"他顾性";其本质是要求个人放弃自我的追求。石里克把这种道德称为"要求道德"(the moral commands)或"放弃道德"(the moral of renunciation)。与此相反,古代的经典道德却是一种"非常不同的"道德,这种道德的基本问题不是"对我的要求是什么?"而是"我必须怎样幸福地生活?"它的来源是行为者本身的个人欲望,因此,它所具

① 金生鋐:《德性与教化》,湖南大学出版社 2003 年版,第 325 页。

有的不是要求的品格，而是欲望的品格。因此石里克把这种道德称为“欲望道德”。如果说，“要求道德”是以一种“他律的要求”为基本特征的话，那么，“欲望道德”则是以“自律”为基本特征的。[①] 如果用这种思想反观我国教学大纲中的德目要求就可以发现：我国的德育课中所强调的教学内容是一种“要求道德”，重他律而轻自律，重外在要求而轻自我体察。这种表现所隐藏的其实是这样一种德育理念：所谓的“善”仅仅是社会整体对个人，所要求的道德只要被社会所赞同就可以了，而不需要个人的选择和决定。如果道德教育的所有内容都是这种“限制性的道德”，在具体的教学中就可能沦为“教条主义”，这样的道德教育就极有可能成为“道德暴力”，或者培养出一批唯唯诺诺的人，或者最终招致受众的反感，产生相反的效果。

需要指出的是，在社会道德生活中个人与集体、个人与国家、个人与社会规范的关系并非如此简单，在具体情景中有诸多的因素影响着个人的行为选择。如果进行逆向思维，当集体的利益践踏到个人正当的利益的时候，即使集体利益是代表着“最大多数人的最大利益”，那是否也应该让个体牺牲自己的利益去维护集体的利益呢？当国家进行不正义之事的时候，是否也应要求个人无条件服从来自国家的“召唤”呢？这种强调服从的道德教育所培养的个体就可能缺乏反思性，进而使社会缺乏一种批判的精神气质。别尔嘉耶夫指出：“所有的团体都要求拥有一定的纪律，当纪律一旦摧毁个体人的意识和良心，它也就成了集体的杀手。教会、国家、民族、阶级、党派都可能演成集体的暴政。因此，集体的生存总以个体人格为前提和动力。”[②] 从现实的教育来看，这种教育有多大程度的有效性值得怀疑，因为人本身就是一个悖论性的存在，“是”与“非是”是人永远面临的困境，反思性是人的一种思维的本能，一旦一种绝对化的、单向度的道德规范施于其思想之上，极容易引发人的反感心理。任何的伦理关系都是指向双方的，如父母与子女、教师与学生之间等，双方既享受

---

① 万俊人：《现代西方伦理学史》（上卷），北京大学出版社 1997 年版，第 408 页。

② ［俄］尼古拉·别尔嘉耶夫：《人的奴役与自由——人格主义哲学的体认》，徐黎明译，贵州人民出版社 1994 年版，第 177—178 页。

权利也承担义务，一旦某种伦理关系演变为单向度的，从“我⇔你”变成“我→你”或“你→我”的关系，这种伦理关系就有恶化或解体的危险。

(3)“集体”的占场与“公共”的缺场:“弱公德型”的价值取向

笔者虽然在归类的时候把关于对集体领域的、对社会法律以及规范的态度等放到“对社会”一栏里，这里的“社会”其实是由“祖国”、“集体”、“人民”、“社会公德”、“法律”等构成的，仔细分析就不难发现这些并不能涵盖“社会”。教学大纲中所涉及的公德更多倾向于公共礼仪和规范，或者是一些群体如集体与个人、国家与个人之间等的道德规范要求，与公共生活的道德并无多大的关联。公共生活是一种在社会中普遍存在的政治社会生活方式，在这种生活方式中，社会群体的成员能够在权利平等、人格平等的基础上参与群体事务，影响群体的抉择，从而在公共生活中实现自己的利益。在这个领域里调节众人行为的不仅有在共同生活中形成的风俗习惯、道德规范，还有在交往活动中达成的契约规范，以及相关的法律等。如任剑涛所言:“公共道德，以其注重道德的社会相关性，注重道德社会调适功能，注重伦理规范对于公共生活与公共秩序的恰切关注，注重各个个体在公共生活中的个人德行造成的广泛影响，而具有私德主导的传统伦理所无可比拟的优势。它是真正的社会化道德，而不是仅体现于个人自身施行的社会个体的私人性品德和情操，后者具有一种鲜明的人为社会化性质。因而，当后者将德性本质陈述为对个我先天具备的良心良能的醒觉与外推时，它事实上已无法接通道德的个体私人品行与社会的公共道德规范的通路。”① 与之对应，私人领域是以个人独立人格为基础的私人或私人间活动领域，整个领域内的活动直接受私人或私人间的情趣爱好、情感友谊、承诺信誉、习惯等调节，个人对自己的命运则有完全的决定权，国家、社会等则在这个边界前驻足。② 私人生活与公共生活的分化，是社会走向现代化的一个显著标志，没有私人生活领域与公共生活领域的分化就不可能有真实的独立人格，也就不可能有现代化的社会。

---

① 任剑涛:《道德理想主义与伦理中心主义:儒家伦理及其现代处境》，东方出版社2003年版，第325—326页。

② 高兆明:《制度公正论:变革时期道德失范研究》，上海文艺出版社2001年版。

教学大纲中涉及社会公共生活的德目是很少的，具体如在大纲中没有职业道德方面的德目。职业角色是公民所承担的一种主要的公共角色，在个人的道德生活中占据着非常重要的地位，职业道德也就成为公民道德中非常重要的构成部分，但在我国历次的教学大纲中对这部分内容鲜有涉及。另外，在大纲中也很少涉及社区道德的德目，就个人的日常生活来看，社区是其最为贴近的公共生活的场所之一，很多的道德行为和道德问题都是在这个场所里产生的。虽然从 1988 年初中阶段就开设了公民课，但从表 2－2、表 2－3 看，这门课程的内容与真正的公民教育联系并不紧密，所涉及的内容与个体的公共生活相差较远。

这种道德教育就带有更多的抽象的色彩。对于学生而言，国家、集体、人民等更多是一些不带有明确指称的概念，很难落实到具体的道德行为之中。学生所获得的更多是一些理念，却并不知晓“热爱祖国”、“热爱人民”如何具体化，如何才是真正的“为人民服务”，怎样才算“热爱人民”，很难明确自己现在以及将来所要肩负的社会责任。这样的道德教育就极容易成为“呼口号”的道德教育，不利于公共精神的培养。

（4）“体制生活”占场与“生活世界”的缺场：“道德理想型”的价值取向

从时间和空间两个维度分析，便不难发现我国德育课大纲中所涉及的教学要点是忽视学生现实生活世界的。从空间上看，大纲中所涉及的德目更多的是各种组织中对人的要求。对学生而言，最重要的生活空间是家庭和学校，这两个场域无论是时间还是空间上都在他们的日常生活中占据着最重要的地位，而学生的绝大多数道德行为都是在这两个场域中发生的，但上面的表格中出现的关于家庭方面的道德教育内容很少，关于学校的道德内容也就一直停留在“学习观”和“师生观”上，如“尊敬教师”、“建设良好的班集体”等，并没有大的拓展。各种组织生活中的德目占据了较大的比重，如集体中、社会中等。如杨国荣所指出的：“统一的社会系统从总体上看既包含生活世界，又以体制组织为其内容。就体制组织而言，其存在状态首先带有无人格性的特点。在生活世界中，家庭、邻里、朋友等社会关系通常以人为直接的关系项，也就是说，在日常的交往活动中，我们所面对的对象，都是具体的人。相对于此，体制化的存在往往表现为超然于人的结构，在各种以效率为目标的管理机构中，工具意义上的理性常常构成了其组织原则;有着有别于关注人的存在意义的价值理性。以不同程度的形式化为特征,体制组织形成了自身的运行机制。"[①] 在教学大纲中就可以看出各种"体制组织"已经超然于学生的"生活世界"。

从时间上看,大多数的德目所涉及的是学生未来的生活,更多的德目则是指向学生未来生活的,如"树立崇高的理想"、"为人民服务"、"为国家贡献"等,对学生现时的生活关注较少,直到 1997 年心理教育的相关内容才进入初中的德育课。众所周知,青春期是学生道德发展过程中很重要的时期,由于身体的巨变所带来的心理巨变已经为众多的心理学家所研究。埃里克森就认为青春期关于同一性和角色混乱的特殊斗争是一个人生命中最复杂的危机,但是直到 2002 年的课程改革,与青春期相关的一些心理道德内容才正式成为德育课的内容。再如考试是每一个学生在学生时代都必然面对的问题,学生中大量的心理问题都源于此,但是直到 2002 年的课程改革这方面的内容才纳入了教学大纲的内容要求之中。虽然未来的生活迟早会到来,但是现在关心与否并不会对自己的生活有太大的影响。从对学生发展的影响来看,如果道德教育忽视"此在",不能够对学生现时的生活有所引导和帮助,仅仅关注"彼在","彼在"的生活也就失去了支撑,"彼在生活"的达成也是有问题的。

教学内容与学生此在生活的疏离就在德育课与学生的生活之间构筑了一道无形的屏障,使之很容易失去针对性,学生对所教的内容也就容易失去兴趣,因为人对与自己切身相关的事物更容易保持密切的关注。如何建华所言:"作为一个功能健全的社会道德规范,不仅应具有使道德行为、道德价值由个体化转向社会化的引导力,而且在满足社会发展需要的同时,也应在不同的方面和不同的层次上有助于个体利益和需求的实现。社会道德规范只有同时兼有'个体功效性'和'社会功效性',才能有力地发挥其价值引导和价值统摄作用。"[②] 需要是启动人学习的原动力,如果我们把大纲中为学生所设立的某些道德图景当作一种道德理想,那么远离现实生活的理想则有可能带来一系列的问题。

---

① 杨国荣:《伦理与存在——道德哲学研究》,上海人民出版社 2002 年版,第 51 页。

② 何建华:《道德选择论》,浙江人民出版社 2000 年版,第 173 页。

从表 2 – 2、表 2 – 3 中，我们可以看出历次教学大纲中所忽视的价值观。首先，广义的伦理关系不仅展开于人与人、人与社会之间，而且涉及人与自然，但在我国的历次德育课教学大纲中，对这方面的内容很少涉及。即使是在 1997 年的教学大纲中也仅仅是“依法保护人类的家园”，并未上升到伦理的高度。如何处理与其他国家的伦理关系，对整个世界所负有的伦理责任方面的内容也是教学大纲中所忽略的。这从表 2 – 1 中“对世界万有”一栏的空缺就可以知道。如果说前者可以归因于还没有充分认识到人与自然的关系以及人对自然所负有的伦理责任，对后者的忽略似乎就很难理解。我国实行改革开放政策之后，已经从一个封闭的国家转为开放的国度，在这种时代背景下大纲的这种忽略显然是不合时宜的。其次，大纲对体现社会生活中一些新的发展方向的德目要求重视不足，如科技伦理、生命伦理、经济伦理等，这显示出德育课的保守性。

2. 大纲中价值取向理念的变迁

除了大纲中一些稳定的教学内容要求所反映出的道德价值观之外，从表 2 – 2、表 2 – 3 中我们也可以看出大纲的流变，这种质的变化主要体现在以下方面。

（1）从强调外部道德要求转向开始关注道德主体的道德生活

从表 2 – 2、表 2 – 3 中的“对个人”一栏的归类可以看出，随着时代的发展，针对个体方面的德目内容有所增多，尤其是到了 1997 年，这方面的内容所占据的比重大大增加，而且在内涵上发生了深刻的变化。以前此方面内容更多的是思想教育方面，如“艰苦奋斗、顽强拼搏”、“热爱科学、热爱劳动”等，在 1997 年这方面的内容则主要集中在个人的心理健康方面，所提出的要求也更多体现为一种健康的精神生活方式，思想性的成分有所减弱。

心理教育成为德育课的构成部分所产生的影响是深远的。虽然心理教育与道德教育有着一些共通的东西，但二者在很多方面还是有一定的差异。心理教育的理论依据是个人的心理发展的规律，这就要求在进行教育的时候以学生已有的心理发展水平为基础，需要借助个体自身的心理过程才能真正发挥作用。如有学者所指出的：“心理素质的形成，心理教育的实施决不仅仅限于教育者对受教育者的施教，它必须同时是受教育者对自身施行影响的过程，或者说心育课程的实施与向受教育者灌输现成的知识、观点不同。灌输现成的知识、观点，是把学生当作被动接受的容器，而心理素质的形成发展，则必须依赖于心理发展主体自身的积极性，依赖于主体的自我教育过程，即依赖于主体心理的‘自己运动’。因此良好心理素质的最终形成，心理机能的提高，心理潜能的发挥，有赖于受教育者对心理的认识，特别是对自我心理的把握和积极的主动活动。”① 这种“自己运动”虽然是针对心理素质所提出的，同时也指出了以前的德育课的某些问题所在。因为长期以来我们的道德教育所试图教给学生的大都是一种外在的“要求”式的道德律令，却忽略了道德的成长最终是通过人的自我内化来实现的。心理教育的引入使教师必须开始注重学生的自我心理发展过程和自身的道德成长能力。

心理教育必须依靠学生的“自己运动”才能实现，但要使这种自己运动真正发生需要一定的条件。人的心理发展与个体的生活经历和体验密切相关，无论是精神分析学派对个体童年期经历的重视，还是行为学派对个体行为的矫正或是人本主义对自我实现的关注，都摆脱不了个人独特的成长体悟在人心理发展中所起的重要作用。如果所教的内容不能触碰到学生内心深处，与他自身的生活体验和经历没有联结点，学生只可能是一种旁观者，引发不了内心的认知矛盾和情感体验，也就无法对自身的心理过程进行调控。在实践层面上这就迫使教育的逻辑起点必须是个体的生活，关注个人的情感体验。这样做的前提就是要尊重学生、理解学生。在以前的德育课中，学生的个体生活没有获得相应的位置，这种“我”的缺场所导致的种种问题在此处不再赘言。在心理教育的课堂上，学生的个体性成长的经验就获得了相应的位置并成为教育的重要资源。教育的逻辑起点也从以前单一的社会要求转为个体的生活，这为后来德育课的变革提供了有利条件。

同时，心理教育非常强调对学生多样化心理特征的接纳，这也为道德教育开阔了视野。虽然在同一年龄阶段不同的学生心理发展会有一些共同的规律，也会遇到一些相似的问题，但不可否认的是人的心理根本上是一种多样化的存在，这是由个人的生物遗传性和个体的生活经历所决定的。

① 班华:《对设置心理教育课程的认识与设想》,《教育改革》1994 年第 4 期，第 4 页。

心理教育就必然要面对这种多样化的现实，这种差异一般不带有价值评判的意义，只是在不同的具体情境下可能会有不同的结果。教师要进行心理教育首先就需要接纳这种多样性，并给予常态化，这就为道德教育提供了更为广阔的空间，使师生之间原有的教育与被教育的上下关系被一种平等的、尊重的对话关系所取代，而对尊重、平等等理念虽然教师并不陌生，但要落实到具体的教育教学实践中却需要一定的条件支撑。心理教育成为德育课的内容，就为如何尊重学生提供了内容上和方法上的保证。

（2）从关注道德理想演变为开始关注道德基本规范的要求

从表2-2、表2-3中我们可以发现这样一条规律，越早的大纲中所提出的教学内容的要求越高。以“对祖国”方面的内容为例，在1997年的教学大纲中这方面的内容是“培养爱国情操；公民要履行维护国家统一、保卫祖国安全的义务”，这是一种基本的道德要求。还有在“对个人”方面也呈现出这种要求，一般要求学生“树立崇高的理想”，而在1997年教学大纲的内容要求价值评判的色彩减弱，强调的是保持心理的健康，这种转变有着非常大的价值和意义。新中国成立后我国的德育课程就带有非常强烈的政治色彩，多要求人具有“崇高的道德境界”，却很难看到对普通公民的道德要求。在教学大纲中我们不难发现占据主要地位的是一些“道德理想”，如“热爱祖国、热爱人民”等，而规则层面的东西比较欠缺。在1997年的教学大纲中这种情况有所改观，理想的成分在减弱，而规则和原则性的东西有所加强。

（二）社会发展简史教学要点的简析

长期以来，社会发展史是德育课教学内容的重要构成部分。虽然在不同的历史时期该门课程的名称略有差异，但其涵盖的内容基本一致，本书中把它们统称为“社会发展简史”。通过前面的课程设置的表格就可以看出，该门课程是新中国成立后初中德育课中最具稳定性的内容，直到2002年的课程改革才被取消划入历史课当中。这门课程作为整个初中德育课的组成部分自然占据着重要的地位。

课程的名称就表明这是一门侧重于知识讲授的课。这门课程的教学大纲中对教学原则和方法的说明就明确指出：“教师必须讲清教材中的基本概念和基本原理，使学生较好地掌握历史知识和理论观点，并在此基础上从学生的实际出发，揭示和分析教材内容所涉及的现实问题。对学生思想认识中需要回答的问题，要结合教材内容，有的放矢，从正面讲清道理，对学生中存在的一些不正确看法，要循循善诱，动之以情，晓之以理。"① 从内容本身来讲，这门课程与历史课程有着类似之处，为了避免它与历史课混淆，教学大纲专门指出："社会发展简史不同于历史课，它不需要全面描述各个国家和民族的具体发展状况，只是概括地叙述五种社会制度更替的一般过程。社会发展简史也不同于历史唯物主义课，它不是直接论述历史唯物主义的基本原理，而是通过阐述五种社会制度的更替，来帮助学生树立历史唯物主义的基本观点。因此，教学内容要注意把历史唯物主义的基本观点渗透到历史演变的事实中去。"② 从中可以看出此门课程开设的根本目的是树立学生"历史唯物主义的观点"。

表 2-4　　《社会发展简史》的教学大纲的主要教学内容③

不同的社会发展阶段	规定的教学内容
原始社会	1959 年：劳动创造了人类社会；原始公社制度 1982 年：劳动在从猿到人的转变中的作用；在劳动的基础上产生了人类社会；原始社会生产的发展；原始社会是没有剥削的社会；原始社会的氏族制度；原始社会的解体 1986 年：人类和人类社会的产生；原始社会生产力和生产关系的特点；原始社会的生产关系是由低下的生产力水平决定的；原始社会的氏族制度；原始艺术和朴素的道德观念；私有制产生和原始社会的瓦解 1993 年：原始社会是没有剥削和压迫的社会（原始社会有很多的特征，为什么单独把剥削和压迫作为对一个社会进行定性的定语，足以发现其中的政治主线）；人类社会的起源；原始社会生产状况；没有剥削压迫和私有观念的原始社会（剥削和私有都是界定资本主义社会的用词） 1997 年：原始社会是人类社会发展的最初阶段（人类社会的定义；生产力、生产关系的定义）；没有人剥削人的现象；私有制的产生是原始社会发展的必然结果

① 《20 世纪中国中小学课程标准、教学大纲汇编（思想政治卷）》，人民教育出版社 2001 年版，第 247 页。

② 同上。

③ 同上。

续表

不同的社会发展阶段	规定的教学内容
奴隶社会	1959 年：阶级的产生；奴隶占有制社会的生产状况和阶级斗争 1982 年：阶级的出现；奴隶制国家的建立、奴隶制生产关系的确立促进了生产力的发展；奴隶社会科学文化的发展；奴隶主对奴隶的残酷剥削和压迫；奴隶起义；奴隶社会的崩溃 1986 年：阶级的出现。奴隶社会生产力和生产关系的特点。体力劳动和脑力劳动的分工和对立。奴隶社会的文化。奴隶社会后期生产关系严重阻碍了生产力的发展。封建制生产关系的萌芽。奴隶社会的崩溃 1993 年：奴隶社会是第一个阶级社会（在此处用的是“阶级”作为奴隶社会的定语，划分社会的根据是生产资料和生产关系的形态而不是阶级的形态）；私有制的产生；奴隶主阶级和奴隶阶级的出现；奴隶制国家的建立；奴隶主对奴隶的残酷剥削和压迫及奴隶反抗奴隶主的斗争 1997 年：奴隶社会是第一个阶级社会（阶级的定义；两大对立的阶级）；国家的产生；奴隶制是最野蛮的剥削和压迫制度
封建社会	1959 年：封建社会的生产状况；封建社会的阶级斗争、农民起义 1982 年：封建社会的建立；封建社会经济文化的发展；地主阶级对农民的残酷剥削；地主阶级的残暴统治；农民反抗地主阶级的斗争；资本主义生产关系的萌芽 1986 年：封建社会的建立。封建社会生产力和生产关系的特点。封建行会的形成和作用。封建社会的文化。地主阶级对农民的政治和思想统治。资本主义生产关系的萌芽。封建社会的崩溃 1993 年：封建社会地主对农民的剥削和压迫；封建社会的形成；封建社会生产力的发展及状况；地主对农民的残酷剥削；封建国家对农民的压迫和农民阶级对地主阶级的反抗 1997 年：封建社会的产生和没落（封建土地所有制；对立的阶级）；中国仍然面临艰巨的清除封建残余思想的任务；封建制度的没落与资本主义的萌芽

续表

不同的社会发展阶段	规定的教学内容
资本主义社会	1959年：资本主义社会的产生；资本家剥削工人；资本家和工人的生活状况；工人反抗资本家的斗争；靠战争发横财的垄断资本财团；帝国主义统治下的殖民地；殖民地人民的反帝斗争 1982年：资本主义社会的建立、产业革命、资本主义剥削的秘密；资产阶级的"民主国家"、资本主义的经济危机；无产阶级是资本主义的掘墓人、帝国主义是垄断的资本主义；帝国主义是腐朽的、垂死的资本主义 1986年：资本主义社会，资产阶级革命与资产阶级政权的建立。资本主义社会生产关系的特点。资本主义社会生产力的发展。资本主义社会科学和文化的发展。资本主义的民主和自由。资本主义社会的经济危机和社会危机。第二次世界大战后帝国主义的新变化 1993年：资产阶级是靠剥削和掠夺起家的从"羊吃人"的历史看资本主义的产生；对亚非拉的掠夺促进了资本主义的发展；资产阶级政权的建立 资本主义社会资本家和雇用工人的对立和斗争：资本家剥削工人的秘密；资本主义社会生产力的发展和经济危机；资产阶级利用国家政权对劳动人民实行政治统治；工人阶级反对资产阶级的斗争 垄断资本对内对外的剥削和掠夺：垄断资本控制了本国的经济政治；帝国主义国家对不发达国家和地区的掠夺 资本主义的灭亡和社会主义的胜利是不可避免的：帝国主义无法摆脱固有的危机；帝国主义无法消除自身的矛盾 1997年：资本主义社会是最后一个阶级社会： 资本主义社会代替封建社会是历史的极大进步（资本主义通过暴力掠夺手段发展起来）；资本主义剥削的秘密（资本主义生产关系的特点；剩余价值；工人受剥削的原因）；资本主义国家对劳动人民的统治（资本主义国家是维护资产阶级统治的工具；资本主义民主是资产阶级享有的民主；狭隘性和虚伪性是资本主义民主的特点；当代资本主义国家的性质没有改变）

续表

不同的社会发展阶段	规定的教学内容
社会主义社会和共产主义社会	1959 年：条条大路通向共产主义 1982 年：无产阶级专政的建立；社会主义生产关系的建立；社会主义时期的阶级状况和阶级斗争、社会主义新时期的根本任务、社会主义制度的优越性、共产主义是人类的最高理想（这里的人类是由“代言人”口中说出的，以人类的口吻说话带有不可置疑性） 1986 年：社会主义和共产主义社会：俄国十月革命的胜利。中国人民革命的胜利。无产阶级专政是新型的国家政权。社会主义生产关系的建立及其特点。社会主义时期的阶级关系。社会主义制度的优越性。社会主义制度的优越性。社会主义制度的不断完善和发展。共产主义是人类的最高理想 1993 年：社会主义代替资本主义的必然性；社会主义代替资本主义是个长期的曲折的历史过程 只有社会主义才能救中国，资本主义道路在中国走不通；社会主义道路是中国人民的历史选择；社会主义建设使我国初步繁荣昌盛 1997 年：社会主义代替资本主义是社会发展的必然趋势 资本主义社会的发展分两个阶段（自由资本主义和垄断资本主义阶段；帝国主义对世界各国人民的压迫和剥削） 资本主义社会存在着不可克服的矛盾（阶级矛盾；生产力和生产关系的矛盾；发达资本主义和发展中国家之间的矛盾。） 社会主义必然代替资本主义（社会主义公有制；两种制度的共存与斗争） 社会主义是中国人民的历史选择（社会主义制度的建立是中国历史上最伟大、最深刻的变革；社会主义的本质）

通过社会发展简史的内容要点我们可以看出，与其他德育课的教学大纲相比，“社会发展简史”的内容变动是最小的，显示出超稳定的特征。在如此长的时间跨度里某门课程内容几乎没有大的变动，如果把这些内容放置到具体的历史背景中进行考察就不难发现其保守性与滞后性。以 1993 年为例，邓小平南方谈话已经掀起新的改革浪潮，“姓资姓社”问题的讨论逐渐淡出人们的视野，但在我们的教学大纲中出现频率最高的词汇仍然是“剥削和压迫”、“胜利与灭亡”，表现出非常强烈的意识形态对立的特征。这门课程的教学大纲中渗透着这样的思想：

1. 阶级、剥削、压迫的二元对立结构

“社会发展简史”应该描述的是整个人类社会的发展历史，所采用的语言风格应该是事实描述性的，反映客观的历史事实，但从教学大纲主要内容的描述上就可以发现这门课程所带有的强烈的价值色彩。整个教学大纲中出现频率最高的词汇都是围绕“阶级与压迫”进行。除了原始社会和社会主义社会，在规定教学内容的时候都采用了阶级的二分法：奴隶主与奴隶、地主阶级与农民阶级、资产阶级与工人阶级。而这些阶级之间的关系就是“剥削与被剥削”、“压迫与被压迫”、“压迫与反抗”。把原始社会定性为“没有剥削和压迫的社会”，而社会主义的优越性就体现在“消除剥削和压迫阶级”，由此不难发现这门课程是以“阶级和压迫”作为描述线索的。纵观整个课程都存在着这种二元对立结构。

2. 突出所表述内容的确定性

本门课程的教学大纲在教学要点的描述上还有一个鲜明的特点就是大量地使用全称的肯定或者否定的句式表达，如“对亚非拉的掠夺促进了资本主义的发展”、“靠战争发横财的垄断资本财团”等，这些判断还带有鲜明的褒贬色彩。剥削、压迫的一方必然是被否定的，而另一方则必然是被褒扬的。“掠夺”、“利用”、“灭亡”等这些词汇无一例外地都是在资本主义者这一部分高频率的出现，却从未在社会主义这一部分出现，如这样的句式：“帝国主义无法摆脱固有的危机”、“帝国主义无法消除自身的矛盾”、“社会主义代替资本主义的必然性”等。在论述某些因果关系的时突出前提条件的唯一性和排他性，如“只有社会主义才能救中国”等。

由此我们可以得出这样一个结论：这门课程究其实质是一种阶级教育，让学生产生对社会主义的热爱，而对资本主义产生否定性的思想情感，这就不难理解为什么要把这门课程归入“思想政治”的课程体系之中了。

（三）教学大纲中存在的问题

本章通过对德育课大纲的教学目的和教学要点的归类和比较，试图解析出我国德育课理念中的“变”与“不变”。基于这些“变”与“不变”，笔者认为需要反思这样一些问题。

1. 新中国成立后的德育课价值取向与传统道德教育价值取向的断裂

从新中国成立后教学大纲的内容要求中我们会发现这样一个问题：在

这些内容中很难寻觅到中国传统道德教育的影子，如果说“社会发展简史”和“社会主义建设常识”是现时代独有的教育内容，那么“青少年修养”和“公民”课程则带有更多的道德教育的内涵，但是这两门课程也显示出传统道德教育断裂的特征。如表2－2、表2－3所示：“家庭”一栏的德目中小学有2条，初中有3条，都是比较少的，而家庭美德的教育一直是我国道德教育的一个重要的传统。20世纪上半叶中华书局和商务印书馆所出版的高小《新制中学修身教科书》和《共和国教科书·新修身》中关于家庭一栏的德目累计就达16条之多，这种忽视不能不视作一种断裂的征兆。另外，在中国传统的道德教育思想中“修身”一直占据着非常重要的地位，前文已述1949年前曾经多次开设单独的“修身”课，暂且不论其内容到底如何，但是重视个人修养的养成却是我国道德教育传统的特点之一。但从教学大纲中反映的内容中，我们可以看出在涉及个人方面的德目中更多的是关于学习和劳动方面的内容，涉及个人的道德修养方面的内容很少。在宏大的爱国、爱社会主义等德目的背景下，个人的道德修养的养成却在无形之中被置换掉了。

2. 对学生主体的漠视

课程的编制主要需要考虑社会需要、学科知识、学生发展三个方面的因素。而从教学大纲的目标和内容要点的要求我们会发现，在我国中小学的德育课中，在课程设计中占据重要因素的是社会需要和学科知识，学生主体的需要和发展规律则是被忽视的。本书以现实中学校开设的制度化德育课作为研究的对象，在学理上就有必要探清此课程“名”与“实”的关系，即需要辨清实际的课程之“德”与道德教育之“德”之间是怎样的一种关系。一般都认为的德育中的德是指个性品质中的德性，狭义指个体的道德品质，广义指“思想品德”，包括思想品质、政治品质、道德品质等。从大纲中所反映的德目要求来看，课程之“德”侧重在政治品质和思想品质方面，而真正涉及个人道德品质的教育方面的内容比较少。即使在“公民”或者是“青少年修养”这一类的课程中，也更多地含有思想教育和政治教育的成分。因此从名与实是否匹配的角度来看，这些在实际运作中的课程很难定位为“德育课程”。在课程的安排上，采用了不同学年安排不同教学内容的方式，就使这些课程自成体系，彼此之间并没有必然的逻辑联系。按照课程编制的原理，课程编制的基础是学生的心理发展规律、学科的结构和社会的需要。从上面的教学大纲的分析中我们可以知道该课程编制的逻辑起点就是社会的需要，正因如此在“公民”课中“集体主义”才占据了如此重要的位置；在“社会发展简史”中才充满了阶级斗争的意味；在“社会主义建设常识”中经济建设成为后期的教学的主要内容。在这些课程之中，学生的兴趣、需要以及道德形成和发展的规律都退居到幕后，不见踪迹。

3. 个体道德创造性的缺失

从德育课教学大纲的内容要求中我们可以得出这样的结论：新中国成立后德育课的内容编排沿循的是一种规范伦理学的理念。规范伦理学是与元伦理学对应的大概念，它所关注的是为人们的道德行为制订和提纲各种原则、规范，并借助于形而上学或经验科学方法来确定这些原则、规范的正当性与合理性。自柏拉图、亚里士多德开始，到康德、近代功利主义，都是以此为伦理学本旨的。[①] 规范伦理学最为核心的内容就是要求人们遵守那些已有的规则和制度。规范伦理学与美德伦理学的分野在于，前者以“我应该做什么”为中心；后者以“我应该是什么样的人”为中心。当然它们二者并不相互排斥，只是各自的重心有所差异。[②] 在我国的教学大纲中就体现为对学生提出的种种要求。教学大纲中体现出的这种伦理学思想就为我国学校道德教育模式的形成产生了影响。

学习和遵守社会的规范无疑在人的德性成长中起着重要的作用，因为规范内在地隐含着人们的价值认定，它们往往就是一些价值原则，但是规范的学习和遵守不可能构成道德教育的全部内容。究其原因，规范主要是通过外在的方式对人进行约束，它的最终指向是面向人的行为，而非人的内在德性。如杨国荣指出的：“道德不仅涉及‘你应该做什么？（what you ought to do）’，而且还关联着‘你应该成为什么？ （what you ought to be）’。尽管历史上的哲学家对 to do（做什么）和 to be（成为什么）各有侧重，但就道德的本然系统而言，to do（做什么）和 to be（成为什么）

---

① 万俊人:《现代西方伦理学史》，北京大学出版社 1997 年版，第 284 页。

② 王海明:《伦理学方法》，商务印书馆 2004 年版，第 37 页。

是相互统一的两个方面。”① 别尔嘉耶夫认为有三种伦理学：法律伦理学、救赎伦理学、创造伦理学。在深层的意义上，伦理学应该是关于人的精神觉醒的学说，而不是关于意识觉醒的学说，是关于创造的精神力量觉醒的学说，而不是关于法律和规范觉醒的学说。② 强调规范其实就是给学生所呈现的社会是一个限定的、静态的社会，是一个结构良好的社会，要求个人对其的适应。个体德性的发展过程固然有将社会已有的道德规范和准则内化的一面，但同时也应该带个体反思和创造性德性的一面，因为一方面现存的规范和准则可能有不合理之处，另一方面社会生活也在不断地发生变化，需要创造新的道德规范和准则以适应这种变化，譬如试管婴儿、克隆等技术的发展，都对人类生活已有的伦理准则发出了挑战。我们的德育课教科书大纲中，这种以规范为特色的道德教育就可能挤占个人道德创造和生长的空间。

第二节　从教科书看中小学德育课价值取向的流变

从人们创办学校开始，教科书就紧紧地同学校联系在一起。教科书是教材的一种，所占据的比重最大、作用最大、使用面最为广泛，内容也最基本。课程的变革和发展与教科书的形式、内容的变化息息相关。在近代采用印刷机器和纸质材料后，教科书连同班级教授课制和课堂教学，在学校教学中广泛应用，并逐步定型化，它在各国学校中的作用已经根深蒂固，获得了绝大多数公众的认可。人们对教科书的定义有所不同。《中国大百科全书》对它的定义为：教科书亦称课本，是根据教学大纲（或课程标准）编定的系统地反映学科内容的教学用书。教科书是教学内容的主要依据，是实现一定教育目的的重要工具，是师生教与学的主要材料，

① 杨国荣：《伦理与存在——道德哲学研究》，上海人民出版社 2002 年版，第 81 页。

② ［俄］别尔嘉耶夫：《论人的使命》，张百春译，学林出版社 2001 年版，第 101—102 页。

也是考核教学成绩的主要标准。[①] 戈温认为，教科书是作为教学工具的“书”，教科书的特性是：(1) 作为好的思维或情感的媒介；(2) 作为具有潜能可促使新事件发生的过去事件的记录；(3) 作为思想过程的权威记录；(4) 作为概念或知识（信息）实体的编制者；(5) 作为增加意义和丰富经验的刺激物。[②] 教科书作为教师教学和学生学习的主要材料在整个教育过程中占据着非常重要的地位，对其分析是很有必要的。

教科书作为学校课程知识的一种呈现方式具有非常重要的研究价值，因为进入教科书的知识不是一般的知识，而是一种“法定知识”。进入教科书的知识都是根据一定的价值标准选择之后才被纳入其中。学校教育因其时间和空间的限制，对进入教科书的知识更是经过严格的筛选。如郭晓明在《课程知识供应制度与个体精神自由》一文中所指出的：“学校的课程空间是一种‘稀有资源’，不可能无限膨胀。只有那些符合‘强势集团’的利益和价值需求的知识才被‘认定’适合纳入学校课程，而此种‘认定’在现代社会往往是以国家的政策乃至法令的形式实现的。”[③] 在这个过程中，权利无疑起着重要的作用。如马克斯·韦伯所言：权利意味着在一种社会关系内，自己的意志即便遇到反对也能贯彻的任何机会，而不管这些机会建立在什么基础上。[④] 如果我们把目光投向现实教科书的运作就可以发现，在各种出版物中教科书的出版无疑是非常严格和规范的，它的出台要经历非常严格的审定过程，受到严格的控制。在我国，教育部制定了《中小学教材编写审定管理暂行办法》，对教科书编写的资格、条件、教科书编写的立项和核准、初审与试验、审定都作了明确规定。教科书编写实行项目管理的办法，审查实行编审分离。教科书之所以要经历如此多的程序，原因就在于它要通过一种制度来保证其社会控制的功能得以

---

① 《中国大百科全书·教育》，中国大百科全书出版社 1985 年版，第 145 页。

② 江山野主编：《简明国际教育百科全书·课程》，教育科学出版社 1991 年版，第 129 页。

③ 郭晓明：《课程知识供应制度与个体精神自由》，《教育研究与实验》2003 年第 4 期。

④ ［德］马克斯·韦伯：《社会学的基本概念》，胡景北译，上海人民出版社 2000 年版，第 85 页。

实现。尤其是德育课的教科书本身就是国家主流意识形态的主要传播渠道，这种控制就显得尤为明显。有学者曾经对小学的语文课本做过统计发现，在课本中直接跟文学相关的课文所占的比重远远不及宣扬思想意识形态的课文比重。[①] 因此教科书本身并不是客观真理的汇集，而是带有明显社会价值取向的存在物，它被赋予的意义远远超出文本本身，这也就是为什么国家一旦修订教科书就会产生巨大的社会影响的原因所在。

从课程的整个运作过程来看，编制教学大纲仅仅是德育课的起点，它反映了课程制定者心中的理想课程状态，这种理想要具体转化为教科书之后才能进入实践的教学领域。教科书是进一步反映我国德育课理念变迁的载体，它的连续性为我们分析和反思新中国成立后的德育课价值取向提供了很好的分析文本。我们还可以通过对德育课教科书进行的分析看出隐藏在课程之中的一些隐形的理念，种种潜在的价值取向预设，这些理念和预设并不是以教学大纲的形式体现出来的，而是反映到了具体的教科书的编写之中。如吴永军所言："作为社会化基本内容载体和社会控制的中介，教科书历来承担着重要的历史使命，这是人所共知也是历代统治阶级所共求的事实。然而，由于各种主客观因素，教科书所传递的或明或暗的信息与统治阶级所倡导的价值、教科书编写者的意图总有些偏差。"[②] 沿着这种思路，我们可以思考这样几个问题：在教科书的世界里，"什么道德最有价值"？同时在此问题基础上继续追问：这些是"谁的道德"？又是什么决定了它们成为最有"价值"的道德？什么道德在哪个阶段被重视，而且在后来发生变迁？这些进入教科书的内容是依据什么原则选择的？……虽然只是进行文本分析，但这为我们把握现时的课程改革提供了一个广阔的理论背景。

从 2002 年开始，我国开始了新课程改革，德育课领域也在进行着。2011 年我国又开始新一轮的课程改革，近十年的中小学德育课程在课程改革理念的指引下，从形式到内容都发生了很大的变化，因此笔者将近十年的中小学德育课作为一种新的形态，放到下章进行探讨。在本节中，主要是讨论 2002 年之前的若干套教科书的价值取向，下文中出现的所有分

---

① 王有升：《语文教科书的社会学阐释》，《教育科学》2000 年第 3 期。

② 吴永军：《课程社会学》，南京师范大学出版社 2001 年版，第 171—172 页。

析案例都取自这几套教科书。为了系统地对新中国成立后的德育课进行分析解读，笔者搜集了人民教育出版社自新中国成立后出版的完整的五套初中段德育课教科书和其中两套小学段德育课教科书。自新中国成立后一直到90年代初期，我国都是实行一纲一本的教科书管理制度，后来逐渐出现一纲多本的情况，尽管如此，人民教育出版社所出版的教科书仍然是使用面最为广泛、使用人次最多的教科书。基于这种考量，笔者选用人民教育出版社所出版的几套教科书作为分析的样本，希望通过分析解读看出在教科书编写这个层面德育课的深层德育理念是些什么，而这些理念又经历了怎样的变迁。由于对中小学的所有教科书进行全面分析工作量很大，在分析中选择初中的几套教科书为主，小学教科书中的材料作为辅助材料。分析中采取点线面结合的方式，根据具体的情况有的进行相关的纵向比较分析，有的则抽取一些课文作为样本进行研究。在本章笔者主要从教科书的逻辑编排、教科书中道德榜样的沉浮、教科书中的叙事分析三个角度进行分析。

一　教科书内容内在逻辑分析

任何教科书都会呈现出一定的逻辑结构，这种逻辑是编写者综合学科逻辑、社会要求和学生在该阶段的身心发展规律的基础上产生的，因此对德育课教科书的编写逻辑进行分析就可以从中探寻出不同时期的学科理念、学生观和社会要求的差异。教科书的编写人员经过政府部门精心选择，无论是学科专家、课程专家还是一线的教师，都必须通过一定的资格审查才可能获得编写教材的权力。同时在编写的过程中，教科书必然根据课程标准来进行，或许在具体的内容上可以有所增添，但绝不可能反其道而行之，由此教科书的逻辑必然是精心设计的产物。

（一）教科书的基本逻辑

任何的道德教育都建立在教育者对何为道德、人怎样才能形成道德的理解上展开，这即是道德教育的深层理念。通过对教科书的具体课文进行逻辑分析，我们可以知道贯穿于教科书中的德育理念。为了分析具体课文的逻辑安排，笔者选举了历次教科书中所共有的某一课题作为分析的蓝本，试图从不同时期对同一个内容的编写方式探清我国教科书的编写逻辑。在这里选取的就是《热爱人民》、《热爱集体》两课的逻辑编排，其逻辑如表2－5、表2－6所示。

表2－5　　　　　　　　　　　热爱人民

不同时期的教科书	逻辑结构
1981年《青少年修养》	**为什么** 人民创造了我国古代文明 人民是社会主义事业的决定力量：人民是建设社会主义的力量源泉；人民是战胜国内外敌人的主要力量；人民的批评、监督和帮助，是党、政府、干部做好工作和少犯错误的基本保证 **怎么办** 树立为人民服务的思想：从小培养，从小事做起；刻苦学好科学文化知识，完成党和人民交给我们的学习任务
1988年《公民》	**为什么** 人民可敬可爱：青少年健康成长，靠人民精心养育；人民是社会主义现代化建设的力量源泉 **怎么办** 为人民服务，要有热爱人民的思想感情，和人民息息相通；为人民服务，要有满腔热忱的态度，给人民办实事；为人民服务的思想要从小培养
1993年的《思想政治》	**是什么、为什么** 伟大的中国人民：中国人民是物质财富的创造者；中国人民是精神财富的创造者；中国人民是推动历史车轮前进的动力 人民是国家的主人：我国现阶段的人民；我国的一切权利属于人民 热爱人民：我们的一切都是人民给予的；爱人民是我国的社会公德 **怎么办** 为人民服务：全心全意为人民服务；立足本职为社会做贡献 培养为人民服务的思想：为人民服务的思想要从小培养；为人民服务从身边做起

表 2 - 6 **热爱集体**

不同时期的教科书	逻辑结构
1981 年《青少年修养》	**是什么、为什么** 集体是个人成长的园地：良好的学校和班级集体，能够使我们顺利地掌握科学文化知识；良好的学校和班级集体，对我们的身心成长起着重要的作用；良好的学校和班级集体，对培养集体主义有着重要的意义 **怎么办** 怎样建立良好的集体：最重要的是每个人都关心自己的学校和班级，成为自己学校和班级的主人；还决定于同学之间的团结友爱；必须树立正确的舆论 个人利益服从集体利益 自觉遵守纪律
1988 年《公民》	**是什么、为什么** 个人与集体的关系：个人的成长离不开社会、集体；良好的集体是个人成长的必要条件；良好的集体离不开个人的作用，需要个人生动活泼地发展自己的个性特长 **怎么办** 培养集体主义观点：热爱集体，发扬集体主义精神；培养集体主义观点，正确处理个人利益和集体利益的关系 建立良好的班集体：建立良好的班级集体需要全体成员共同努力（最重要的是集体的每个成员都有主人翁责任感；取决于同学之间的团结友爱，互相帮助）建立良好的班级集体，必须形成正确的舆论，开展批评与自我批评
1993 年《思想政治》	**是什么** 集体是有组织的团体；集体的力量是强大的 **为什么** 个人离不开集体：集体是个人成长的园地；在集体中个人才能更好地发挥作用 **怎么办** 做集体的主人：良好的集体靠每个成员的努力（每个成员都必须做集体的主人；在自己的岗位上为集体的事业出力）；创建良好的班集体（大家共同努力；要有主人翁的责任感；维护集体荣誉；发扬团结友爱的精神） 个人利益服从集体利益：个人利益与集体利益；正确处理个人利益与集体利益的关系 自觉树立集体主义观念：集体主义是社会主义的道德原则；从小培养集体主义观念（从日常生活和身边的小事做起；必须反对个人主义思想；处理好大集体和小集体的关系）

表 2－7　　**1997 年版的两课逻辑**

磨砺坚强意志 拒绝不良诱惑	**是什么** 坚强意志的表现：遇事有主见，处事能果断，勇于克服困难，善于约束自己 **为什么** 坚强意志的作用：坚强意志是行动的强大动力；坚强意志是克服困难的必要条件；坚强意志是事业成功的保证 **怎么办** 自觉磨砺坚强意志：从小事做起，从现在做起；拒绝不良诱惑；持之以恒，善始善终；要有明确的目标和计划；做有意义的事
发挥性格优势 养成良好习惯	**是什么** 人的性格各不相同：正确的态度；坚强的意志；积极的情绪 **为什么** 良好性格利于成功：良好性格使个人才能得以充分施展和发挥；良好性格有助于健康人格的形成；良好性格促进身心健康 **怎么办** 努力塑造良好性格：扬长避短；养成良好习惯；置身于集体的监督之中

说明：因为 1996 年版的教科书初一年级的内容改为心理教育，因此找不到《热爱人民》、《热爱集体》两课，在这里选取另外两课作为分析的样本。分别为初一年级的第三课和第六课。

从上面随机抽取的课程内容的逻辑框架我们能够发现：相隔十几年，对同一课题的具体内容安排虽然有一些调整，但是它们在逻辑安排上没有发生大的变化。不同时期的教科书在课程的逻辑上显示出风格的统一性。整体的课文逻辑就是由“是什么”—“为什么”—“怎么办”构成，有时候“是什么”和“为什么”放置到一起论述，有时候是分开进行阐释。在单独部分多是采用简单排列各分论点的方式，这些分论点之间不太有逻辑上的必然联系。在具体阐释某一论点时，则运用先给结论，然后再提出具体论据的方式（如各种事例的运用）。课文整体上以夹叙夹议的方式展开，对问题的阐释有一些重复和交叉的内容。

从论述的语言风格来看课程的逻辑也没有大的变化。在“是什么”

和“为什么”这一部分都是采用陈述句说明问题，最常用的是“什么是什么”的句式。在“怎么办”这一部分都是采用直接的祈使句提出道德要求，最常用的句式是“我们要如何”的句式。这样每一课就成为一个自洽的封闭的知识系统，这样的逻辑编排就教学的角度看有助于教师掌握，但是与此同时这就约束了师生对课程内容重构的空间。

(二) 课程逻辑反映出的价值理念

1. 道德知识论逻辑

围绕着“是什么、为什么、怎么办”的逻辑，德育课教科书中所潜藏的德育理念就是只要学生懂得了这三个方面的内容，学生就可以学会这些内容，即知就可以引起道德行为，这种思想在每一课的课后练习中得以充分体现。综观几套教科书，笔者发现课后练习出现频率最多的题目有三类：(1)“为什么某种思想是重要的”，如“为什么必须树立为人民服务的思想”、“为什么劳动最光荣”等；(2)“要求开展某类活动”，如“开展一次尊师的活动”、“开展为人民做好事的活动”等；(3)“你准备怎么办”的问题。如“你准备怎样培养乐观主义精神”、“你准备怎样做一个诚实的人”等。第一类问题可以划归为“复述教科书内容”型；第二类问题可以划归为“提要求”型；第三类问题可以划归为“表态度”型。知道是前提，然后是决心，最后是去做，和教科书的逻辑非常吻合，这种逻辑编排反映出编者是一种线性的德性生成观。暂且不论这些具体论述是否具有充分的合理性，这些论述构成的封闭性的道德知识系统实际上把道德问题的复杂性作了简单化的处理。这样的课程文本进入课堂之后就容易演变为“关于道德的知识”的课。杜威早就指出：“这种‘关于道德的观念’，在道德上可以是漠不关心的，或不道德的或道德的。在关于道德的观念、关于诚实、纯洁或仁慈的知识中，没有使这些观念自动地转换为良好的品格或良好的行为的性质。”[①] 道德知识课对于学生的道德成长能起多大的作用值得怀疑。

在这里我们有必要区分“道德知识课”和“道德认知课”。前者是静态的道德规则的汇集，后者则重在养成学生的道德理智感。前者可以是去

① ［美］约翰·杜威：《学校与社会·明日之学校》，赵祥麟、任钟印译，人民教育出版社 1994 年版，第 142 页。

背景化的、去生活化的，后者则必须借助生活世界的中介才能够达成。根据布卢姆的目标分类法，在知识学习领域有六类：知识、领会、运用、分析、综合、评价。其中运用就指学生能运用知识，能把信息用于新的情境和问题，同时也希望学生能获得用来处理新问题和新材料的综合化的技术。这就要求学生在遇到新的问题或情境时，会选择解决问题的恰当方法，并会运用必要的信息，这些信息既有事实的，又有原理的。[①] 但从教科书中所呈现的道德知识来看，大都是平面化的要求或倡议，对学生综合和评价方面并未提出更多的要求。另有学者指出：涉及生活中的道德问题，我们需要牵涉许多不同种类的道德认知目标。其中有六种代表着品格教育的期望目标。它们分别是：（1）道德意识：看到身边的事情所包含的道德问题，然后仔细思考正当的行动应是什么。（2）认知道德价值：道德价值诸如对生命与自由的尊重、对他人的责任、诚实、宽容等需要被认识其存在的价值，同时知道在不同的场合中如何应用这一价值。（3）设身处地：这种能力即以他人的方式看待问题，设想他人的内心反映与感受。（4）道德推理：道德推理包含弄清楚道德意味着什么以及为什么我们应该具备道德，如遵守诺言为什么很重要？道德推理还包含对经典道德准则的理解。（5）道德决断：在遇到问题的时候需要考虑，我的选择有哪些？我不同的决定会对那个人产生什么样的后果？如何做才可能有个最好的结果而且不违背正在经受考验的重要的道德价值？（6）自知之明：要成为一个有道德的人，需要有反省我们自己的行为并批判性地评价它的能力。认识到个人品格上的长处与弱点，又要找到弥补这些弱点的办法。[②] 可见道德认知并不简单，它有着不同的维度的要求，美国的价值澄清流派就是其代表。反观我们的教科书的逻辑结构只能说是知识性的，但却并不是知性的。道德之“知”不仅是指“知道，了解”，如知道什么是对的什么是错的，而是要达到理性的高度。教科书中对这些具体的德目存在的必要性并未上升到理性的高度加以说明。

---

① ［美］L. W. 安德森、L. A. 索斯尼克主编：《布卢姆教育目标分类学 40 年的回顾》，谭晓玉、袁文辉译，华东师范大学出版社 1998 年版，第 20 页。

② ［美］托马斯·里克纳：《美式课堂：品质教育学校方略》，刘冰、董晓航、邓海平译，海南出版社 2001 年版，第 50—53 页。

以初中的法律部分的课题为例，在这部分内容中，大多是列举出部分法律的具体内容，提供一些具体的案例进行说明。如1997年版的初中二年级教科书中的第七课《依法制裁违法犯罪》的逻辑编排如表2－8所示。

表2－8　《依法制裁违法犯罪》一课的逻辑编排

违法行为应该承担法律责任：什么是违法行为；违法行为的类别；一般违法行为要承担相应的法律责任
犯罪与刑罚：我国刑法是惩治犯罪、保护人民的有力武器；什么是犯罪；犯罪分子应受刑罚处罚
依法惩治犯罪：依法打击危害国家安全的犯罪；依法打击抢劫、盗窃等侵犯财产的犯罪；依法打击赌博犯罪；依法打击毒品犯罪

这样的法律教育所培养的更多是知晓某方面法律知识的人，而未必是具有法律意识的公民。如伦理学家王海明所言：一切的法律不过是那些具体的、最低的道德，因而也就都产生于、推导于、演绎于道德一般的、普遍的原则。法的原则，法律原则是正义、平等、自由等，这些原则真正讲来并不属于法或法律范畴，而属于道德范畴，属于道德原则范畴。① 在教科书中则把法律和道德的这种深层次的关联忽略了，并未把法律提升到理性的高度。

2. 师生关系：授—受关系

任何的教科书编写对师生的角色都作了一定的预设：它是把学生看作是一个具有主观能动性的道德主体还是一个单纯等待着被教化的教育客体？如果是前者，教科书的指向就是帮助学生发现自身内在的道德生长的因素，促进其进行道德学习；如果是后者，教科书则是以一种权威性的存在对学生进行教育。从教科书的逻辑编排中可以看出，不同时期的教科书对课题的处理都采用了一种独断论的方式，带有权威的论断特征。教科书中隐含的学生观就是学生是一个“一无所知”的人，需要“知道、懂得这些道理”，学生成为一个对象化的存在。他们必须对教科书所传递的信息全面认可和肯定而且照着去做。这在课后的练习要求体现得非常明显，如针对《为人民服务》一课，1981年版的《青少年修养》课后面的练习

① 王海明：《伦理学方法》，商务印书馆2003年版，第85页。

是“为什么必须树立为人民服务的思想”，“开展为人民做好事的活动”；1988年版的《公民》课后面的练习是“为什么要树立为人民服务的思想”，“你打算怎样树立为人民服务的思想”；1993年版《思想政治》的课后的练习是“为什么说心中有他人是培养为人民服务的起点”，“谈谈对华罗庚的一段话的理解”，“开展为人民服务的做好事的活动以及相关的调查”。从这些练习的要求来看，识记性的知识为主，都是有标准答案的。

前面已经论述到在这种教科书中，每一课都是一个完备的封闭的知识系统，每一个论点下面都有若干条理由为之论证。这种高度结构化的课程逻辑对教师的角色也进行了限定，教师只需要把这些知识加以适当的讲解，教给学生就可以了。课程本身也不需要教师再作过多的加工，因为基本的观点都已经确定了。

运用这样的教科书就很容易形成以授—受关系为特色的教学模式。保罗·弗莱雷对这种以灌输为主要特点的教育作出了深刻的批判，他指出：这种教育在态度和做法反映出如下特点：(1) 教师教，学生被教；(2) 教师无所不知，学生一无所知；(3) 教师思考，学生被考虑；(4) 教师讲，学生听——温顺的听；(5) 教师作出选择并将选择强加于学生，学生唯命是从；(6) 教师选择学习内容，学生（没人征求意见）适应学习内容；(7) 教师是学习的主体，学生是纯粹的客体……①其实在这样的教科书世界中，教师和学生都是学习的客体。从教的角度看，这种以道德知识为主要内容的德育课并没有太大的难度，这为后来德育课沦为“人人可教”的课程提供了可能。

从评价的环节分析，这样的教科书的逻辑编排方式就使课程评价方式也受到了局限，知识性的考评方式成为首选。事实上中小学德育课的考核方式一般就是采用这种方式，考的也大多是学生对各种道德知识的识记水平，有些地方甚至并未将它纳入考评的范围。这种评价方式决定了教师在操作的层面上可以把这门课程当作一门“关于道德的知识”的课，而无需负更多的责任。这让笔者回忆起自己初中时候的德育课，那时候每次考试前大家关于这门课最爱说的话就是：“你背政治了吗”、“我还没开始背

① ［巴西］保罗·弗莱雷：《被压迫者教育学》，顾建新、赵友华、何曙荣译，华东师范大学出版社2001年版，第26页。

呢”。“背”这个词被高频率地使用，与这个词联系紧密的还有就是“历史”一科。在初三阶段，老师就在黑板上写满题目让我们抄或者做，而且还配有专门的辅导用书，谁的“背功”比较好就很容易在这两门课上拿高分。虽然有些课后练习有活动要求，但在笔者的记忆中老师一次都没有组织过也没有要求过。至于“给老人送温暖”、“上街做好事”这类活动是由学校专门组织的，与德育课无关。

德育课教科书的知识化逻辑方式在不知不觉之中塑造着课堂的教学形态和这门课的评价形式，而课堂教学模式和评价又反过来强化着这门课程的知识化特征，最终使德育课与道德教育的本意距离越来越远。

二　教科书中的榜样沉浮

树立榜样是我国道德教育的一个传统，在不同的时代有着各种不同的榜样。这种榜样投射出一种主流的价值形态对理想的道德人格的期盼和限定。德育课作为道德教育的重要途径，历套教科书中都大量选用了榜样事迹作为教育的方式。具体采用说明、事例、议论相结合的编写方式。这些榜样大多是限制性角色，即有着真名真姓，他们的性别、职业、年龄、品性和所取得的成就都被限定，而且形成了一定的定论。笔者通过对几套初中教科书和两套小学教科书中的榜样进行统计，试图发现我国的道德榜样经历了怎样的变化。这种变化折射出制度性的道德教育领域内所崇尚的理想人格的变迁。

笔者选用新中国成立后由人民教育出版社出版的5套初中德育课教科书作为分析的蓝本，小学阶段的作辅助分析。具体统计分析的内容包括对教科书中出现的人物的时代和职业进行横向的统计，并通过对这些统计进行纵向的比较并，试图得出一些带有规律性的内容。因为对每一套教科书中所涉及的榜样进行详细的分析工作量较大，所以笔者采取了抽样统计的方式，也就是对每一套教材的某个年级段进行详细的分析，然后进行比较。在这里笔者选用初中一年级教科书和两套小学教科书作为分析蓝本。[①]

---

① 选用初中一年级的教科书作为分析本源于这样的考虑：初中一年级的教科书内容侧重在道德品质方面，其中出现的道德榜样相对其他年级段的教科书更为丰富和多样。

（一）相关的统计数据

统计主要从榜样的职业、民族、性别、年龄段等几个维度进行。在划分人物的角色类属时主要依据其优势身份，即某人如果若干次出现以其优势身份（职业为主）加以归类。① 每类角色统计时兼顾了出现的次数及在该教材总榜样人数中所占的百分比。具体的统计数据如表 2－9、图 2－1、表 2－10、表 2－11 所示。

表 2－9　　初中德育课教科书中榜样职业角色分布情况及百分比

年代	政治家		革命英雄		科学家		文学家、艺术家、哲学家		农民领袖和名臣		劳模、企业家	
	人数	百分比	人数	百分比	人数	百分比	人数	百分比	人数	百分比	人数	百分比
1961	6	55%	5	45%	0	0%	0	0%	0	0%	0	0%
1982	26	50%	15	29%	6	12%	0	0%	4	8%	1	2%
1988	14	24%	10	17%	20	34%	5	9%	1	2%	8	14%
1993	16	24%	11	16%	16	24%	18	27%	3	4%	3	4%
1997	27	36%	3	4%	20	27%	16	21%	6	8%	3	4%

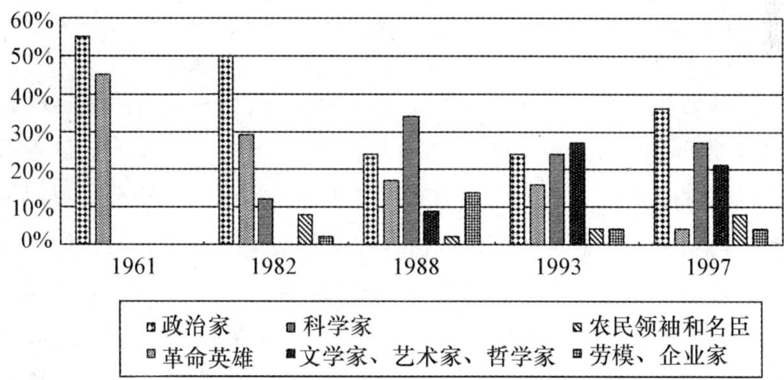

图 2－1　初中德育课教科书中榜样的职业角色分布百分比

① 参考了吴永军在《我国建国以来三套初中历史教科书的分析》一文中的分类方法。

表 2－10　　小学德育课教科书中职业角色人物分布情况

年代	政治家		革命英雄		科学家		文学家 艺术家 哲学家		农民领袖 和名臣		劳模 企业家	
	人数	百分比	人数	百分比	人数	百分比	人数	百分比	人数	百分比	人数	百分比
1988	30	49%	6	10%	19	31%	6	10%	6	10%	5	8%
1992	27	46%	9	15%	20	34%	3	5%	8	14%	5	8%

表 2－11　　初中段德育课教科书中榜样人物的归类分析（人次）

年代	汉族	其他民族	二者之比	成人	儿童	二者之比	男性	女性	二者之比
1961	10	1	10:1	10	1	10:1	10	1	10:1
1982	37	0	—	47	4	12:1	45	6	8:1
1988	41	0	—	57	6	10:1	56	7	8:1
1993	55	0	—	61	8	8:1	63	6	11:1
1997	56	0	—	70	6	12:1	71	5	14:1

从统计结果我们可以看出，伴随着时代的变化，教科书中的榜样人物也在悄悄地发生变化。具体体现为英雄劳模在榜样中所占据的分量逐渐减弱，而以科学家为代表的知识分子的榜样比重在提升，政治精英则始终在榜样中占据着重要的地位，这反映出社会生活的变迁所引起的人们的价值取向的变化。

（二）榜样所呈现的特点

笔者对新中国成立后的五套初中段德育课教科书和两套小学段德育课教科书中出现的榜样人物进行统计后发现，这些教科书中的榜样呈现出以下的特点。

1. 自致角色多于先赋角色

先赋角色也称归属角色，是建立在血缘、遗传等先天的或生理因素基础上的社会角色以及社会规定的社会角色，如性别、父母等。自致角色，即通过个人努力，达到了一定成绩或作出了显著的创造性成就而获得的角色，以及个体按照社会一定的要求通过招工、考试、组织分配而获得的角色，自致角色是通过后天努力获得的角色。统计结果表明，德育课教科书的榜样人物中自致角色远远多于先赋角色，这反映出道德教育世俗化的特点。具体地分析，在教科书中出现的自致角色主要是这样几类：第一类：政治家如毛泽东、周恩来、刘少奇等；第二类：科学家如童第周、高士其、爱迪生等；第三类：文学家、艺术家如鲁迅、巴金、梅兰芳等；第四类：群众道德榜样如雷锋、焦裕禄等。

在这些自致角色中，政治家和革命英雄在教科书中占据了绝对的比重，在早期的教材如1961年的教材中，这两类人物竟占了100%。而政治家更是重要，绝大多数教材中都出现了15次以上，其比例虽随时代的变化有所降低，但所占比例还是在55%至近25%之间，如果加上革命英雄，则比例全在40%以上。由此可见，他们始终是教科书中的优势人物。图表中显示早期的教材对科学家较为忽视，但80年代末以后的教材，科学家在教科书中占据的比重逐渐上升，总体来看，中小学教材中的科学家占榜样总数的比例基本上在24%以上，这与我国改革开放、科学文化加速发展的社会大背景相吻合。

2. 表现性角色多于功利性角色

以追求效益和实际利益为目标的社会角色称为功利性角色，这种角色行为的价值在于利益的获得。相反，不以获得经济上的效益或报酬为目的，而以表现社会制度与秩序、社会行为规范和价值观念，展现自己的才能、技艺及思想道德为目的的社会角色为表现性角色。根据统计，教科书中的榜样显然是表现性角色大大地超过功利性的角色。虽然在教科书中出现的人物大多是功成名就之人，但在具体的故事描述中所突出的大多是其优良的道德品质，这种结果与我国社会发展的浪潮似乎有些不合拍。伴随着改革的不断深入，中国社会处在急剧的社会转型变革之中，“言利”文化成为社会发展的主流，社会文化的世俗化特征日趋明显。如陶东风所指出的：“在世俗化的过程中，必然凸显出大众对于日常生活幸福本身的强烈欲求，凸显出文化活动消解神圣化以后的多元化、商品化与消费化的趋势，以及相应的文化的消遣娱乐功能的强化，文化与艺术成为对人的世俗欲望的肯定。”① 在教科书中对功利性角色榜样的回避说明，学校主导的价值观与社会主流的价值观有一定的背离。

3. 成人角色多于儿童青少年角色

通过横向的分析和纵向的比较，我们可以看出在教科书中所出现的榜样中，成人占据了绝对的比重，儿童青少年的比重很小。这里的成人是指这些榜样的故事是他们成年后所发生的事件，小学阶段教科书中的榜样也是如此。在涉及儿童青少年的榜样中，还有相当部分是名人和伟人小时候的故事，如毛泽东小时候上学不迟到的故事、周恩来小时候刻苦读书的故事，真正取材于学生同时代的同龄人的榜样非常少。

4. 男性角色多于女性角色

表2-10的统计数据显示，榜样的男女性别比例上有很大差距，分别为8∶1、10∶1、11∶1和14∶1，男性角色在数量上占据了绝对的优势。此外，在角色身份中赋予男性榜样的身份特征种类是丰富多样的，多为政治家（如毛泽东）、科学家（如达尔文、高斯）、英雄（如邱少云）、劳模（如时传祥）、文学家（如鲁迅）等。女性榜样的身份特征则相对单调，一般是身残志坚的残疾人（如张海迪、海伦·凯勒等）、社会公益组织成员、科学家（韦钰、居里夫人等）。结合教科书中所出现的一些德目，如关心他人这个德目本身是与女性的性别特征结合得非常紧密的一种德性，但在教科书中仍然更多选用男性的事例来说明问题。笔者还以1997年4月版的小学《思想品德》第四册为例统计其中插图的男女比重，发现该书中18幅插图，其中只出现男性的为8幅，只出现女性的为2幅。其余8幅为男女同现的插图，这类插图中的女性角色为侍女、同伴、陪审员等，多为配角。这从一个侧面反映出教科书中对性别角色的定位。

5. 教科书中的边缘以及被忽略的人物

所谓忽略的人物，就是某类人物在教科书中很少或者没有出现过的，这其实从另外一个角度表明了我国德育课隐含的价值取向。归纳起来在教科书中被忽略的主要有以下几类人：

（1）少数民族的人物：纵观教科书中出现的榜样形象，少数民族人物所占的比重微乎其微。作为一个统一的多民族国家，教科书中的这种忽

---

① 陶东风：《社会转型与当代知识分子》，上海三联书店1999年版，第169页。

略不能不说是一个遗憾。

(2) 实业家：在教科书的榜样人物中很少发现实业家的影子（包括古代的商人和近代民族资本家以及现代企业家），这与80年代以来我国经济改革的浪潮似乎有些不合拍。

(3) 传统人物很少出现：几套教科书的历史榜样人物的时间分布中以20世纪的人物为主，而且多为革命战争时期的人物（这里指教科书中出现的中国人），而古代传统的道德楷模占据的比重很小，这与我国这样一个有着深厚道德教育传统的国家有些不符。

(4) 资产阶级人物出现较少：教科书的榜样人物不仅大多是社会精英，而且大都带有鲜明的阶级性，非无产阶级的榜样人物很少（外国的榜样人物除外）。其他榜样无论是政治家还是科学家或者是艺术家绝大多数都是属于无产阶级阵营内的人，体现出鲜明的阶级特征，这与我国道德教育政治化的一贯取向是符合的。

(三) 榜样所体现的价值取向

道德榜样作为理想人格的具体体现首先折射了一定时期的历史需要。一定时期占主导地位的规范体系，既制约着人们的行为，也影响着人格的取向。理想的道德人格虽然最终体现在个体身上，但是作为时代的产物带有类的特征。它体现了一种社会的选择，正是合乎社会需要的道德品格，在历史的演进中才可能得到承认和肯定，并逐渐凝结、汇聚于历史中的理想人格。人们往往是根据自己理解的价值原则以及与之一致的规范，确认或突出理想人格的德性，因此在理想人格的背后总是可以看到一定历史时期的价值取向以及相应的规范原则，如古希腊的崇尚勇敢，中国大禹的自我献身精神等。进入教科书中的榜样则是经过精心选择的，他们与真正的社会公认的榜样也未必完全吻合，尽管如此通过对这些榜样的研究我们可以看出德育课潜在的一些价值取向。

1. “精英化”的道德价值取向

从上可以看出，教科书中所选择的道德榜样人物大都取得了非常杰出的成就，是所在历史条件下的成功者，至少是在某方面获得了相当突出的成就。即使是儿童榜样也大都是同龄人中的佼佼者（或者在某项国际比赛中获奖，或者获得了某种荣誉称号）。另外一些人物可能生活境遇艰辛，但不管其人生命运如何，在历史上总是被给予肯定性评价的。从社会阶层来看则以政治家和科学家为主，他们无疑属于社会的精英阶层。总体上，政治人物无论是在哪一个时期都是教科书中的优势榜样。从传统来看，我国的政治就对诸如经济、文化、伦理等诸多领域有着高度的统摄性。在古代中国，一种主导的政治思维方式，不仅可以“凝固”为社会所认同的恒久的价值观念，而且可以很大程度上影响到政治的现实存在，并进而影响到经济、文化、伦理的现实存在。在教科书中出现的政治人物道德精英化的价值取向事实上反映出我国精英化的教育传统。从古至今中国整个的教育体制是呈现出一种金字塔形，“学而优则仕”是千百年来读书人的金科玉律，这种精英化的教育就“制造”出一个具有道德优越感的“政治阶层”。只是在传统中这种精英主要是由国家的政治人物来体现的。伴随着现代化的进程，对成功者的认可已经扩大，掌握科学技术知识的科学家也成为被大众所广泛认同的成功者，因此科学家与政治家在教科书逐渐平分秋色也就不足为奇。尤其是政治家，本身就是社会的主要管理者。大量地采用这些人物作为榜样凸显出我国道德教育的精英化取向。

这种精英化的道德价值取向其实是一种带有等级色彩的道德价值观点，应该受到质疑。如埃利希·诺伊曼深刻指出的：“经常威胁人类并且迄今已支配了历史的危险产生于领袖的‘未受测验’。他们也许真的是如旧道德所理解的正直的人，但他们的无意识的、不被注意的反面反应比他们的有意识的态度创造更多的‘历史’。”[①] 因为从道德的产生来看，它来自于人类的生产生活，是广大的人民群众创造着道德，传承着道德。社会精英只是在社会分工上占据着某些重要的社会岗位，在道德领域内却很难说他们就一定比一般的普通人更为高尚。道德的楷模与社会的精英阶层并无必然的对应关系。在我们的教科书中出现的却是这种对应性的道德价值观，如在讲谦虚的时候，课文中有这样一段话：[②]

许多名人、伟人都是谦虚的人，他们在赞扬、欢呼声中，能够保

① ［德］埃利希·诺伊曼：《深度心理学和新道德》，高宪田、黄水乞译，东方出版社 1998 年版，第 70 页。

② 《思想品德》（六年级下册），第七课《胜不骄》，人民教育出版社 1998 年版，第 29 页。

持清醒的头脑，正确地看待成绩，正确的评价自己。……伟大和谦虚总是结合在一起。

文中出现了“许多”表示数量的量词，“都”和“总”等副词。在这里“名人”和“伟人”是联系到一起的，“他们”指涉的就是那些名人伟人组成的群体，普通人并不被包含在其中。而把“他们”和“谦虚”联系起来也就把一类人和某种道德品质必然联系在了一起，弥漫着一种精英的道德优越观，这是一种一好百好的思维逻辑。只要他是主流社会所认可的成功者，那么他的道德也就是高尚的，值得效仿。即使在用一些普通人的事例时仍然显示出这样一种倾向。如 1993 年的初中《思想政治》教科书中在《个人离不开集体》一课中引用了北京某中学“保尔班”的事例。事例中写道“温暖的集体，真挚的友谊，激励这位同学发奋学习，自强不息。他和‘保尔班’同学一起参加高考，被上海同济大学录取”。[①] 可以设想，如若这位同学没有考上名牌大学，是否还能够被写进教科书中呢?

2. “完人化”的道德价值取向

德育课教科书中出现的历史人物大都以正面的受褒扬的面目出现，他们往往从小就具有了某种好的行为习惯、好的道德品质，而这些好的道德品质为他们后来的成功打下了良好的基础。这些人物是成功的，形象也非常伟大，至少在教材中并没有呈现出他们与普通人的一致之处。教科书中这种完人化的形象塑造很容易给人错觉，这些人根本就不是凡人，因为他们没有任何缺陷，总是表现得那么彬彬有礼，总是表现得那么关心他人。具体的品质集中为以下几种：为了他人不惜牺牲自己的利益、乐于助人、志向远大等，而且他们的德性也不会因为外界的改变而改变，具有永恒性的特点。

其实这涉及我们的道德教育的目标定位问题。把道德教育的目标定位在高尚的层次上固然能够为学习者提供一个目标，但若这个目标太高尚，恐怕也会产生一些负效应。如李晓文所指出的：“有意无意地以完美的理

---

① 《思想政治》(初一上册)，第十六课《个人离不开集体》，人民教育出版社 1993 年版，第 93 页。

想形式表现，以及有意无意地将神话般的现实呈现给学生，试图以这种方式来提高教育的水平和效果，其实是一种误解。这不仅不利于学生形成理想的自我调节能力，而且会造成学生对自我和他人评价的整合困难。理想标准完美化的结果，只会导致‘好我’与‘坏我’，‘好的’他人与‘坏的’他人的分裂，将任何瑕疵都视为与理想状态的背离。受这种影响的学生对自己的缺陷包容性差，多挫折承受性差，偶有失落就悲观或失望。”① 这是一种结果，还有一种结果就是学生根本不相信教师所教的那些崇高的东西，毕竟在生活中那不是常态，而是一种比较理想的境界，也是很少数人才能达到的境界。教科书中的完人的道德形象无疑背离了人的本性，对学生而言也就大多是可敬但不可爱的形象了。

3. “成人本位化”的道德价值取向

在教科书中为学生所树立的道德榜样中，大都为成人世界中的人物，取材于同龄人的事例很少，体现出强烈的成人化取向。在涉及儿童青少年的同龄人的榜样中，还有相当部分是名人和伟人小时候的故事，与儿童的生活也有着相当的距离。这样的榜样在教育中就可能带来一些问题。

从榜样产生作用的机制来看，它之所以有效果是源于人具有模仿的天性，尽管心理学家对构成模仿现象的成分有不同理解，他们普遍认为模仿是一种重要的社会学习形式，但并不是所有的榜样都可能成为学习者所效仿的对象的。一般认为，与观察者有着相同或相近的榜样特点，如年龄、性别、兴趣爱好、态度和价值观念等等，会使观察者容易产生向榜样学习的心理倾向，特别是当观察者与行为范例在行为习气上相投时，榜样的吸引力就会更大。② 德育课教科书中榜样的成人化取向使这些榜样所生活的时代环境和所遭逢的事件与学生有相当的距离，与他们的生活自然比较遥远，榜样的号召力就有可能降低。因为无论是对于遥远过去的生活还是对于成人的生活世界，学生都更多依靠想象达成理解。同时，人在不同的年龄阶段有着不同的身心发展特征，所思所想也有所不同。即使是面对同样

① 李晓文:《学生自我发展之心理学探究》，教育科学出版社 2001 年版，第 117 页。

② 李伯黍、岑国桢主编:《道德发展与德育模式》，华东师范大学出版社 1999 年版，第 105 页。

的一件事，学生的反应和成人的反应也是不同的，因此榜样的成人化取向就在一定程度上剥夺了学生进行道德思考和探索的空间，这实质上是一种成人本位的道德教育观。

4. “男性优越化”的道德价值取向

前文图表中的统计数据中反映出在榜样的性别比例上，男女人物的数目有着很大差距，其中男性无疑占据了绝对的比重。在人物的角色上，男性角色多为政治家（如毛泽东）、科学家（如达尔文、高斯）、英雄（如邱少云）、劳模（如时传祥）等，而所出现的女性形象一般是身残志坚的残疾人（如张海迪、海伦·凯勒）、社会公益组织成员、科学家（韦钰、居里夫人等）。笔者还以 1997 年 4 月出版的小学《思想品德》第四册为例统计其中插图的男女比重。统计后发现在该册书中出现 18 幅，其中男性的占据了 8 幅，女性的占据了 2 幅。其他的是男女共同出现的插图，在这类插图中，女性的角色为侍女（第 2 页）、同伴（第 6 页）、陪审员（第 46 页）等，多为配角。这从一个角度反映出教科书中对性别角色的定位。结合教科书中所出现的一些德目，如关心他人这个德目本身是与女性的性别特征结合得非常紧密的一种德性，但在教科书中仍然更多选用男性的事例来说明问题。

如果说男女因为生理结构的差异导致在社会分工以及职业角色上存在一定的差别，即便，在道德领域却是很难给予高下的划分。正如玛丽·沃斯通克拉夫特在《女权辩护》中指出的：“如果妇女在体力上不如男人，那么她们的品德，即使在程度上和男人有差别，在性质上一定还是相同的（否则品德将成为一种相对的观念），因此她们的行为应当以同样的原则为基础并具有同样的目的。”① 作为德育课的教科书却在选择道德楷模的时产生了严重的男女差异。文本中所呈现的这种男性强势文化其实是社会中男性社会地位的一种折射，这种情况的出现与前面的三种取向是密切相关的。可见教科书不可能是完全中立和客观的文本，究其本质是一种社会文化的衍生物。早就有学者指出了课程所具有的“文化代码”的功能。代表人物如伯恩斯坦和迈克·杨等人，他们指出课程知识的社会制约性及

---

① ［英］玛丽·沃斯通克拉夫特著：《女权辩护》，李蓁译，商务印书馆 2007 年版，第 36 页。

社会控制之本质，认为课程知识的组织与传递同社会结构的维持、权利分配与社会不平等的再生产密切相关。如郝德永指出的："课程作为一种已在文化给定了的、预成性现象在本体上不过是已在文化的'代言人'而已，作为一种'文化代码'而履行着一种类似'传声筒'、'供给器'的职责与使命，亦如鹦鹉学舌，毫无内在蕴意与自律品性。"[①] 这种观点或许有些偏激，但还是具有一定的解释力的。布迪厄也指出性别支配是符号暴力的典型体现，他说："男性秩序借助在社会结构和认知结构之间所获得的近乎完美、无需中介的相符关系，被行动者视作理所当然的。"[②] 这种带有明显性别偏向的教科书丧失了起码的男女平等的价值内涵，在潜在层面就有可能对学生产生不良的影响，如强化关于男性与女性的陈规，可能会滋生认为女性比男性差的观点等。再联系教材中榜样选择以社会精英为主，男性榜样数量上的优势就更有可能强化男尊女卑的陈旧观念，滋生男强女弱的观点等，这与道德教育的初衷和社会发展的趋势是相违背的。

榜样教育作为一种道德教育的方式在我国是备受推崇的，这从我们的教科书中榜样人物之多就可以看出。我们必须注意的是榜样的选择也要与时俱进，否则榜样教育就可能无法产生应有的效果。如何建华所精辟指出的："社会榜样也是不断发展的。如果社会榜样'劣而不汰'，'优而不择'，甚至不考虑时代因素，'以不变应万变'，那么它会渐渐蜕变成一个偶像，一种推行社会观念的工具，从而使人们产生反感、反暗示和反模仿的情绪。因而，社会榜样要充分发挥其在道德选择中的作用，就必须不断赋予自身以时代的特征，并在冲突中不断确立正确形象。在这一前提下，才能对道德选择主体施加影响，强化道德主体对社会道德的认同和选择。"[③] 从教科书中的榜样塑造转到学生的现实我们不得不承认，对学生的现实的思想和行为产生影响的人物是多元的，甚至某些并不被成人世界

① 郝德永：《课程与文化：一个后现代的检视》，教育科学出版社 2002 年版，第 138 页。

② ［法］皮埃尔·布迪厄：《实践与反思——反思社会学导引》，中央编译出版社 1998 年版，第 226 页。

③ 何建华：《道德选择论》，浙江人民出版社 2000 年版，第 176 页。

所完全认同，因此如何在教科书中选择恰当的榜样形象是值得进一步研究的问题。

三　教科书中的叙事解析

叙事即故事，而故事讲述的是人、动物、宇宙空间的异类生命、昆虫等身上发生或正在发生的事情。也就是说，故事中包含一系列按时间顺序发生的事件，即叙述在一段时间之内，或者更确切地说，在一段时间内发生的事件。这段时间可能很短暂，也可能很长，如某些小说和叙事诗。[①]叙事本来是文学和文化研究中的话题。从古到今，叙事都一直在人们的生活中起着重要的作用，如各种神话传说、民间故事、叙事诗的流传。每个古老文明都有赖故事的支撑，小到二十四孝、忠义节烈传，大到二十四史帝王谱系、大时代的故事。每个现代社会也都少不了叙事的基础建设，从国家节庆、博物馆、纪念碑，到传播叙事的新闻媒体。统治者需要以叙事表现来维系一个合法的传统。革命家则不但需要一个决然不同的“story”（叙事）来启蒙群众，还需要一个“scenario”（方案）来允诺解放。个人或集体的记忆都借助着叙事而建构；脱离了叙事架构，民族认同、阶级认同、自我认同都不可能。[②] 法国学者罗兰·巴尔特则指出：有了人类历史本身，就有了叙事。任何地方都不存在没有叙事的民族，从来不曾经出现过。一切阶级、一切人类集团，皆有自己的叙事作品，而且这些叙事作品常常为具有不同的，甚至对立的文化教养的人共同欣赏。所以，叙事作品不管是质量好的或不好的文学，总是超越国家、历史、文化存在着，如同生活一样。[③] 叙事有着必要的构成要素：如人物、时间、地点、情节、最终的结果。这些共同构成了完整的故事，故事对于人文科学有着极为重要的意义。如马克斯·范梅南所言：故事为我们提供了可能的人类经验；故事使我们经历正常条件下不能经历的生活情境、感觉、情感以及事件；故事可以借创造一个可能的世界开阔我们的视野，增加我们的阅历；故事会

---

① ［美］伯格：《通俗文化、媒介和日常生活中的叙事》，南京大学出版社 2000 年版，第 4 页。

② http：//www. ncu. edu. tw/syllabi/narrative－chu. htm#教学。

③ 王泰来编译：《叙事美学》，重庆出版社 1987 年版，第 60—61 页。

吸引我们的注意力并使我们亲临其境；故事是一件精美的艺术品，可引领我们重回旧日时光而无论其是虚构抑或真实；故事在详细描写我们生活中独特的方面时富有生动性等。[①] 教科书以文本的方式呈现，其中叙事占据着很大的比重，如在佐证某种德目重要的时候往往要叙事说明，而对一些道德楷模的叙事则是我国德育教科书中的一种常见方式。

德育课是国家的法定课程，而且是国家进行道德教育最直接的方式之一，因此出现在教科书中的故事都是经过编写者深思熟虑、反复推敲得来。运用叙事学的相关理论对教科书文本中的叙事结构进行分析，通过对不同时期文本中的叙事比较，就可能发现文本中叙事的种种变化。这其中包括叙事中的主角的角色变化（职业角色、性别角色等）、发生故事场景的变化（是战争、灾害等非常态的场景还是日常生活的场景）、故事中道德因素的变化（是哪些德性在故事主角的身上得到了体现和强调、这些道德因素与他的命运有着怎样的影响）等。这样的分析看似微观，但对揭示教科书中潜在的理念变迁有着重要的理论意义。

（一）叙事的结构分析

在教科书中存在着大量的叙事，尤其是在小学阶段，叙事是德育课教科书中的重要组成部分。任何的叙事都有着一定的结构和模式，体现着叙事者一定的价值观念。如伯格所指出的：“叙事既是一种推理模式，也是一种表达模式。人们可以通过叙事‘理解’世界，也可以通过叙事‘讲述’世界。按照杰罗姆·布鲁内（1986）的观点，叙事推理是两个基本的、普遍的人类认知模式之一。另一个是逻辑—科学模式……逻辑—科学模式寻求普遍真实性条件，而叙事模式寻求事件之间的特殊联系。叙事模式中的解释包含在上下文之中，而逻辑—科学解释则是自时间与空间事件之中推断而来。两种模式都是形成意义的‘理性’方式。”[②] 进入教科书中的故事都不是随意编写的，它们是编写者在占据一定材料的基础上对各种元素进行加工组织和组合而形成，其形成的过程受到诸多因素的影响，

---

① ［加］马克斯·范梅南：《生活体验研究——人文科学视野中的教育学》，宋广文译，教育科学出版社 2003 年版，第 89—90 页。

② ［美］伯格：《通俗文化、媒介和日常生活中的叙事》，南京大学出版社 2000 年版，第 9 页。

甚至可以说教科书中的故事都是“精心编织”的产物。对这种有意识、有目的的叙事进行研究，可以帮助我们了解以国家主导价值形态的代言人出现的编写者是怎样看待道德的，在他们眼中怎样才是一个有道德的人，怎样才能成为一个有道德的人等理念。研究教科书中的叙事模式的重要性也在于此。

1. 叙事的基本结构

如罗兰·巴尔特所指出的，从结构的角度看，叙事作品具有句子的性质，但绝不可能只是句子的总和。因为一旦文学把语言用作表达思想、感情或美的工具，就不大可能再把文学看作同语言没有任何关系的艺术了，因为语言始终伴随着话语，同时用自己结构的镜子照着话语。[①] 一个完整的叙事就有着一定的结构性的特征。安布拉斯特·安德森指出：结构是指观点以逻辑组织形式联系起来的方式。一些基本修辞结构显然反映了人类思维的基本模式：具体体现为：（1）简单排列——列出项目或观点，而呈现项目的顺序并不重要；（2）结论/论据：简单排列的一个特例，由命题和一系列用作证明该命题的理由所组成；（3）比较/对照——描述两个或两个以上事物间的相似性和差异性；（4）时间顺序——根据时间流程考虑项目或事件间的顺序关系；（5）因果关系——至少两种观点或两个事件间的相互作用，一种被认为是原因或理由，另一种则被认为是效果或结果；（6）问题—解答——同两个因素相互作用的因果关系模式相似，一个引出问题，另一个则是对这一问题的解答。[②] 在教科书中出现的叙事必然会采用上面的一些基本模式。

初中的教科书在编写体例上与小学的体例并没有大的差别，都是采用夹叙夹议的方式进行。只是初中所引用的例证所占据的比重有所下降，故事仍然在书中起着重要的作用。为了能够比较全面地把握出不同时期的教科书叙事结构的特点的差异，笔者在选取故事时尽量做到各个时期的教科书都有所涉及。

---

① 王泰来编译：《叙事美学》，重庆出版社 1987 年版，第 64—65 页。

② ［美］安布拉斯特·安德森：《教科书分析》，刘家访、李复新译，李一平校，转引自瞿葆奎主编、陆亚松和李一平选编《课程与教材》（下），人民教育出版社 1993 年版，第 231 页。

(1) 名人小时候的故事

①雷锋上小学时，学校离家15里，为了不迟到，他总是天蒙蒙亮就起床。一天早晨，西北风卷着雪花，雷锋背着书包正要上学，奶奶劝他不要去了。可是，奶奶刚一转身，雷锋就顶着斗笠，冒着风雪上学去了。雷锋去找同学一起上学，那个同学不想去了。雷锋对他说:"下雪了就不上学，缺了课怎么赶得上!"那个同学脸一红，跟着雷锋上学去了。雷锋六年如一日，从不缺课，不迟到。他常常受到老师的表扬。①

②苏联卫国战争中的女英雄卓娅，小时候专心好学，总是坚持独立思考。有一次，一道代数习题做不出，弟弟舒拉早就做出来了答案放在卓娅旁边。但是卓娅能够管住自己，不抄现成的答案，坚持自己做，一直算到凌晨四点钟，终于得出了正确的答案。②

经过分析我们可以看出这些名人小时候的故事共同的结构，如表2-12所示。

表2-12 **教科书中关于名人童年故事的叙事结构**

主题	好学、独立等品质
时间	名人小时候
主角	伟人或名人
配角	长辈或者是同年龄的人(反例或者是以赞扬者的身份出现)
情节	遇到种种困难
结局	通过自身的优秀品质克服困难

① 《思想品德》(小学一年级上册)，《雷锋不迟到不缺课》，人民教育出版社1988年版。

② 《思想政治》(初一)，第三课《磨砺坚强意志 拒绝不良诱惑》，人民教育出版社1997年版。

（2）名人成年后的故事

①一天，张良在下邳一座桥上散步，一位老人把鞋子掉到了桥下，招呼他把鞋子捡起来。张良把鞋子捡起来递给老人，老人不用手接却叫张良给他穿上。张良很恭敬地为老人穿上鞋子。老人便让他5天后再来见他。过了5天张良一大早赶去还是比老人晚到，挨了一顿批评。张良并不气馁，又过了5天，半夜就起身终于赶在老人前边去了约会地点。原来这位老人就是黄石公。他看张良心诚，谦恭有礼，便送他一部十分珍贵的《太公兵法》。张良从这本书中学到了许多有用的军事知识，辅佐汉王刘邦打败了西楚霸王项羽，夺得了天下，建立了汉王朝。①

②西班牙伟大文学家塞万提斯一生遭受的挫折数不胜数。他在服役期间，左手受伤致残，情绪坏透了。但是，他不愿就这样让坏情绪主宰自己的一生。于是，他全身心地投入写作，在自己不幸遭遇的基础上，加以创造性地发挥，终于写出了享誉世界、在世界文学史上具有重要地位的小说——《堂·吉珂德》，在事业上取得了巨大的成功。②

经过分析我们可以看出这些名人的故事共同结构，如表2-13所示。

表2-13　　教科书中关于名人成年后故事的叙事结构

主题	好学、意志坚强等品质
时间	成年以后
主角	名人
配角	长辈或者是同年龄的人（反例或者是以赞扬者的身份出现）
情节	遇到困难或考验
结局	通过自身的优秀品质克服困难，最后也成就了自身的事业

---

① 《思想政治》（初一），第六课《孝敬父母-尊敬老人》中的事例，人民教育出版社1995年版。

② 《思想政治》（初一），第二课《善于调节情绪-保持乐观心态》中的事例，人民教育出版社1997年版。

(3) 同龄人生活中的故事

①一天早晨，方方起床，袜子找不到了，鞋也少了一只。她急得到处翻，好不容易才在桌子下面找到。她急忙穿好鞋袜，把桌子上的学习用品往书包里一塞，就往学校跑。

方方走进教室，看见同学们正在考试，她就轻轻地坐到自己的位子上坐好，开始答题。咦！铅笔呢？她在书包里摸了又摸，总算找到了，刚答了半道题，又找橡皮……就这样找了铅笔找橡皮，找完橡皮找尺子。等到同学们交卷的时候，方方才做完两道题，她急得哭了。

老师走到她面前，问明情况后，对她说："东西乱扔乱放，用时多难找呀！你看，找不到，又着急，又耽误事。以后，要把东西放在一定的地方。从小养成习惯，长大后做事才会有条理。"方方点点头，决心改正乱放东西的坏毛病。①

②被誉为好少年的小杨同学，家境相当困难，与奶奶相依为命。家中居室简陋，一间又小又破的阁楼，是他的卧室兼"书房"。可是，他却立志要问鼎国际中学生信息奥林匹克竞赛，为国争光。寒来暑往，每天晚上他都在小板凳上搁一块洗衣板做桌子，席地而坐，读书、做功课，演算习题，常常忘了时间。有时奶奶一觉醒来，见阁楼上还亮着灯，几番催促，他才睡下。终于，在第三届国际中学生信息奥林匹克比赛中，他在 23 个国家的 100 多名参赛选手中，勇夺金牌。②

在这类取材于儿童同龄人的生活故事中，也有着一定的故事结构，如表 2－14 所示。

① 《思想品德》（小学一年级下册），第十二课《东西要放在一定的地方》中的事例，人民教育出版社 1988 年版。

② 《思想政治》（初一），第九课《培养爱国情操－树立崇高理想》中的事例，人民教育出版社 1995 年版。

表 2 – 14　　　　　　　教科书中有关儿童故事的叙事结构

主题	一些道德行为和日常的生活习惯
时间	童年的时候
主角	某个儿童
配角	长辈（老师或者是父母）以及同龄的儿童
情节	遇到困难或考验
结局	具有或不具有某种品质带来的不同后果

上面三种类型的故事虽然不能囊括教科书中所有的叙事类型，但这几种类型的叙事在教科书中占据着绝对的比重，具有一定的代表性。总体来看，这三类故事的核心结构是比较一致的，即：

——某人具有某种优秀的品质（有的是从小就具有）

——在生活和学习中会遇到不同程度的困难和挫折

——通过自身的品质克服困难或者获得帮助

——最后获得了成功

在这些故事中频繁使用程度副词（如“常常”、“总是”、“从不”、“非常”等），这些词汇的运用能够增加所描述故事的出现频率和程度，更显示出主人公所具备的不同寻常的品质。因为某种道德行为要成为一种长期的行为模式是比较困难的，这样也使得故事更具有典型性。

2. 叙事的特点

（1）故事发生情境极端化

教科书中作为范例的故事大多数都发生在比较极端的情境之中，在具体个体所处的环境上很多故事的主人公大都常常处在困难环境之中，或者自身的身体健康状况不佳，或者家境贫寒，或者生活充满坎坷。概言之，这些故事很少取材于常态的生活情境。

（2）故事结构高度封闭化

从上面的叙事模式的分析中就可以看出，教科书中的这些故事几乎都是高度封闭化的。既有非常清楚的故事起因及情节发展过程，最后也有明确的结局。这种叙事具有高度的封闭性，这种封闭性意味着故事的结局是无法改变的，如正义战胜邪恶，或者是某人因为其良好的道德品质而获得了好的结局。整个故事呈现出完满性，是一种有着固定时间序列的完成态的叙事方式。

（3）故事人物功能定型化

法国学者菲利普·阿蒙把叙事中的人物分为三类：参照型人物（这类人物具有充实和稳定的、为一定的文化所固定下来的意义，体现着某些角色、程序及刻板不变的运用）、离合器型人物（他们标志着出现在文本里的作者，读者、或者他们的替身，一般扮演主人公的对立面或者助手等）、他语重复型人物（这一类人物通过对语段其他切分成分（组合段、词、诠释性语句等等）施行呼唤和照应而结成某种网络）。[①] 在德育课教科书的叙事中，经常出现的人物主要是前两类，一般的主人公是参照型人物，而大量的配角就是离合器型人物。有趣的是后一种人物，这类人物一般由教师、家长或者朋友担任，他们在故事中往往起着一种赞同或者反对主人公做法的作用，而他们所说出的话一般就代表了教科书编写者的教育意图，如小杨故事中的"奶奶"角色，雷锋故事中的"老师"角色，这种情况在小学阶段的教科书中的叙事体现更为明显。

（4）故事情节发展线性化

在教科书中的故事一般都是沿着线性的逻辑发展，在故事中的自变量和因变量之间的关系非常明显。而且这种自变量往往是单一的，它一般都是主人公所具备的某种优秀品质（或相反），故事的结局自然也是由这种变量所引起的，因果联系非常明确。与这种线性的叙事结构相匹配的是这些故事的情节发展上突出体现为一种鲜明的善恶冲突，正义与邪恶的二元对立关系。善与恶在故事中有着清晰的划界，什么是正确的选择也一目了然，非常容易得出答案。用后现代的观点来看，线性叙事是一种强制叙事，因为事物根本上不存在这样一种线性的因果关系。这种关系是人类理性幻化的结果，是一种有目的的政治手段。因此，线性叙事是应该坚决予以取消和否定的。或者可以说，这种线性的因果联系的故事在现实中是存在的，但绝不是一种常态。

多尔在《后现代课程观》中指出："为了促使学生和教师产生转变和被转变，课程应具有'适量'的不确定性、异常性、无效性、模糊性、不平衡性、耗散性与生动的经验。……这一问题要不断地在学生、教师和

---

① 王泰来编译：《叙事美学》，重庆出版社 1987 年版，第 158 页。

文本（后者有不可忽视的漫长的历史，形成了自己的基本假设）之间予以协调。但课程需要干扰因素这一点是不必协调的；这些因素形成了生活本身的疑问性，也是丰富的转变性课程的本质。”① 德育课教科书中的叙事结构则呈现出与之相反的一些特征，这其实隐藏着编写者的一些道德价值理念。

（二）叙事语句风格分析

任何的叙事都必然运用到不同的句类，句类的不同也可以成为我们对教科书进行叙事分析的一个角度。叙事过程中所使用的不同的句类能够体现出作者潜隐的某些价值趋向。根据句类的划分，一般可分为陈述句、疑问句、祈使句、感叹句等。② 不同的句类在表达上有着不同的功能。一般每一课的最后一段较能体现本课所要表达的思想感情，句式也是比较丰富多样的。因此笔者随机抽取某些课的最后一段进行语言风格的分析③，试图发现小学《思想品德》教科书中的语言风格的一些特点。

为了突出地体现教科书中的语言风格，笔者抽取了 1988 年版小学《思想品德》教科书中的几段故事中的最后一段进行分析：④

①第一课《新旧社会两重天》中的最后一段：啊！当我们与老一辈人的童年相比，就会感受到今天的生活是多么幸福，真是新旧社会两重天啊！

②第三课《英勇不屈的共产党员》中的最后一段：安息吧，李大钊同志！您和所有烈士的血都没有白流，你们用鲜血染成的红旗，正飘扬在天安门广场的上空，飘扬在祖国的大地上。

③第四课《一心为人民的好党员》中的最后一段：焦裕禄是千千万万为人民利益而献身的共产党员的代表，他不愧是党的好干部，

---

① ［美］小威廉姆斯·E. 多尔：《后现代课程观》，王红宇译，教育科学出版社 2003 年版，第 250—251 页。

② 黄伯容、廖序东主编：《现代汉语》（下卷），高等教育出版社 1997 年版。

③ 《思想品德》（小学四年级下册），人民教育出版社 1992 年版的部分课文为例。

④ 《思想品德》（小学五年级下册），人民教育出版社 1988 的部分课文为例。

人民的好儿子！

④第六课《珍惜时间》中的最后一段：古今中外凡是大有作为的人，都是十分珍惜时间的。伟大文学家鲁迅虽然只活了55岁，但却给我们留下了640万字的宝贵遗产。他之所以能有这样丰硕的成果，重要的经验就是珍惜时间，不浪费光阴。我们要学习鲁迅珍惜时间的精神，学习做时间的主人！

⑤第七课《和好书交朋友》中的最后一段：从刘倩倩的故事里，我们可以得到这样的启示：书籍就像是奇异美妙的海洋，从书海里可以获得许多奇珍异宝。为了使头脑更加聪明，知识更加渊博，眼界更加宽阔，让我们多读好书吧！

由上面的例子我们可以看出，教科书的叙事的句类呈现出这样几个特点。

1. 肯定性的陈述句居多，疑问句式很少出现

具体分析，陈述句的特点就是直接的肯定或否定，告诉读者什么是对、什么是错，没有什么争议。而且仔细地分析这些陈述句，它们很多采用了全称判断的形式出现，如“古今中外凡是大有作为的人，都是十分珍惜时间的”。疑问句式则不同，它是具有语调表示提问的句子，其中又可分为是非问、特指问、选择问和正反问、反诘问等。疑问句可表达质疑、嘲讽、批判等，而且能够激发人的反思。它要求读者进行质疑、反思甚至是批判。教科书中的这类疑问句表达显然很少，显示出一种单向的教育特征，使得文本更成为一种封闭的系统。

2. 感叹句频繁使用

感叹句是带有浓厚的感情的句子。它可以表达快乐、惊讶、愤怒、厌恶、恐惧等浓厚的感情。在叙事中使用这种句子更加突出了叙事者所言的不容置疑性。如例1中的感叹句。

3. 祈使句是课文结束后常用的句式之一

在这些课文中的最后结语中祈使句是用得比较多的，如例4、例5。无论是“让我们”还是“我们要”的句式表达都是祈使的表达，祈使句从功能上是要求对方做或不做某事的句子，它一方面可以表示命令、禁止，也可以表达请求和劝阻。

无论是陈述的判断句还是感叹句抑或是祈使句，都有着共同点：这些都是单向的传递性的句式表达，确切地说是一种强势的话语表达。这种表达与德育课本身的一些特点有关，因为这门课程以价值观教育为主要内容的教育方式，必然在教科书的文本中就要体现一定的价值倾向性以发挥价值引导的功能。虽然价值观有主流与非主流之分，但是这并不意味着这些价值观就是一元的，而且道德本身的发展绝非一个封闭的系统。社会总是一个多元价值共存的系统，不同的道德价值观在社会中支配着不同人的行为。如果用单一的道德教化取代多元的价值协商，这实质上就构成一种道德强制。这种道德强制不仅是指向学生的，同时是指向教师的，因为教师是教科书的直接使用者。如果教师想超越教科书本身的局限而给学生留出更多的思考和怀疑、批判的空间就面临着一系列的问题：首先，教师需要对教科书本身进行二次改造，对其中的价值意涵进行深入思考，进而在课堂教学中去引导学生，这就在无形中增加了教师的工作量和精神负担。其次，当教师在课堂上将种种质疑的信息传递给学生时，与此同时就影响了教科书在学生心目中的权威性，学生就有可能对自己所学的东西产生怀疑进而动摇到此门学科的地位。

（三）叙事中的深层理念分析

教科书必然要传达编写者种种的教育理念，这些理念有的通过直接的方式表达，有的则以潜隐的方式存在。这些潜隐的教育理念就包括教科书对人性、对道德、对学生所作的种种预设。教科书的叙事模式则为我们反思某些以潜隐方式存在的深层教育理念提供了可能。从教科书的叙事模式中，我们可以发现这样一些深层的价值观。

1. 故事的叙述者与受众角色分析

（1）故事的叙述者：隐匿的道德权威

首先，叙事者的权威性。教科书中的故事是用第三人称叙述的，也就是说的是“别人的故事”，从时间上是说的别人“小时候”的故事居多，也就是“别人”的“历史”。既然言说的是“历史故事”，那么故事也就加进了后人的组织和理解。众所周知，即使是某人叙述自身的过去的故事都不可能完全真实地反映原初的情景，因为后来的描述必然经过记忆的选择。尽管如此，我们在教科书中读到的故事的字里行间却感到某种不容置疑的“真实”性和“权威”性，因为故事把主人公的所思和所言都非常清楚地描述出来，如在有一课的故事中有这样一段话：

> 倩倩就问爸爸：那个小女孩为什么在节日里还上街卖火柴？那么大的风雪，她为什么不回家？她的爸爸妈妈呢？她真的冻死了吗？倩倩很同情这个小女孩。她想：要是当时她能吃块点心，还会饿死吗？要是她有一件棉衣还会不会冻死？于是她伏在桌上写了一首诗，题目是《你别问这是为什么》。①

由此不难看出虽然叙事通常是以第三人称出现的，但是这个叙事者却无处不在、无事不晓，对人物的行为、心理都非常了解，他是以权威的言说者的身份出现的。他隐匿在文本背后，是一个抽象的“人”，这个人其实是众多编写者集体思想的化身。

其次，教科书的叙事中无论是以第三人称出现的儿童故事还是以第一人称出现的故事，都带有强烈的教化意义。或者是通过故事中的其他角色（如教师或者家长或是其他的长辈）对其行为的表扬或者建议批评表达出来，或者通过儿童自身的思想和语言表达，或者直接在故事的后面揭示出来。如上面故事 1 中的老师最后对方方所说的话，在故事中她虽然是对方方说的，而所代表的则是隐匿的教科书编写者的教育意图，所言也是针对所有的学习者的。在教科书中以“我”出现的故事，这个“我”是虚构的，所代表的很多则是教育者理想中的儿童形象，编写者有意识地把这个“我”树立为儿童所学习的榜样。如下面的故事：

> ①一天，白英放学回家，看见奶奶买韭菜回来，马上接过篮子说：“奶奶，我来择韭菜。”奶奶说：“我来择吧。”白英说：“我也应该干点家务活。”“你不会。”“不会学着做嘛！”白英说完，拿过一把韭菜，照着奶奶的样子择了起来。②

---

① 《思想品德》（小学四年级上册），第七课《和好书交朋友》，人民教育出版社 1988 年版，第 35 页。

② 《思想品德》（小学一年级下册），第十课《学做家务活》，人民教育出版社 1992 年版。

②小女孩贝贝的话："妈妈，从今天开始，我要做你的小帮手。""我已经长大了，家里的事我也有分儿。""老师说了，家务活不能只让妈妈和爸爸做。我也是家庭里的一员，我也分担一些。"①

上面几个故事的主人公都是儿童，所叙述的也是他们日常生活中的事件。按理他们的所思所言所行应充满儿童的童真，但在故事中无论是他们的言语风格还是人物心理活动的刻画，都显示出强烈的成人化特点。无论是思想还是说话的语气和风格，这些儿童都带有明显的成人化特征，如"我也应该干点家务活"和"不会就学着做"，这样的儿童形象所发挥的作用与成人榜样无异。

最后，教科书的编写者不仅编写了故事，而且也把握了对故事的意义进行解读的权利。在教科书的课文中一般是先呈现讲述的主题，然后诉说一个或几个相关的故事证明主题，最后总结故事对"我们"的启示，和对"我们"提出的要求。具体以这样的句式出现："我们可以得到这样的启示"或者"让我们如何"等。运用"我们"一词就突出了启示的普适性，对每一个人都适用的。就"启示"一词本原的意义上来讲，它是属于个人体验性的东西，而在这里编写者借用"我们"一词把这种个人意义生成过程转化为带有普遍性的"启示"，这其实是编写者试图通过故事传达给受众的内容。

由此，教科书中的叙事者其实就是一个隐藏起来的权威的教育者，他诉说着故事的全过程，解读着故事的全部意义，而所提出的要求也具有了不容置疑性。这种隐匿的道德权威将自己对历史对故事的理解演化为一种确定无疑的意义解读，要求文本的受众接受。但事实上任何的权威都只是代表着部分，如果用这种部分去替代其他人的理解，那就如同伽达默尔所言，如果权威的威望取代了我们自身的判断，那么权威事实上就是一种偏见的源泉。② 权威必然对故事进行统一化、标准化的解读，而排除了个人

① 《思想品德》(小学三年级下册)，第八课《做妈妈的小帮手》，人民教育出版社 1995 年版。

② ［德］汉斯—格奥尔塔·伽达默尔：《真理与方法——哲学阐释学的基本特征》(上卷)，洪汉鼎译，上海译文出版社 2002 年版，第 358 页。

差异性理解的可能性。作为阅读文本的人虽然可以从学理的角度质疑其合理性与合法性，但是在教育的系统内，这种质疑是不被允许的，也很难成为现实。

(2) 故事的受众：没有选择余地的抽象的他者

在叙事学中，文本与读者的关系如表2－15所示。①

表2－15　　文本与读者的关系表

文　本	读　者
作者	读者，观众
艺术层面	美学层面
发送者	接收者
创造文本	实现文本
作为符号体系等待被理解的文本	作为创造意义的场所的文本

一旦文本呈现在读者的面前时，读者一般就开始调动自己以往的经验开始对文本进行解读，并进行个人化的意义生成。如同哲学阐释学所揭示的，任何的阅读文本都是生成意义的过程。根据伽达默尔的观点，由于每个人的历史的特殊性，即前见不同，那么每个人对文本的理解就不会相同，也就是说理解具有历史性，理解实际上是一种置身于传统过程中的行动。由于同一个文本在不同的历史时间中对不同的人所具有的意义是不同的，因而文本的意义具有开放性。如他所言："谁想理解某个本文，谁总是在完成一种筹划。一当某个最初的意义在本文中出现了，那么解释者就为整个本文筹划了某种意义。一种这样的最初意义之所以又出现，只是因为我们带着某种特殊意义的期待去读本文。作出这样一种预先的筹划——这当然不断地根据继续进入意义而出现的东西被修改——就是对这里存在的东西的理解。……对前筹划（Vorentwurf）的每一次修正是能够预先作

① ［美］伯格：《通俗文化、媒介和日常生活中的叙事》，南京大学出版社2000年版，第13页。

出一种新的意义筹划；在意义的统一体被正确地确定之前，各种相互竞争的筹划可能彼此同时出现；解释开始于前把握（Vorbegriffen），而前把握可以被更合适的把握所代替：正是这种不断进行的新筹划过程构成了理解和解释的意义运动。”① 因此人阅读文本的过程就是一个不断生成意义的过程。

我们的德育课教科书中出现的叙事并没有给予受众以解读的权利和意义生成的自由。教科书中的每个叙事几乎都有着明确的教育目的，在文本中大都以“我们应该如何”或者“我们可以从这个故事中”等句式表达。“我们”就是故事的受众，即将要学习教科书的学生。他们是一个抽象的群体，这个群体的一些具体的特征如年龄、性别、区域差别、道德水平的差异全部被一致化，所具有的共同点就是都需要接受这个故事的教育意义。如故事中所言的：

> “我们应该把成绩和胜利当作前进的起点和阶段，再接再厉，永远前进。”②
>
> “我们应当从小培养正直无私的品质，学习做一个正直的人，长大才能时时处处维护国家和人民的利益。”③

故事中“我们”是在最后一段中出现，意味着在前面只需要作一个“听者”就可以了，因为讲述的是别人的故事。最后的“出场”就需要提升认识，充分理解叙述者讲述故事的意义。在这样的文本中，故事的讲述者和听者是“我”与“他”的关系，而不是“我”与“你”的关系，讲述者与听者没有任何的交流，只有讲与听的关系。故事的前设就是这些听者是不可能懂得这些故事的意义的，因此需要在最后明白地解说，让其清

---

① ［德］汉斯—格奥尔塔·伽达默尔：《真理与方法——哲学阐释学的基本特征》(上卷)，洪汉鼎译，上海译文出版社 2002 年版，第 343 页。

② 《思想品德》（小学六年级下册），第七课《胜不骄》，人民教育出版社 1998 年版。

③ 《思想品德》（小学五年级下册），第一课《为人正直》，人民教育出版社 1997 年版。

楚明白。这种意义不是受众在读完故事后生成的意义，而是预成的意义。这种教科书实际上对道德所持的是一种终极性的理解，这种理解不仅具有终极性而且还具有“独断性”，肯定了这样的“一”也就在同时否定了对文本意义理解的可能的“多”。这种文本与受众之间也没有意义的交流，几乎没有为学生留下更多反思的空间。叙事的结尾最终都被放置到现实中，或者是提出要求（要怎样）；或者强行反思（我们应该怎样）；抑或是倡导（我们应该怎样）。是一种说服性的文本，对人更多的是规约和限制。当然，作为德育课的文本必须有一定的价值倾向性，它不可能是一种完全开放的文本系统，但这并不代表它可以完全取代文本受众的解读。

隐匿在文本背后的道德权威和学生之间构成了一种单向的教育关系，是“我和他”的关系，而不是“我与你”的关系，如马丁·布伯所指出的那种对话关系：“‘你’与我相遇，我步入与‘你’的直接关系里。所以关系既是被择者又是选择者，既是施动者又是受动者。因为，人之纯全真性活动意味着中止一切有限活动、一切植根于此有限性上的感觉活动；就此而言，它不能不若受动者。”[①] 这背后所隐藏的道德教育观类似于传播学中的“靶子论”，即大众传播过程中受传者是一个固定不动的“靶子”，处于消极、被动地位；而传播媒介具有非常巨大、不可抗拒的力量，它可以把各种各样的思想、感情、知识或动机从一个人的头脑里几乎不知不觉地灌输到另一个人的头脑里，就像子弹击中靶子和注射液注入人体那样迅速、神奇、有效。[②] 但这种靶子论显然是不符合道德学习现实的。

当学生的个体性经验被排除在教科书之外，书中的道德世界与学生自我的生活世界的重合度就变小，很难引起学生的共鸣。如金生鈜所指出的：“个体的经验是教育、接受教育、学习和理解的基础，没有个体的人生经验，任何教育、任何知识、任何方法都找不到与人的联结点。”[③] 即使教科书所传递的是人类的共同经验，也是需要与个体的经验联结起来

---

① ［德］马丁·布伯：《我与你》，陈维纲译，三联书店 2002 年版，第 9 页。

② 张琼、马尽举：《道德接受论》，中国社会科学出版社 1995 年版，第 10 页。

③ 金生鈜：《理解与教育——走向哲学解释学的教育哲学导论》，教育科学出版社 1999 年版，第 71 页。

的，二者之间需要保持一种必要的张力。如金生鈜所言："相对于学生的个体经验，人类的共同经验具有先在性和引导性。正是因为教育作为人类经验表达的一种形式与个体之间存在着间距，二者的相互关联成为必要，而且这种间距保持了二者之间的张力，即学生必须受教育和引导，而教育必须植根于学生的生活。教育包含的总是学生还没有经验到的一面，因而教育总是丰富着学生的经验，但同时学生已有的经验又是教育发生的基础。教育与受教育的这种间距，形成了教育的引导性和学生对教育的需要性、接受教育的主动性。"① 教科书中故事具有明显的善恶二元对立的故事结构，其教育意蕴在文本中已经被非常清楚地揭示。文本是不需要读者进行解释的，也不需要生成新的意义，它只要求学生认可权威的解释，至于这种解释是否具有"真理性"则有待学生自己通过以后的人生经历去检验了。教科书中的叙事构成一种线性、封闭的意义系统。

（3）叙事对教师角色的设定

这种以限制和规约为主要特点的文本对教师的角色也就有了预设。因为文本本身对故事的道德价值和意义说得非常清楚和明白，构成了一个封闭的系统。教师作为教科书的使用者被赋予的权利非常有限，他们对教科书意义的解读受到了严格的限制。教师或者可以在一定程度上超出文本所揭示的教育意义，但教师不可能去否定这种教育意义。一旦否定，就是对教科书权威性的否定，教师所对抗的也就不仅仅是教科书而是教科书背后的国家主导的道德价值观。

前面已经提到教科书中的叙事都是以一种明确无误、不容置疑的方式展开的，其意义的揭示也具有同样的特点。留给教师创造的空间如此之小，就会产生一些问题。如大卫·杰弗里·史密斯所言："假如教师认为课程是一件产生于既定的逻辑前提、指向于既定的逻辑结论发展的既定商品，而教学就是将它付诸实施的行为的话，那么，作为该真理的归宿的教学（teaching-truth-dwelling）（不妨这么讲）的生机便遭到阻滞。在这个过程中，教学本身沦为某种形式的程序操纵，教师的存在在无需与学生的存

① 金生鈜：《理解与教育——走向哲学解释学的教育哲学导论》，教育科学出版社 1999 年版，第 77 页。

在……之间进行真正的境遇。”[①] 具体在课堂教学的运作中就很容易形成灌输的教学模式。灌输的两个构成要件：一是所教授的内容值得质疑，二是在传授的过程中运用了强制的方法。霍尔·戴维斯就尖锐地指出：“我们认为，无论从教育还是从道德这两个方面来说，灌输都是错误的，因为它阻止了任何个人有权自由地或自主地进行理智思考的过程。如果灌输事实资料是成问题的，那么，人们就有权凭借他们的智慧来勇敢而冷静地面对他们所选择的理论以及所有适用的资料和见解，并确定他们的决心，如果灌输道德信念和判断是成问题的，那么我们就认为，人们有权作出他们自己的道德决定而不使他们智慧的努力受到阻挠、压制或胁迫。”[②] 灌输的过分强制性有可能造成更大的危害。克里夫·贝克就指出：“教育，如果忽视了联系学生已有的经验并且不重视推理，仅仅强调对一些思想的死记硬背，那么，尽管以后的学习证明这些思想是错误的，这种教育也会使人们对这些思想铭记在心，永不遗忘。而且，这样的教育也使得人们难以形成一种富于想象力的、理性而又丰富多彩的生活方式。在这种意义上，灌输就简化了人们对各种现象及其经验自然而自由的认识；我们就不能形成自己的信仰，而是依赖早期的学习经验和传授这些经验的教师。”[③] 教师作为社会代言人直接就错和对作出裁决，学生没有发言的权利。这样的后果就如同苏霍姆林斯基所指出的：如果你教师作出了裁决，那么学生的良心法庭也就无事可做了，而真正的教育恰恰在于使学生想到自己、评价自己、用人性的最高标准衡量自己。[④] 可以说教师的教学模式很大程度上是受教科书的模式影响的，毕竟它是教师最重要的教学材料。

---

① ［加］大卫·杰弗里·史密斯：《全球化与后现代教育学》，郭洋生译，教育科学出版社 2001 年版，第 25 页。

② ［美］霍尔·戴维斯：《道德教育的理论与实践》，陆有铨、魏贤超译，浙江教育出版社 2003 年版，第 18 页。

③ ［加］克里夫·贝克著：《优化学校教育——一种价值的观点》，戚万学、赵文静等译，李自修审校，华东师范大学出版社 2003 年版，第 81 页。

④ ［苏］苏霍姆林斯基：《苏霍姆林斯基选集》（第一卷），教育科学出版社 2001 年版，第 570 页。

2. 潜在的价值观分析

(1) 客体化的学生观

道德教育最终是通过个人的学习实现的，而个体必然是一个主体。主体就意味着他必须是自由的、能够进行创造的、可以反省和改变自身的人。哲学家高清海指出："人已经超越了生物生命，人的生存方式二重化了的生命，在生物生命基础上又创造出了属人特有的支配生命的生命。人之所以为人、人与动物的不同本性就表现在这里，人不再是生命本能的奴隶，而是生命活动的主宰者。"① 舍勒也指出，无论每一个个人所借以陷入道德宇宙之整体的成员身份多么丰富多彩，也无论个人赖以与这种整体及其方向和意义相连的各种共同责任形式的方向是多么杂多，这些成员身份形式永远也无法穷尽，也无法把他的自我责任归结为各种共同责任，亦无法把他的义务和权利归结为那些源自这些成员身份的义务和权利。因为在进入这些成员身份的经验背后，每一个人都能感觉到——如果他试图获得对所有这些成员身份及其他自己的存在之清晰认识的话——一种特殊的自我存在（同样也会感觉到一种自我价值和自我反价值）……而这种可能的自我经验的本质形式中进入既定的个人，这就是我所称之为的内在个人。② 但是从教科书中所呈现的种种叙事来看，学生并没有被视作道德行为的主体，而是作为一种客体存在，具体表现为：

①剥夺了学生进行道德选择的自由

道德选择既是道德主体在自身社会实践的基础上，通过自我意识对社会道德进行主动选择并积极加工的能动过程，又是社会或群体对个体施加道德影响，个体学习和认同社会道德的受动过程；既显示了道德主体自我意识发展所处阶段、成熟程度、完善程度等不同的个性特征，又体现了一定社会或群体对于生活于其中的个体接受和遵循共同的行为模式和价值观念，并使其转化为个体内在的行为准则和价值目标的基本要求。道德选择

---

① 高清海：《追寻“人”的教育，当代主体教育论·序言》，江苏教育出版社2001年版，第2页。

② 万俊人：《现代西方伦理学史》（下卷），北京大学出版社1997年版，第55页。

是自由与必然、主观与客观、个体与社会的有机统一。[①] 即使在一个比较封闭的时代，社会的价值观也绝不可能是一元的，人们有选择价值观的自由。道德选择是道德主体在道德意识指导下对社会道德所采取的自觉接受和自愿遵循，是个人与社会的有机互动。德育课教科书中的叙事很少提出带有真正的“问号”的问题，即使提出了一些问题也直接能够在故事中找到现成的“正确”的答案，不需要学生过多地运用自身的理性进行思考。教科书中的叙事所带有的强烈的一元性和封闭性剥夺了学生进行道德选择的自由。

这种对道德选择自由的漠视有违道德教育的本意。康德指出：我们必须承认每个具有意志的有理性的东西都是自由的，并且依从自由观念而行动。……我们不可能设想，理性会有意识地在有关判断的事情上接受外来的干涉，因为这样，主体就不是把判断力的规定给予自己的理性，而是给予外在的动力了。理性必须把自己看作是自己原则的创始人，摆脱一切外来的影响。……自身即是自由的意志，只有在自由观念中，才是它自身所有的意志，在实践方面，为一切有理性的东西所有。[②] 费希特认为能动性与善是同一的，他深刻地指出，道德的自由是人性、人的价值存在和行动的表征，如果没有自由的基础，作为道德行为的道德价值就将失去它们的独特意义。在原则上说，它们都是一种自由存在的价值和行动。倘若人不是这样一种存在，他的行动就既不会拥有道德价值，也不会拥有其相反的价值，他本身也就既不会为善，也不会为恶。[③] 格林也指出，意志自由是人类道德成为可能的基本前提，也是伦理学的根基所在。[④] 哲学家萨特更是把人的自由放到了至高无上的高度，在他的眼中人是自由的主体，实现自由是个人实现主体价值的唯一方式。这或许有把自由在人的生命中的地

---

① 何建华：《道德选择论》，浙江人民出版社 2000 年版，第 160 页。

② ［德］康德：《道德形而上学原理》，苗力田译，上海人民出版社 2002 年版，第 71 页。

③ 万俊人：《现代西方伦理学史》（下卷），北京大学出版社 1997 年版，第 91 页。

④ 万俊人：《现代西方伦理学史》（上卷），北京大学出版社 1997 年版，第 232 页。

位过于抬高的嫌疑，但是不可否认自由本身就是道德得以成立的一个必然的前提。因为个人只有有了自由，才拥有了选择的权利，才有了创造的可能。选择的行为才具有价值评判的意义，否则就可能变成一种道德强制，本身就难言是道德的。

没有自由为前提的道德所产生的结果可能就是道德行为者不会承担起道德责任。亚里士多德就认为在两种形式下行为者是可以不负道德责任的，一是无知，二是强迫。即只有一个人既知道与他的行动有关的某些特殊事实，也怀着某种恰当的信念和意向进行行动时，他才能为此负责。同时个人必须在某种适当的意义上控制他的行为，以便为此而负起道德上的责任。[①] 哈耶克也指出：作为道德品行之条件的行动自由，也包含了采取错误行动的自由：只有当一个人拥有选择的机会的时候，只有当他对规则的遵循不是出于强迫而只是出于自愿的时候，我们才能对他加以赞扬或谴责。[②] 由此可见自由选择在人的道德成长所具有的重要意义。

②忽视了人的道德创造性

事实上，机械地利用人人都应遵守的准则是不能解决道德任务的。人总是应该个性地行动，个性地解决生命中的道德任务，应该在自己生活中的道德行为表现里表现创造才能，否则就有演变为道德机器的可能。如汪丁丁所言："人偶然性地被抛到一个特定的社会里，另一方面每个人都具有基因上的特异性。这两重偶然性就可能让人体验到'个体—社会'的紧张关系。道德演进的动力来源于每一个个体所体验着的这种紧张关系以及每一个个体为缓解和外化其'个体—社会'紧张关系所做的寻求'意义'的努力。"[③] 别尔嘉耶夫则指出："善只是道路，只是在这条道路上的斗争。不能目的论地思考善，而应该唯能论地思考它。在善里，最重要的是可被实现的创造能量，而不是理想的规范目的。人实现善完全不是因为

---

① ［美］约翰·马丁·费舍、马克·拉维扎：《责任与控制》，杨绍刚译，华夏出版社2003年版，第8—9页。

② ［英］弗里德利希·冯·哈耶克：《自由秩序原理》（上卷），邓正来译，三联书店1997年版，第94页。

③ 汪丁丁：《扩展秩序与演进道德》，转引自刘军宁、王炎主编《自由与社群》，三联书店1998年版，第111—135页。

他把实现善当作目的，而是因为他是善良的或者是有高尚道德的人，即他在自身包含着善的创造能量。重要的是源泉，而不是目的。人为善而斗争不是因为在他身上有善的能量和斗争的能量。善和道德生活都是路，在这条路上出发点和终点是一致的，这就是发射性的创造能量。"① 他还指出，只有当一个人意识到自己是自由的和创造的精神，那么他就使对生活中的悲剧冲突的解决完全依赖于自己的自由和自己的创造，而不是依赖于单调的、人人都应遵守的法律的抽象观念。这样的人在产生的冲突中，就会牺牲一种价值，为的是另一种价值。② 教科书中高度结构化的叙事模式中不可避免地降低了个体自身所蕴藏的道德创造性。因为文本中所呈现的道德之路是唯一的，学生分析道德问题、解决道德困境被局限在文本所设定的路线之中，至于是否还有更好的路径则不属于教科书关注的问题。

因此，教科书的叙事模式潜在地将学生放置到了客体的位置上，而不是一个能动的自由的、创造的道德主体。教条的、机械的道德教育模式就极有可能在教育实践中产生。

③忽视了学生的心理发展的规律性

在教科书的叙事中，我们所能看到的道德都是权威的道德讲解和教化，其中对故事的解读和理解带有独断性。课程论很强调对学生的心理研究，认为对学生心理发展的把握是编写课程的一种重要的基础。在这方面一些儿童心理学家和道德哲学家做过一系列的研究。具有代表性的如科尔伯格的道德发展阶段理论、班杜拉的社会学习理论、杜威的儿童道德发展阶段理论、皮亚杰的儿童认知发展理论等。小园国方曾经对儿童的道德思维这样论述道："他们才真正是神秘哲学家、是诗人、是大怀疑论者。他们是真理的热爱者，疑问丛生，一个接一个，就像连珠炮。其中有异常宝贵的东西在闪耀，有无数神秘的萌芽。"③ 科尔伯格则指出："儿童有其自

---

① ［俄］别尔嘉耶夫：《论人的使命》，张百春译，学林出版社 2001 年版，第 192 页。

② 同上书，第 206—207 页。

③ ［日］小园国方：《小园国方教育论著选》（下卷），刘剑乔、由其民、吴光威译，吴光威、由其民校，人民教育出版社 1993 年版，第 179 页。

己的道德，甚至有其自己的若干系列的道德……”① 他甚至称儿童为道德哲学家。如美国哲学家马修斯（Careth B. Metthews）曾经用案例说明了儿童独特的道德推理方式。

国内学者刘晓东明确提出了儿童伦理学的概念，并提出了其具备的性质。即儿童伦理学是一个内容和形式有机统一的能动的体系；儿童伦理学是儿童的道德范畴编织的网络，儿童在一定的年龄阶段具有相对稳定的伦理学；儿童伦理学与儿童所处的道德泽被范围和道德境界是相互规定着的；儿童的伦理学是系统演进的；儿童伦理学的演进是以儿童整体的认知发展为基础的；儿童的伦理学是儿童对外规则的建构；儿童的伦理学是从无意识的自在自发状态逐步走向意识水平的自为自觉状态的。② 毛连塭指出：儿童一旦能和别人沟通，而又能对其社交做推论时，就已经有了他们自己的文化价值标准和信念了。……儿童较早接近自己的文化价值标准，增加了他们从社会关系中所产生之道德问题的直接感受。从人际关系、拥有的事物、相对的义务及沟通的价值观等混合经验中，伴随着自己的特质，儿童们发展出一种活的儿童期道德观。③ 但长期以来，儿童的道德发展的特殊性并未引起人们的充分重视，这从中小学的教科书中的逻辑安排中就可以看出来。前面已经提到在叙事的过程中，书中采用的都是“成人”的视角，而缺乏一种“儿童”的眼光，也没有为他们理解故事的意义留下余地。即使是儿童的故事，所言所行却少见儿童的童真，多见成人的成熟。从这个角度看，教科书对儿童是一种简单化和平面化的处理方式。这种简略化的处理使教科书很容易就成为儿童的一种“异己力量”，失去应有的指导功能。

（2）抽象而单一的道德观

就道德产生发展的过程来看，它也是人们在具体的时代和生活情景中生成的，并不存在天然的善与恶的分野。如茅于轼所指出的：“道德的形成是全社会学习的结果，是人类社会经过几千年的学习，个人之间经过无数次的博弈，才逐渐形成了大家公认的道德规范，它的存在是对于一切人

---

① 刘晓东：《儿童精神哲学》，南京师范大学出版社 1999 年版，第 181 页。

② 同上书，第 192—195 页。

③ 毛连塭：《生活教育与道德成长》，心理出版社 1999 年版，第 38 页。

有利的。但是它又不是一个稳定的均衡，不道德的人随时可以售奸以得利。”[①] 在道德生活中需要把抽象的道德原则恰当地运用到具体的道德情境中，因此是一种智慧。在生活中经常会出现好心办坏事的情况就证明了这种智慧的重要性。教科书的叙事的高度结构性、线性的因果联系中则很难发现这种道德智慧的存在。

①对道德善恶理解的简单化倾向

第一，任何的道德教育都需要界定善与恶，包尔生认为对善与恶的判断有两种方式，一种是主观—形式的判断，一种是客观—内容判断。我们对同一个行为引起两种判断，一种是人格的判断，一种是客观的判断。前者是对这个人的意向的主观的、形式的判断；后者是对这个行为本身的客观的、内容的判断。在前一种情况中，我们探究动机，而在后一种情况中，我们探究来自事情本性的效果。[②] 在我们的教科书中，这二者是高度统一的。一般而言，无论是从形式上还是从内容上，道德榜样都能作出正确的选择，成就自身的道德人格，这就大大简化了现实道德生活的复杂性。

第二，即使是善本身也是有着丰富的层次性的。如有学者所指出的：在试图得到一个关于我们道德生活的外形特征的明确观念的过程中，有必要在我们能够掌握原则借以进入道德生活之中的具体方法之前，思考一下这种生活的复杂性。至少必须区分我们道德生活的五个方面。其一，认识十分重要的必致劳心费神让儿童加入其中的活动，归属于诸如“好的”、“可取的”以及“值得的”之类概念之下。其二，一些与社会准则相关联的行为方式归属于“义务”和“责任”概念之下。其三，有这么一些责任，在一个开放的社会里更为突出。它们与对指导社会成员之间行为的一般规则的遵从有关，如无私、公平以及诚实的规则等。其四，一些十分广泛的生活目标，它们以“动机”的形式被个人化。这些不局限于特殊活动或角色的目的，产生于对一个人的情境的非中性评价，如嫉妒、仁慈等。其五，一些非常普遍的品德特征，更多地与它遵从或追求它们的方式

① 茅于轼：《中国人的道德前景》，暨南大学出版社 2003 年版，第 175 页。

② ［德］弗里德里希·包尔生：《伦理学体系》，何怀宏、廖申白译，中国社会科学出版社 1997 年版，第 195 页。

有关系，如正直、果断等。[①] 这些不同层次就有着不同的道德评价意义，如果把这些层次简单化处理就有可能导致不能找到有效的道德教育方式。

第三，善与恶之间的关系是相当复杂的。首先，二者有可能存在手段与目的的关系。其次，善与恶固然可以构成一种矛盾的道德选择的情境，但是善与善之间、恶与恶之间也可能构成一种悖论性或是二难性的选择困境。如别尔嘉耶夫所言："道德生活是由各种悖论构成的，在这些悖论中善与恶交织在一起并相互转化。这些道德上的悖论在意识里是无法克服的，但它们应该被铲除。"[②] 当人作出道德选择和行为的时候，很多时候也是在矛盾冲突中作出选择。别尔嘉耶夫进一步指出：道德生活充满了悖论和悲剧性，因为人可能为了对一种品质的爱而不得不牺牲对另外一种品质的爱。而且善的实现要通过矛盾，通过牺牲，通过痛苦。善是悖论性的。道德生活是悲剧性的。因为善与恶的产生自身就是可怕的悲剧。[③] 这在科尔伯格的道德两难实验中已经有一定的体现。最后，在善与恶之间还存在大量的模糊和灰色的地带，人在大多数情况下是在这个模糊的地带中进行道德选择和产生道德行为的。在德育课教科书中的故事中，这种复杂的关系没有得到充分的揭示，故事中所呈现的是一个善恶分明的、正义终将战胜邪恶的世界。故事的主人公也是分为善良和邪恶的两级，善良的人总是能够作出正确的行为选择。因果之间的联系直接而明显，可是这仅仅是教科书中的"世界"，与真实的道德生活有一定的距离。

②忽略了个人道德生活的情境性特征

任何的道德行为都是在具体的情境中产生的，忽略了情境的复杂性也就失去了道德教育的指导性意义，而社会生活也不可能是线性的因果关系的集合。早从古希腊开始人们就认为伦理代表着一种实践理性，康德对这个问题也作过详细的论述。格林指出，实践理性是人把他的本性设想为一

① ［英］彼得斯：《道德发展与道德教育》，邬冬星译，李玢校，人民教育出版社 2003 年版，第 71—73 页。

② ［俄］别尔嘉耶夫：《论人的使命》，张百春译，学林出版社 2001 年版，第 26—27 页。

③ 同上书，第 212—213 页。

种靠行动来获得完善的能力。通过主体的意识和行为得以证明和实现的一种完善的可能性观念，即是实践理性，它表现出人类主体行为的理想性和现实性特征。[①] 道德与否最终体现在人的现实行为之中，而行为涉及具体的情境，情境的复杂性和多样性与人的动机的复杂性构成了人作出道德选择的实际状态，这也正是为何道德最终体现为一种实践理性和实践智慧的原因所在。以“不说谎”这一道德原则为例，在一般的意义上它是一条道德准则，因为如果不遵守它，人们就会沦入虚伪的人际关系中，但是一旦涉及具体的情境，它就很可能失去这种有效性。杜威对这个问题作出了精辟的论述，他说：“道德不是行为的目录，也不是规则的汇集，像药方或食谱那样备用的。道德的需要是对于考察和筹划的特殊方法的需要：所谓观察的方法是用以勘定困难和不幸，筹划的方法是用以作为处置困难和不幸的假设。个别化了的道德情境各有其无可交换的善和原理，而其伦理的实用主义的含义则在于使学说不偏重一般概念而注意发展有效的考察方法的问题。”[②] 如果说杜威的观点有相对主义的成分，别尔嘉耶夫的观点或者更接近于道德行为的本质。他认为，生活中的道德冲突的最大困难完全不在于明显的善与明显的恶的冲突，而在于缺少由法律赋予的一个道德上认可的解决方案，在于每一次都不可缺少地要完成个性的创造行为。善的道路永远是有许多条，应该在它们之间作出选择。[③] 这就说明道德究其实质是一种实践智慧，道德或者不道德都是人针对现实的境况采取的某种行为，脱离具体的道德情景来评论道德与否就是一种机械的因果论。国内也有学者指出：那种抱着万能的超历史的抽象原则来规定现实的人和现实的实践的方式，只能使人受虚假观念支配，从而使人们丧失在具体情境中回应挑战、解决难题的自决能力与创造意识，最终给人的生存和发展带来灾难。在这个意义上，我们可以说，相对于具体的人的存在和具体的历史

---

① 万俊人：《现代西方伦理学史》（上卷），北京大学出版社 1997 年版，第 238 页。

② 转引自万俊人《现代西方伦理学史》（下卷），北京大学出版社 1997 年版，第 294 页。

③ ［俄］别尔嘉耶夫：《论人的使命》，张百春译，学林出版社 2001 年版，第 99 页。

实践活动在本性上就是反教条和反抽象原则的，人在实质上就是一种“超教条”、“非教条”的存在物。[①] 事实上，现实的道德情境充满了复杂性，如果仅仅告诉学生一些抽象的道德原则，而不给予其一定的分析能力，对学生是没有什么指导性意义的。青少年正处在对生活的探索时期，本身对价值观就容易产生简单化和绝对化的现象。生活中的价值观虽然是用简单的原则来表述的，但在具体的生活情境中却有着丰富的画面和含义，简单的理解往往会产生非好即坏的判断，容易导致偏激和失望，因此向学生展示道德生活的丰富性和复杂性更有助于学生的道德成长。

（3）善恶二元对立的人性观

教科书的叙事中我们可以发现鲜明的二元对立的特征，也就是善良和邪恶、好人与坏人的对立。教科书中出现的大多数例子中的主角都有着非常鲜明的道德立场，在遇到问题的时候也能够作出非善即恶的判断和行为。或者在有些故事中这种对立不是特别明显，但一般也有一个道德良好的人对应一个还需要教化的人，呈现出一种对应性的关系。一般而言，一些道德榜样扮演了道德良好的化身，他们很多人从小就具有良好的品质，或者在危难的时候总能够作出正确的选择。这实际上对人性作了简单的预设。

自古以来人们对人性善恶的争论从未停止过，也出现了若干种观点。在我国历史上孔子提出“性相近，习相远也”。战国时代的世硕，首次建立起善恶与人性的直接联系。他提出了人性有善有恶的命题，认为人的行为的善恶与人性有关，并且强调了人性的能动方面，强调了“养”的作用。告子提出性无善无不善的命题，认为性是自然的、生而具有的；善恶则是后天教化的结果。其他的思想者也对这个问题提出了自己的观点，如孟子提出了性善论，荀子主张性恶论，汉代的董仲舒从性情关系上提出性兼善恶论，唐代的李翱提出性善情恶论等。在西方，人们对人性也一直存有争论。苏格拉底、柏拉图和亚里士多德从理性作为人的本性的立场出发，认为人性是善的。近代的霍布斯认为，人作为自然的产物，人天生是自私的，人的本性是恶的。而斯宾诺莎、爱尔维修等人认为，人的本性无

---

① 贺来：《现实生活世界——乌托邦精神世界的真实根基》，吉林教育出版社1998年版，第90页。

所谓善恶，但人人都有趋利避害、利己自爱的天性，这种天性在人的后天的社会行为中可以向善也可能为恶。在西方有着对人性持乐观态度的人本主义学派，也有对人性阴暗面作了充分研究的精神分析学派。或许这个问题永远没有正确的答案，但是这种争论本身就反映了人性的复杂性。

真实的人性是复杂的、丰富的、动态的和立体的，而且永远在发展之中，处于未完成态。如贺来所指出的："如果承认人生活于其中的现实生活世界是一个由内在于实践活动的多种矛盾关系所构成的世界，是一个多元流动、具体丰富的世界，那么，创造并生活于其中的人就不可能只具有某种抽象、孤立、片面的本性，而同样也应该是自然性与超自然性、感性与理性、目的性与因果性等多重矛盾关系的统一体。"① 一旦对人性作简单的二元对立的分类，无疑将失去真实的道德意蕴。别尔嘉耶夫指出：作为属于两个世界并能够克服自己的存在物，人是个矛盾的和悖论的存在物，在自身中包含着极化的对立面。关于人有同样的证据说，人是高尚的和卑贱的存在物，是软弱的和有力的存在物，是自由的和奴性的存在物。② 他还深刻地指出：在所有类型的认识中伦理认识是最勇敢无畏和最痛苦的，因为在其中揭示的是生命的价值和意义，罪和恶也在其中展示。在对善和恶的区分自身里，在对有价值和无价值的区分中，有一种极度的忧伤。③ 美国学者默里·斯坦因则在其著作中提出了日性良知和月性良知的观点：日性良知表示一种内在的道德引导，这种引导体现了支配个体意识生活的思想和行为模式中的价值理想。日性良知广泛代表特定的社会习俗、文化习惯、社会准则及种种期望说话。日性良知包括施恩以及行罚两个方面。月性良知则被设想成本性的天启之音，它代表肉体的人深不可测的方面，如本能、躯干、肉体，代表它们说话。月性良知不是通过家族传统或通过我们在文化上建立起来的道德体系对我们讲话，而是在梦中、在种种情结中、在本能中通过无意识对我们讲话，通过本能的渴望，也通过

① 贺来：《现实生活世界——乌托邦精神世界的真实根基》，吉林教育出版社1998年版，第77—78页。

② ［俄］别尔嘉耶夫：《论人的使命》，张百春译，学林出版社2001年版，第63页。

③ 同上书，第20—21页。

埋藏在这些渴望中的种种阻抑行为对我们讲话。在积极方面，它促使我们养育自己，为我们的肉体和本能需要许以场所，让它们表现出来；在其阴暗面，则存在着对复仇的原始要求、对疾病的心身交感倾向，因惩罚而疯狂等。[①] 另一位心理学家埃利希·诺伊曼在《深度心理学和新道德》一书中也对人性的善恶作了深刻的论述。在书中他指出个人的心理除了光明的一面，还必然存在着“阴影”的一面，这个阴影表达了我们的不完备和世俗，与绝对价值不一致的消极面；它是与“不属于这个世界的”灵魂的绝对和永生截然不同的、我们的自卑肉身。阴影代表了我们本质的独特性和暂时性；它是我们自己的局限和对时空条件的服从的状态。然而，它又同时形成我们个性的核心结构的一部分。他把那种绝对主义的道德称为旧道德，认为旧道德基本上是两重性的。它面对一个由光明和黑暗形成对照的实际，它把存在分成纯洁与不纯洁、善与恶、上帝与魔鬼两个领域，并安排好人在这种一分为二的世界范围内合适的任务。……旧道德以对立面的冲突原则为基础。善与恶、光明与黑暗的斗争是它的基本问题。善与恶的内容可以因个体而变化；然而，对立面的冲突以及通过斗争求得解决的原则依然是旧道德的实质。这种道德的理想人物总是英雄，无论他呈现为一个被等同于光明的原则的圣人——以光环为象征的错觉——或像圣·乔治那样打败恶龙。另一方总是被彻底消灭或被决定性地击败，并从生活中排除出去。然而，对立面的斗争是永恒的。[②] 他进一步指出，这种道德心理造就是阴影面的抑制者，他们怀着所有的罪恶感和痛苦，以禁欲的和英雄的态度对待生活。还有压抑者，在他们身上，由他们引起的罪恶感和痛苦都依然是无意识的。而这种旧道德所产生的结果就是使人在压抑自我的阴影而投射到一些“替罪羊”身上，也就是如异教徒、政敌和道德上的低劣者等而产生灾难性的后果。他最后指出，承认我们自己的邪恶就是“善”，想要超越确实可得而且可能的善的限制就是“恶”。完整而不是完美才是新道德的目标。道德的自主和整体性道德要求我们每一个人都应该

---

① ［美］默里·斯坦因：《日性良知与月性良知——论道德、合法性和正义感的心理基础》，喻阳译，东方出版社 1998 年版。

② ［德］埃利希·诺伊曼：《深度心理学和新道德》，高宪田、黄水乞译，东方出版社 1998 年版，第 17、22—23 页。

有意识地管理好自己的阴影。[①] 著名的教育家小园国方则认为真正的道德是建立在二元纠葛的基础上的，也就是说人的理性与意欲是共存的，理性与意欲的矛盾、纠葛、苦闷、烦恼构成了真实的人的道德生活。他这样论述道："我的存在要有非我的存在为前提。有了对立的二元力量，才产生合成之力。人格自由的平衡决不是静止意义上的平衡，而是在矛盾独立的不断形成和调和下走向理想的努力。……实际上，正是因为有怀疑、有矛盾、有烦闷、有苦恼，所以才有拯救之道。"[②] 他甚至指出："凡是伟大的道德人，都在进行悲惨之战。"[③] 反观我们的教科书中叙事中的人物，可以说这就是一种旧道德的体现。人物的非善即恶的特征使这些人物成为一种抽象的"道德脸谱"式的人而减弱了其教育的意义。

社会道德规范为人们所接受，首先就必须符合人性的要求，这是任何一种道德规范最起码的生存前提，也是道德规范具有生命力的基本条件。当教科书所展示的人性假设不具备足够的现实解释力的时候，这种课程的信度也就可能大大降低，其效果自然会受到相应的影响。

通过对我国中小学德育课教科书中的叙事结构、特点、预设的价值观等方面的分析不难看出，叙事作为我国德育课教科书中长期采用的一种形式，其模式是需要反思和改进的。在新课程改革的背景下，这种反思对增强德育课教科书编写的人性化和科学化有着重要的意义和价值。

① ［德］埃利希·诺伊曼:《深度心理学和新道德》，高宪田、黄水乞译，东方出版社 1998 年版，第 92、109 页。

② ［日］小园国方:《小园国方教育论著选》（上卷），刘剑乔、由其民、吴光威译，吴光威、由其民校，人民教育出版社 1993 年版，第 171、173 页。

③ 同上书，第 150 页。

第三章

新课程改革背景下中小学德育课价值取向的变革与挑战（2002—2013）

新中国成立后经历了若干次课程改革，每一次改革都会带来一些新的变化。整体而言，德育课的稳定性比较强，保守性多于革新性，其内容和形式都处于缓慢的渐变之中。在理念层面，德育课的逻辑编排以学科本位为主，缺乏各部分内容的有机整合；在内容构成中道德品质方面的内容比较欠缺，政治化倾向比较明显；在教学方式上知识化特征突出。根据调查，以专门学科形式出现的德育课的效果也并不尽如人意。在 2002 年 8 月到 10 月初，《思想品德课程标准》研制组在对北京、重庆、广东、宁夏四省、市、自治区就现行初中思想政治课教材使用情况开展的大规模调查结果表明，有 1/10 的学生把思想政治课程列为“最不喜欢的课程”，在学生“最不喜欢的课程”中排在第 3 位（共 14 门课），而在学生“最喜欢的课程”中，思想政治课排在第 10 位（共 14 门课）。① 学生不喜欢学成为普遍的现象。

从 2002 年开始，我国开始推行新课程改革，此后的中小学德育课无论从形式到内容都发生了很大的变化，因此笔者将在本章对 2002 年和最近的 2011 年两次课程改革的价值取向及发展趋势进行探析。

---

① 《思想品德课程标准》研制组：《〈思想品德课程标准〉研制过程》，2003 年 3 月。

第一节 2002 年课程改革背景下中小学德育课的价值取向发展

从2002年开始的新课程改革,《基础教育课程改革纲要（试行)》中提出此次课程改革的目标为6个方面。德育课的改革正是在整个课程改革理念的指引下展开的。此次课程改革在目标中明确提出:“改变课程过于注重知识传授的倾向，强调形成积极主动的学习态度，使获得基础知识与基本技能的过程同时成为学会学习和形成正确价值观的过程。”① 德育课作为专门促进人的道德情感、态度、价值观发展的课程，变革的必要性毋庸置疑。任何的改革都是在理念的指引下进行的，这次德育课改革的新取向突出体现在以下几个方面。

一 课程标准中的价值取向分析

（一）道德生活成为课程建构的基础

新的德育课提出道德生活成为课程建构的基础，这是基于对道德深刻理解之上的进步。“生活”这个概念，人言人殊，要对这样一个我们每天都在面对但又千差万别、富于流变的词汇下一个精致的定义几乎是不可能的。此外，我们就在生活之中，对生活的认识又不可避免地导致生活概念的变化。在存在论意义上，生活的内涵无法用语言和理论完全揭示出来，它只能通过自身的实际存在过程展示自身，对生活的任何一种界定都将意味着对生活之丰富内涵的遮蔽和消解。

尽管如此，生活世界思想发展还是有一个大致的脉络。生活世界的学说是胡塞尔在1936年出版的《欧洲科学的危机与先验现象学》一书中明确提出的，但在此之前他已经把“生活世界”作为一个重要的概念来运用。此后的诸多思想家对此也作了更为深入的研究和阐述，哈贝马斯的观点具有一定的代表性。他认为，生活世界具有奠基性、先在性；从行为与

---

① 韩震主编:《基础教育课程改革纲要（试行)》,北京师范大学出版社2003年版，第44页。

认知的背景意义上，生活世界具有整体性的特征；生活世界是相对于主体活动的直观领域；生活世界是一具体总体性的世界。[①] 生活世界的重要性如贺来所言：现实生活世界作为由实践活动所创造的功能统一性世界，最根本的意义还是在于它为把握人这一特殊的存在提供了真实的理论视界，只有在这一视界中，才能真正避免把人抽象化与实体化，因此，现实生活世界归根到底是一个完整的人生存和发展于其中的世界。[②] 正因如此，从生活出发才能理解完整的人、复杂的人、动态的人。

道德教育为什么要特别关注生活世界呢？如肖川所指出的："道德教育之所以特别应该关照于学生的生活世界，是因为只有在学生的生活世界中，在学生的现实遭遇中，在学生内心世界的价值冲突中，才真正蕴藏着宝贵的教育时机，才能够真正开掘出学生道德人格生成与确立的源头活水。关注学生的生活世界意味着对于学生的尊重——对于学生需要的尊重，对于学生独特性的尊重，对于学生当下生活的尊重，而尊重是教育必不可少的要素。"[③] 对学生生活世界的忽视正是以往德育课走入困境的重要原因之一。如此次课程编制小组在问卷调查中所显示的，影响学生对思想政治课态度的主要因素依次是："内容是否吸引人"，"对生活是否有用"，"教师的教学水平" 等。大多数教师和学生对心理健康教育和法律知识感兴趣，认为对学生的成长和未来发展 "很有用"。[④] 回归生活是道德教育的必然要求，也是必然趋势。初中阶段的《思想品德》在课程标准中明确指出这门课程的基本理念之一就是初中学生逐步扩展的生活是其建构的基础。这种理念在以下方面得到了体现：

首先，德育课的名称发生了变化，小学阶段从以前的《思想品德》变为《品德与生活》、《品德与社会》，初中阶段从以前的《思想政治》

---

① 龚群：《道德乌托邦的重构——哈贝马斯交往伦理思想研究》，商务印书馆 2003 年版，第 78—83 页。

② 贺来：《现实生活世界——乌托邦精神的真实根基》，吉林教育出版社 1998 年版，第 74 页。

③ 肖川：《教育的视界》，岳麓书社 2003 年版，第 129 页。

④ 韩震主编：《基础教育课程改革纲要（试行）》，北京师范大学出版社 2003 年版，第 7—8 页。

变为《思想品德》。小学阶段的《品德与生活》、《品德与社会》表明了这门课程的指向性，凸显出它与儿童生活的紧密关系。初中阶段的《思想品德》也更贴近学生的生活实际。

其次，新的德育课一改以前的学科逻辑，代之以学生的生活逻辑编排教学内容。以初中段的德育课为例，所包含的内容为心理健康、道德、法律、国情四个部分。与以前的课程内容相比增加了道德方面的内容，减少了社会发展简史方面的内容，并没有大的突破，但这些内容潜在的线索是个体的生活，而不是学科的逻辑。初中的《思想品德》在课程标准中明确指出“本课程正是在学生逐步扩展的生活经验的基础上，为他们正确认识自我，处理好与他人、与集体、国家和社会的关系，思想品德获得健康发展，提供必要的帮助”。[①] 课程具体的逻辑安排见表 3 - 1。[②]

表 3 - 1　　2002 年初中德育课的内容编排逻辑

	心理健康	道德	法律	国情教育
成长中的我	认识自我	自尊自强	学法用法	文化认同（中国心）
我与他人的关系	交往与沟通	交往的品德	权利与义务	共同理想
我与集体、国家和社会的关系	积极适应社会的发展和进步	承担对祖国、社会和自然环境的责任	法律与社会秩序	知国情、爱中国

从表 3 - 1 可以看出，在逻辑安排上，新课程是以“我”的生活为起点，从成长中的我、我与他人的关系、我与集体、国家和社会的关系等维度把心理健康、道德、法律、国情的内容有机融合在一起。比如在讲述“成长中的我”的时候，所包括的内容就是“认识自我、自尊自强、学法用法”等。这与以前按照学习领域设置不同年段的教学内容的方式有了

① 韩震主编:《基础教育课程改革纲要（试行）》，北京师范大学出版社 2003 年版，第 7—8 页。

② 韩震主编:《思想品德课程标准解读》（实验稿），北京师范大学出版社 2003 年版，第 33 页。

区别。这看似形式的变革，所蕴藏的却是德育理念的变革。人的道德生活本身就具有整体性，如法律与道德本身很难分离，心理的内容更与道德问题有着相当大的交叉性，所以这样的综合更能反映出道德生活的整体性特征。

最后，新的德育课在具体的内容方面的要求与学生的生活紧密联系。如在法律部分，虽然所要求的内容与以前的课程标准有一致之处，但表述的视角有所转换（如表 3－2 所示）。

表 3－2　　　　前后课程标准的部分内容要求的比较

原课程标准的内容	2002 年课程标准的内容
公民的人身权利受法律保护	知道公民有受教育的权利和义务，学会运用法律维护自己受教育的权利，自觉履行受教育的义务。
公民作为消费者依法享有消费者的合法权益	知道法律保护公民的财产，学会运用法律维护自己的经济权利。知道法律保护消费者的合法权利，学会运用法律维护自己作为消费者的权利。
依法保护青少年健康成长	了解一般违法与犯罪的区别，知道不良行为有可能发展为犯罪，自觉抵制“黄、赌、毒”等不良诱惑。
正确行使公民权利，自觉履行公民义务	知道法律对未成年人给予特殊保护，了解家庭保护、学校保护、社会保护和司法保护的基本内容。 任何组织和个人不得披露未成年人的个人隐私。 未成年人的财产继承权和智力成果不受侵犯。

资料来源：韩震主编：《思想品德课程标准解读》（实验稿），北京师范大学出版社 2003 年版，第 37—38 页。

从表 2－2 中我们可以看出，以前的课程标准更多关注内容本身，这些内容带有中立的非情感性特征。新的课程标准则非常注意内容与学生生活的联系，在表达的时候多采用“维护自己的”、“学会运用”、“自觉抵制”等话语，使这些内容对学生而言就不仅仅是一种对象化的知识，而成为与自己生活紧密相关的存在。

（二）注重道德学习

以前的德育课重在道德教育，伴随着人们对道德教育的认识不断加深，人们逐渐认识到学生作为道德学习主体的地位。如冯建军所指出的："道德学习与道德教育反映的是两种不同的教育理念。前者是为学生设计的，以学生的发展为本，后者是为教师设计的，以成人的世界、社会的要求为本；前者是注重主体性的发挥，是学生的主体行为，后者体现社会的意志或成人的意志，带有一定的强制性。"① 从注重道德教育到注重道德学习，意味着德育课的视角发生转变。其中最为重要的转变是对学生作为道德学习主体的地位的确认。道德教育可以只考虑需要给学生一些什么，而道德学习的内容则必须考虑学生自身想要学习什么、怎样才能进行学习。事实证明，也只有学习者真正通过自身的道德建构进行道德学习，道德教育的目标也才可能达成。否则抽象的道德戒律就容易成为外在的强制，而不能内化到个人的道德品质之中。新的德育课程改革体现出注重道德学习理念，主要是通过以下几方面体现出来的。

首先，整个课程标准内容都以"我"作为线索联结起来。以前的课程标准中的内容要求是没有主语称谓的。一般的表述多为"对学生进行……的教育"。在新的课程标准中大量采用"知道"、"了解"等行为动词，这些动词的主体就是"我"。"我"的凸显代表着一种德育方向的转型，从一种"由上至下"的要求式德育转向"由下至上"的内生型德育。课程标准中的"我"实际上代表的是学生的个体，所提出的道德要求就是每一个"我"需要达到的要求。虽然以前的课程标准也是对每一个"我"提出要求，但是达成这些要求的起点却不是"我"，而是另外的一些主体，如国家、社会、群体等。

其次，此次课程标准中专门提出初中的思想品德课的性质之一是实践性。课程标准中指出：注重与学生生活经验和社会实践的联系，通过学生自主参与的、丰富多彩的活动，扩展知识技能，完善知识结构，提升生活经验，促进正确思想观念和良好道德品质的形成和发展。② 为此，新的德

① 冯建军、王俊卿：《论道德学习》，《江西教育科研》2003 年第 8 期。

② 韩震主编：《思想品德课程标准解读》（实验稿），北京师范大学出版社 2003 年版，第 22—23 页。

育课尤其提倡学生进行研究性或探究性学习。这就揭示出道德学习的心理机制，即人必须通过实际地参与到道德活动之中，通过自身的行为情感体验，才能把外在的种种的道德要求内化为自身的道德品质。

最后，新的德育课提倡关注学生独特的个性、兴趣、爱好和知识结构等。课程标准中指出：从学生自主成长的角度看，我们必须尊重学生的个性，为他们全面发展提供帮助。……无论学生之间先天资质差异多大，要欣赏他们的优点，尊重他们的个性特点，鼓励他们的自主发展。① 前文曾经指出道德学习是一种预存立场的学习，学习个体的现在的道德心理结构会影响到后来的学习效果。以前的德育课往往比较强调学生的共性，为他们规定共同的学习起点。而在此次课程改革中，作为个体存在的“我”获得了重要的地位。

（三）强调教学内容的有机整合

长期以来初中阶段的德育课都是以分科教学的方式存在的，以上一轮教科书为例，虽然初中阶段的德育课统称为思想政治课，但在不同年级还是以专门的教学内容的方式出现的。初中一年级是心理教育，初中二年级是法制教育，初中三年级是国情教育。此次的课程改革则非常强调课程的综合性，在课程标准中没有明确提出每个年级的内容要求，而是根据不同逻辑的“经线”和“纬线”把内容要求提了出来，体现出综合化的取向。这种综合反映的是对道德本身理解的变化，如课程标准所指出的：综合的课程形态是思想品德课程构建方式，这种构建方式是以对社会公共生活本身的综合性理解为基础的。② 这就还原了道德生活的本来面目，这样的道德教育也才更具有针对性。

二　德育课教科书的价值取向分析

教科书是课程的最直观、最具体的表现形态。任何一个在实际中可能被倡导的理念，都应当给予其合理性与必要性的确证，同时还要对理念的重要载体——课程文本进行分析。课程标准是高度浓缩和精练的存在，它

---

① 韩震主编：《思想品德课程标准解读》（实验稿），北京师范大学出版社 2003 年版，第 21 页。

② 同上书，第 23 页。

必须借助教科书的编写才能具体化。新课改的诸多理念是否真正地得到体现，首先就需要对教科书进行分析。根据笔者的了解，中学教师手中拥有课程标准和课程标准解读的不到20%，绝大多数教师是通过使用新编教科书进入新课程改革的，因此教科书的编制就尤其重要。如果仅仅是课程标准有了理念的变化，教科书没有太大的变化，这样的课程变革也仅仅是课程设计者头脑中的设想而已，其对实践的作用也是微弱的。从这个角度看，教科书编写的好坏对课程改革的运行起着至关重要的作用。教科书是把课程标准具体化的第一步，在这个转化过程中有的内容可能与课程标准吻合，有的内容有可能变形，也有的内容可能超越了课程标准的要求，这取决于编写者对课程标准的解读和创造。

课程改革既需要新的理念，同时也需要新编教科书。为保持与前面章节的连续性，笔者仍然采用人教社的教科书作为分析的蓝本。

（一）教科书新的功能定位：师生共同的“学本”

1. 教科书：学生的“学本”

以前的教科书重在教师的“教”，而比较忽视其作为学生学习文本的功能。新的课程理念强调学生的自主学习，强调学生的自主建构，这就使得教科书要从以前仅仅关注教师的“教”转向关注学生的“学”，成为帮助学生进行道德学习的“学本”。教科书成为学生的“学本”就意味着教科书对学生是有意义的，能够激发学生去思考、体验、践行，而这种意义产生的主体应是学生而不是某些社会集团。长期以来的德育课在实践中都面临一个问题：如何激发学生的学习兴趣？这个问题所隐藏的就是学生面对教科书时容易产生“无意义感”，这种无意义感的根源则在于教科书脱离了学生的现实的生活实践，与学生原有的意义世界无法产生关联，失去了吸引力。

由此新编教科书不再是一种静态的知识的载体，而成为帮助学生进行道德学习的“桥梁”。如班华教授所指出的：“教材的主要功能是帮助学生的道德学习，教材是作为学生道德学习的导引，作为学生通向道德世界的桥梁。”[①] 通过这个桥梁，学生在教师的帮助下能够不断地进行道德提

---

① 班华：《思想品德教师教学用书》前言，人民教育出版社2003年版，第2页。

升。杨启亮教授把教材观分为知识型的教材观和智慧型的教材观，前者以教材所负载的知识和技能的传授与掌握为宗旨，它也重视智慧的或发展的功能，但终究是把这种功能视为知识从属和附庸，后者则视教材为教学使用的材料，它不否认教材所负载的知识和技能传授与掌握，但却不以此为主要的目的，或者就以此为途径和手段，通过它去实现智慧的或发展的目的，教材所呈现的知识即被视为从属的和附庸的。[①] 德育课教科书只有成为一种智慧型的教科书才有可能成为学生的“学本”。

2. 教科书：教师的“学本”

在重视教科书对学生所具有的“学本”功能的同时，新编教科书也很重视对教师所具有的意义。布鲁纳指出：“一门课程对教师比对学生更有意义。如果这门课程不能改变、鼓动、困扰以及启发教师，那它对他们所教的学生将不会发生影响。供教师教学用的课程必须是第一流的。如果它对学生有什么影响，它势必凭借对教师已经产生的影响而表现出来。说一门很精练的课程就是为了把一种知识体系教给不谙世故的学生而试行的‘教师—证明’的一个形式，那是无稽之谈。”[②] 在我国，我国教师从一开始就是接受指定的教科书进行教学，无论是以前的一纲一本还是现在的一纲多本，教师都没有编制教科书的权力，选择教科书也主要是教育行政部门的职能，与教师也是无涉的。一直以来课程标准和教科书对教师就是一种统治性的支配力量，考试评价也是以这两者为准，因此在我国通过课程促进教师发展就意味着主要通过教科书促进教师的进步。现实是长期以来教科书都是作为教师的“教本”而存在，忽视了对其作为教师的“学本”功能的挖掘。

教师也是生活在道德世界之中的，而不是如自然学科的知识作为一种外在的对象化的知识存在为教师掌握。教师同样会对道德生活中的某些问题感到困惑，也有可能对某些问题缺乏一定的理性审思，因此教师一样是道德学习者。他们一样需要对某些问题进行深入的思索，教科书就可以成

---

① 杨启亮：《教材的功能：一种超越知识观的解释》，《课程　教材　教法》2002 年第 12 期。

② ［美］布鲁纳：《教育过程》，邵瑞珍译，王承绪校，文化教育出版社 1982 年版，第 11 页。

为帮助教师进行道德学习的工具。以前教科书的封闭性使大多数德育课教师并不需要对其内容本身作太多的思考。尤其在我国教师的教学任务和压力一般都较重，更无多少专门的时间去寻找自己所需要的教学资源。根据笔者的问卷调查，绝大多数的教师表示对自己教学帮助最大的书首先是教科书、其次是教参，这就意味着对教师的教学行为起着最大影响的无疑是教科书。如果教师可以通过教科书的内容本身发现一些自己平常忽略但很有价值的问题，能够加深对某些道德问题的认识，甚至产生一些困扰，他们在教学时就更有可能去引导学生进行思考和学习。教科书就可能成为一种现实的力量去“逼”着教师转变教学观念，进而改变自身的教学行为，否则再先进的理念也不过是理念而不能具有现实的生命力。教科书首先就要成为教师道德学习的一个组成部分，而不仅仅是机械地讲教材、背教材。从这个角度看，教科书不仅应成为学生的“学本”，还应成为教师的“学本”。

（二）内容组织贴近学生生活

1. 编写逻辑淡化学科性，追求整合性

在2003年版的教科书中，人民教育出版社和广东教育出版社初中一年级（上册）的课题目分别如表3－3所示。

表3－3　　2003年两套初中《思想品德》教科书的内容编排

人民教育出版社	广东教育出版社
珍惜新起点	我上中学了
把握学习新节奏	认识新伙伴
珍爱生命	融入新集体
欢快的青春节拍	悦纳自己
自我新期待	感受青春
做情绪的主人	男生女生
品味生活	我和父母
学会拒绝	师生情谊
保护自我	文明交往
	培养正确学习观念
	掌握科学学习方法
	养成良好学习习惯

从表3－3中可以发现，新编教科书对初中一年级的教学内容编排改变了以前心理教育的学科体系逻辑，而代之以学生的生活，把这些内容贯穿起来。两套教科书的第一单元都涉及学生如何适应新的学习和生活环境的问题，紧接着是关于如何认识自我和面对青春期的问题，这些都是学生在初中一年级必须面对的问题和可能出现的困惑。分析来看，这套教科书的逻辑线索就是根据学生现实的成长历程和特点要求，安排教科书的内容序列，同时结合初中学生不同年级的主要问题，确定各个年级的教育主题，围绕教育主题扩展教学内容。具体如初中一年级关注的是如何让学生尽快地适应新的学习和生活环境，确立的主题为喜迎新生活；二年级是学生学习和生活中产生分化的关键阶段，因此教科书把教育主题定为同侪结伴成长；三年级学生所面临的主要问题是升学和就业问题，走向希望明天就成为教科书关注的主要问题。这就体现出教科书在逻辑上的系统性与针对性、问题性相结合的特点。

2. 教科书内容选材贴近学生生活

第一，取材于儿童青少年的事例占据了绝对的比重，根据对人教版初中一年级上册《思想品德》教科书的统计：所采用的事例中儿童青少年的事例为65例，而取材于成人的事例为10例，这与以前教科书中成人世界的事例占据支配地位形成了鲜明的对比。在成人的事例中只有两例是名人或伟人，其他的均为普通人。在65例中有45例是直接涉及“我”的活动，具体内容涉及“我的情绪”，“我”对新环境的感受，“我”对未来的期望，等等。体现了课程标准中所提出的以“我”的生活为起点的思想。这从教科书中榜样的选择也可以看出来，对2010年版初中《思想品德》教科书中的榜样进行统计分析后发现，在成人类榜样中名人榜样为68人，普通人榜样为39人，普通人占到全部成人榜样的36%，这个比例大大高于以前教科书中普通人所占榜样的比例。除此之外，在整个初中段教科书中同龄人榜样为24人，占到所有榜样比例的19%，这个比例也远高于之前教科书中的同龄人榜样。

第二，教科书的事例绝大多数都是取材于学生生活中发生的生活事件，如家庭生活、学校生活等，所涉及的关系主要是同学之间、朋友之间、孩子和家长之间等。即使是成人的事例也只有3例取材于非常态的生活环境，其他也都是普通生活情境中的事件。此外，这些出现在教科书中的事例普遍带有典型性，是这个年龄阶段的学生可能遇到的普遍问题而不是完全个体化的生活事件，如怎么面对青春期生理变化带来的苦恼，如何看待偶像崇拜的问题等。马克斯·范梅南指出："生活经验是现象学研究的出发点和归宿。现象学的目的是将生活经验的实质以文本的形式表述出来。通过这种转变，文本的效果立刻成为有意义事物的重新体验和反思性拥有：通过文本，读者自己的生活经验就会被充分激活，产生与文本的'对话'。"[①] 教科书中出现的学生同龄人的生活事件无疑就为学生与"文本"、学生与自我、学生与学生之间、学生与教师的对话奠定了基础。

第三，教科书力图从学生文化的视角去组织内容，设计活动。长期以来，学生文化是教科书中的"受抑文化"，因此在教科书中很难看到学生真正的所思所想，很难发现他们真实的道德生活。新编教科书中力图通过学生的眼睛看世界，用学生的心灵去感受生活。具体体现为首先在教科书中很多的活动设计是反映学生同龄人的文化心理的，如对偶像崇拜问题的探讨，对如何对待网友问题的讨论，对青春期的情感萌动该如何处理等。其次是对这些主题教科书没有简单地肯定或者否定，而是就这些主题提出一系列的问题引发学生进行深入思考，自主地进行判断或者抉择。这些内容主题使学生群体的亚文化从教科书中的"受抑文化"转而成为其中的"主动文化"，真正贴近了学生的生活。

第四，教科书榜样的选择更具有鲜明的时代特征。通过对2010年版的初中《思想品德》教科书中的榜样进行统计分析，发现其榜样的角色分布如表3－4。

从表3－4的数据统计结果可以看出，首先教科书中的榜样类型较以前更丰富。其中出现了文体明星榜样，这在以前的教科书中是非常罕见的。这种榜样类型的选择无疑更贴近学生的精神生活，因为对于初中生而言文体明星常常是他们所崇拜的对象，如果能够挖掘出这类角色的榜样作用，所起到的教育引导作用可能更大。此外，从表3－4中也可以看出在各种类型榜样所占的比重上，政治家和革命英雄有了明显下降，取而代之

① ［加］马克斯·范梅南：《生活体验研究——人文科学视野中的教育学》，宋广文等译，李树英校，教育科学出版社2003年版，第46页。

的是科学家和文学家、艺术家的比重大大提升。这种榜样类型的变化昭示了德育课在榜样选择上的与时俱进，在价值取向上政治化的趋势开始减弱，而科技和文化则成为时代的主流，这与社会生活的精神风貌是一致的，与学生多所接触到的日常生活也是契合的。

表3-4　　2010年版初中《思想品德》教科书中成人榜样职业角色分布情况及百分比

类型／人数	政治家	革命英雄	科学家	文学家、艺术家	农民领袖和名臣	劳模企业家	文体明星
人数	10	4	16	17	7	11	3
百分比	15%	6%	23%	24%	10%	16%	6%

（三）注重道德思维能力的培养：内容生成性与适当留白

1. 价值观具有生成性

在以前的教科书中，几乎所有的课文都是沿着“是什么、为什么、怎么样”的逻辑安排结构，在前面已就此点作过分析。这种逻辑显示出教科书中的观点是预成形的，体现为在课程内容中总是先把结论直接呈现给学生，再运用相关材料进行佐证。学生主要任务是接受这些观点，并不需要去思索这些观点的合理性与正确性。新编教科书在内容编排上，虽然也是以一些核心价值观作为核心，但在编排这些内容时开始注意如何从学生现有的生活情感体验出发，通过一些活动组织和相关的材料让学生自己“生成”这样一些价值观，而不是直接“给予”学生这些价值观。这就使新编教科书成为帮助学生进行道德思考、进行道德感悟的文本。如果说以前的教科书重在为学生规定“跑道”，那么现在的教科书则更为强调“跑的过程”，关注学生的学习过程。

首先，从叙事的方式来看，除去传统的那种封闭型的叙事方式，更多开放型结尾的叙事出现在教科书中，这种叙事方式的转变呈现出道德的可讨论性。以下面几则叙事为例：

①16 岁的吴小玉是一名初中生。她很想自己打工挣钱多买些书。征得父母同意后，她利用暑假到一家公司打工，负责向市民免费发送公司产品的宣传画。一次，她不慎丢了400 多张宣传画。按照公司规定，她要照价赔偿。要不要向公司汇报呢？她陷入了矛盾之中……①

②小红刚上中学不久，就有同学问她家的电话号码、家庭住址，想到她家玩，有的还好奇地打听她父母是干什么的。由于彼此不熟悉，小红没有回答。有的同学便说小红不合群、不开朗。小红知道后很难过，她认为自己没有错，但又说不出道理。②

上面两则叙事中所涉及的都是中学生生活中遇到的事件，在故事中虽然有着价值取向，却并不是直接的道德说教，更多考虑了个人在生活中面对此类问题时的心理困境。叙事的结局也是开放的，更多是要引发学生去思考在做出选择和判断时需要考虑哪些因素，怎样才能应对这样的问题。

其次，从教科书的具体呈现方式来看，在教科书中的设问明显增多，而且问题的可思考性大大增强。以前的教科书中虽然也会有一些问题出现，但很多问题呈现出平面化和简单化的特点，几无思考的余地。问题主要以两种方式出现，或者是在课程正文中有“正确答案”，或者是太宽泛，指向性不强，缺乏思考性。如笔者在访谈一位中学教师时，她这样评价以前教科书中的问题组织：

我觉得上课的提问是很重要的，但是我们用的教材上的问题真是没什么用，我几乎就不用上面的问题，简单得不能再简单，学生都会回答。我喜欢提出一些值得思考的问题给学生，让他们真正去思考一些东西，或许没有确切的答案也没关系。

---

① 《思想政治》（初三），第二课《在承担责任中成长》，人民教育出版社 2010 年版，第 27 页。

② 《思想政治》（初二下册），第五课《隐私受保护》，人民教育出版社 2011 年版，第 46 页。

提问看似简单，其实不然，好的问题可以引导学生沿着一定的思维路线进行深入思考，在此过程中不断加深对问题的认识，进而提升道德思维能力。由此教科书与学生直接进行“对话”成为可能，教科书的“学本”意味更加凸显，道德学习也就在这个过程中自然发生。

以下是作者从1997年版的《思想政治》和2003年版的《思想品德》中选取的案例：

①1997年《情绪需要调节》一框中的问题设计：①

“一份快乐，两个人分享，就变成了两份快乐；一个痛苦，两个人承担，就变成了半个痛苦。”你有过这样的感受吗？

②2003年《学会调控情绪》一框的问题设计：②

数学考试的成绩下来了，李晔考得不好，想到回家要挨妈妈的批评，心里很难过。同桌的薛阳考得不错，他不禁喜形于色，大声对周围同学说：“我妈早说了，如果这次考好了，就给我买我想要的漫画书。到时候借给你们看。”李晔听到这话，一声不响地出去了……

薛阳当时的情绪表达是否合适？

你能想象当时李晔的心情吗？

情绪的表达是否只是自己的事情？

两种观点的呈现：

观点一：喜怒哀乐虽然是个人情感，但还是应该考虑周围人的感受。

观点二：喜怒哀乐是个人的事情，何必管周围的人，该笑就笑，该哭就哭。

你怎样看待这两种说法？

比较上面两课的提问方式可以看出，后者的提问显示出一定的层次

---

① 《思想政治》（初一上册），第二课《善于调节情绪 保持乐观心态》，人民教育出版社1997年版，第23页。

② 《思想品德》（初一上册），第六课《做情绪的主人》，人民教育出版社2003年版，第67页。

性和深度，问题本身带有一定的争议性和可讨论的价值，学生要思考这些问题需要调动自身的情感体验和具备一定的移情能力。前者的提问则显得泛泛，只需要学生答是和非即可，问题本身所具有的可探讨性较弱。

2. 内容适当的留白

以前的德育课教科书对很多主题的讨论几乎都是以“是什么、为什么、怎么样”构成了一个封闭的逻辑系统，甚至初一的心理教育也是如此。教师面对这样的教科书所需做的只是把这些定论解释说明得更为清楚明白，学生所需做的就是理解并掌握这些定论。学生即使是思考也是在这些定论划定的范围内进行，不可能质疑和反思这些定论。在课堂教学中教师也就必然沿着确定性的“路线前进”，所拥有的自由度很小，而传统的考试评价方式又强化了这种封闭性。如果说自然学科领域存在着严密的学科逻辑，但是在道德教育的领域中，试图规限出一个完美的封闭式的逻辑结构却是不可能的。道德不仅是人类的一种生活智慧，同时也是带有强烈的个人化特征的生活智慧，不同的人在面对同一道德情境时完全可以在遵守同样的道德原则的前提下作出不同的行为选择。

2002 年课程改革后出版的教科书则为学生的道德思考留下了一定的空间，为学生提供了一些道德思考的主题却并未在书本中给予“正确”的答案，文本内容呈现出一定的留白。如教科书的编者所言的：“要给学生一些权利，让他们自己去选择；给学生一些机会，让他们自己去体验；给学生一点困难，让他们自己去解决；给学生一些问题，让他们自己找寻答案；给学生一种条件，让他们自己去锻炼；给学生一片空间，让他们自己向前走。”① 根据笔者的统计，新版的初中一年级上册的《思想品德》教科书中开放性的提问活动有 62 个，占了全书涉及提问的活动的绝大部分。这种开放性一方面是基于某些问题本身就没有一致的答案、带有一定的争议性。如在《我知我师　我爱我师》中有这样一个

---

① 班华：《思想品德教师教学用书》前言，人民教育出版社 2003 年版，第 3 页。

活动：①

> 夸夸我们的老师：
>
> 对你影响最深的老师是哪位？把他的才能、品德和你的感受说出来与大家分享。
>
> 你心目中的好老师应该是什么样的？在班级开设一处师生关系论坛，把你的看法写出来贴上。

教科书中并没有直接告诉学生好教师是怎样的，而是从学生的角度先唤醒其成长经历中的体验，然后再在此基础上让学生进行讨论，最终生成什么样的教师是好教师的观点，这种留白意味着对学生不同观点的体认与尊重。

另外，在教科书中对某些内容的留白处理则是基于学生的未完成性所设计的问题。因为学生是正在发展中的人，他们对很多人生问题都存在困惑，而对有些问题的思考可能是伴随其终身的，因此提出一些值得学生持续思考的问题就可能为学生打开一扇思考人生、思考未来的窗户，提供促其成长的契机。如在《欢快的青春节拍》一课中就为学生设计了这样一个问题②：

> 有人说，青春是一颗划破天宇的流星，虽然绚烂却很短暂，也有人说青春是一棵常青树，永不凋零。
>
> 决定青春的最重要因素是什么呢？

教科书中并没有给予答案，这样的问题对于学生而言本身就具有持续的思考的价值。问题的开放性就给了学生一定的权利发表自己的观点，而不仅仅是课程中的“受动者”。在这种开放性的背后其实是对学生作为道

① 《思想品德》（初二上册），第四课《老师伴我成长》，人民教育出版社 2004 年版，第 46 页。

② 《思想品德》（初一上册），第四课《欢快的青春节拍》，人民教育出版社 2010 年版，第 42 页。

德学习主体的体认。如阿伦·C. 奥里斯坦等人所指出的:“不论是对6岁的儿童还是16岁的少年，讨论故事都应该是开放性的而不是喋喋不休地说教。那些放弃了严格控制而提倡对话习惯的教师会不断被学生的表现所惊讶，这些学生在讨论中所证明的探究能力和道德的成长让教师们印象深刻。”① 这样的“留白”也为学生进行道德创造提供了有利的条件，对提升其道德思维能力也是很有帮助的。

(四) 强调道德体验，注重道德践行

任何学习都要通过学习者的“自己运动”进行，外在的种种信息必须借助其内在的一系列心理机制作用完成。道德学习尤其需要学习主体的体验和践行，活动则是帮助学生进行道德体验和践行的重要方式，在活动中学生就可能从静态的倾听者转向动态的践行者和体验者，这符合道德学习的规律。同时在活动过程本身就有助于学生养成一些良好的道德品质，如分享、合作、承担责任等，这本身也是一种道德学习。

相较以前的教科书，新编教科书首先在形式上作为定论的说明部分内容明显减少，代之的是大量的活动和阅读材料。根据笔者的统计，人教版《思想品德》(初一上) 教科书中一共有78个活动设计。新编教科书中不仅活动的数量大大增加，而且活动的内容和形式上也更为多样化。活动设计大量在课程正文中出现，所起的功能也发生了一定的变化，或者是导入要探讨的课题，或者是通过活动引导学生得出某些结论等。而且新编教科书中的活动形式多样，或者是立足于个体的反思和感悟，或者是就某一个主题进行集体的讨论和交流，或者让学生通过一定的道德践行来提供课堂所需的资料，或者根据某段材料进行深入的分析等。如在《珍爱生命》一课中的一个活动设计如下:②

(先展示两张对比性的关于生命的图片)

---

① [美] 阿伦·C. 奥恩斯坦、琳达·S. 贝阿尔—霍伦斯坦、爱德华·F. 帕荣克:《当代课程问题》，余强主译，浙江教育出版社2004年版，第279页。

② 《思想品德》(初一上册)，第三课《珍爱生命》，人民教育出版社2010年版，第24页。

没有生命的世界会是什么样？看到这两幅图片，我感到——

你曾被某种生命打动过吗？请向同学们展示你课前收集的有关人类、动物、植物、微生物等生命体的实物、图片。

我收集的是——，我对他（它）的简单介绍：——

地球上的生物都具有顽强的生命力，我更喜欢——，因为——

上面这个活动包括了学生的行为、体验、反思等，这样的活动就使学生的道德认知与道德行为有机结合起来，开展活动的过程就是学生进行道德践行的过程。在这个过程中，教科书中的内容大大扩展，学生个体的生活经历和成长体验就成为新的课程资源并充实到课程内容之中，实现着教科书的再创造。从教科书的设计来看，如果不组织这些活动，不让学生真正地参与其中，进行体验，教师就不可能把课程中的一些内容直接“教”给学生。这些活动就为学生道德体验、道德践行提供了机会。

体验于人是一种本然性的存在，只要生活在不断地继续，人们对生活的体验也就不会停止。体验心理学认为，与认知因素相比，情感体验主宰着人的内心活动和精神自由；而体验使人的情感世界日趋丰富，走向成熟。[①] 朱小蔓指出：“体验，是人的存在方式，也是人追求生命意义的方式。”[②] 人的体验是具有选择性的，就如记忆具有一定的选择性一样，在日常的生活中，大量的生活事件被人们所漠视而被有意无意地排除在了自我的体验之外而沉睡在人的心灵深处。这部分经历如果在适当的环境下就有可能被唤醒，唤醒的前提就是必要诱因的出现。在这方面，精神分析学派对人的无意思和潜意识的研究很有启示意义。此外，人的生活体验总是处在一种动态的生成之中，人的生活阅历在一定的时间段里是确定的，但是对生活的体验却伴随着时间可能产生变化，就如刘惊铎所言：“每一个人每一次新的道德体验过程实际上是对他以前的所有生活阅历的整合过程，不断发生道德体验，就会不断地整合自己的

---

① ［苏］瓦西留克：《体验心理学》，黄明等译，中国人民大学出版社 1989 年版，第 14 页。

② 朱小蔓：《情感教育论纲》，南京出版社 1993 年版，第 57—59 页。

生活经历。在整合的过程中，这些生活经历就可能转化为一种难得的精神财富。……在这种反复的道德体验中，实际上形成了道德体验的反复循环与叠加，每一次体验的内容似乎丰富了，这同一个人在不同的体验中形成了不同的人生风貌，道德境界一次一次地提升起来，人也随之成长起来而且，体验者的生活阅历越丰富，所处的环境越开放，信息流越恰当，道德体验的触点就越多。"[①] 从这点看，人的体验具有未完成性，这种未完成性也就为教育提供了契机。

刘惊铎根据体验的存在形式把体验分为“亲验”和“想验”两种。所谓“亲验”是指体验者亲自置身于一定的关系世界和生活情境之中，经历或者受过感动，对自身及其他存在的生存状态及其意义有所体验。无论是亲验还是想验，都倾注了体验者的情感等身心因素，而不仅仅是认知因素或认识活动。[②] 新编教科书中很关注学生的“亲验”，并让这些体验形成新的课程资源。如在初一上册的教科书中，涉及我的活动一共有45例，具体内容涉及“我的情绪”，“我”对新环境的感受，“我”对未来的期望，等等。对这些内容的回答都需要学生调动已有的生活体验才能完成。

如在第五课《自我新期待》一课中有一个涉及学生偶像崇拜的活动。该活动设计如下[③]：

我最喜欢（比较喜欢）的明星人物是——

我喜欢他（她），主要因为他（她）

相貌漂亮（或酷、帅）？衣着前卫？过着被人簇拥、追捧的生活？拥有很多财富？有较高的演技（或歌唱技巧等）？有着自然大方的表现？多才多艺、幽默风趣？忘我的敬业精神？执着追求理想？还有——

你认为其中哪些是适合自己学习，又有哪些方面只适合自己欣赏？

---

① 刘惊铎：《道德体验论》，人民教育出版社2003年版，第209—210页。

② 同上书，第76—77页。

③ 《思想品德》（初一上册），人民教育出版社2003年版，第54—55页。

你是否想过自己对偶像的喜欢是理智有度还是盲目崇拜？

他（她）的一切都值得你模仿和学习吗？

他（她）能带给你哪些积极正面的影响？又可能带给你哪些消极负面的影响？

我的新偶像，要有——的相貌（或风度、谈吐——），——的品德（智慧、才能——）

上面这个活动设计就从学生生活中存在的现实出发，挖掘学生的情感体验，并帮助他们用理性看待这个问题。这样的体验是一种“亲验”，即来自于自己的生活现实，有真情实感的体验。而“想验”则是指体验者通过自己的亲历、感受和观察，在积淀了一定的生活阅历的基础上，借助于别人的表达和自己的想象去领悟表达者的生活阅历、生存状态及其人生意义。① 在以前的德育课堂上，那些试图让学生想验的内容往往与学生亲验的生活隔离得很远，很难让学生产生触动。在新编教科书中，不仅包括学生“亲验”的活动，而且还包括相当部分“想验”的活动。这样的活动可能让学生超越于自身现实的生活世界，接触到更多的类的生活状态，感受到不同的道德境界和可能到达的高度。如这样一类活动：②

在宗教神学统治欧洲的时代，著名的科学家布鲁诺因捍卫哥白尼的日心说，受到宗教势力的残害，最终在大庭广众之下被活活烧死。

你认为布鲁诺为什么不屈服？

你能理解他当时的情感吗？

在正在进行的课程改革中，让学生体验并不难，教科书已经为学生提供了大量的活动帮助其进行体验，如何让学生的生活体验本身不限于感性的层面，将生活层面的感性体验上升到理性认知的高度才是现实课

---

① 刘惊铎：《道德体验论》，人民教育出版社 2003 年版，第 76—77 页。

② 《思想品德》（初一上册），第 7 课《品位生活》，人民教育出版社 2003 年版，第 78 页。

程运作中需要关注的问题。体验具有直接感受性和个体独特性，它可以表达和表述，却无法习得和感受。生活体验具有不可传递性，必须是“我的”。不同的个体有着不同的生活经历，而由于先天和后天环境的交互作用使体验所具有的“个性”更为明显。如何让学生从这些不同的体验中达成某种“视阈融合”，产生“重叠共识”，也是新课程需要面对的挑战。

三 教科书中存在的问题探析

从课程标准到教科书，其间经历了一个把理念具体化为现实文本的过程。这个过程是由教科书的编写人员来完成的。编写成员的组成本身就具有一定的偶然性，这群人对新的理念理解得如何，对课程标准的解读情况怎样就直接影响着教科书最后的呈现状态。在这个过程中，编写者有可能对理念的认识产生偏差而没有在文本中很好体现新的课程理念，也可能因为编者自身的认识和把握而超越课程标准的规限。笔者参与了人民教育出版社初中段的《思想品德》教科书的编写工作，正是这种宝贵的经历使笔者作为一个研究者来审视新编教科书的时候，既有一定的感性体验，又多了一份理性思考。新编教科书是在新的课程标准理念指引下的一种尝试，在此过程中自然会遇到一些新的问题。

(一) 内容的有机整合需要进一步加强

新的德育课非常强调课程的综合性，一改以前分年级确定专门教育内容的传统。以前人们在道德教育领域划分为心理教育、道德教育、法律教育、国情教育，也主要是一种学理上的划分，而不是对人道德生活的真实写照。在道德生活中这几部分内容往往交叉融合在一起，无法割裂。课程标准对综合化的要求具有高度的浓缩性，教科书必须把这种综合化的理念具体化，反映到整个课程的逻辑安排和具体的每一课内容之中。已出版的教科书虽然在这方面作出了一定的努力，但与理想的境界还有一定的差距。具体体现为以下几方面。

1. 整体的逻辑结构上仍然存有学科逻辑的痕迹

表 3－5　　　　新编教科书逻辑安排一览表

出版社	年级	教科书的逻辑安排
人民教育出版社	初一（上）	第一课：珍惜新起点；第二课：把握学习新节奏；第三课：珍爱生命；第四课：欢快的青春节拍；第五课：自我新期待；第六课：做情绪的主人；第七课：品味生活；第八课：学会拒绝；第九课：保护自我
	初一（下）	第一课：珍惜无价的自尊；第二课：扬起自信的风帆；第三课：走向自立人生；第四课：人生当自强；第五课：让挫折丰富我们的人生；第六课：为坚强喝彩；第七课：感受法律的尊严；第八课：法律护我成长
	初二（上）	第一课：爱在屋檐下；第二课：我与父母交朋友；第三课：同侪携手前进；第四课：老师伴我成长；第五课：多元文化地球村；第六课：网络交往新空间；第七课：友好交往礼为先；第八课：竞争合作求双赢；第九课：心有他人天地宽；第十课：诚信做人到永远
	初二（下）	第一课：国家的主人，广泛的权利；第二课：我们应尽的义务；第三课：生命健康权与我同在；第四课：维护我们的人格尊严；第五课：隐私受保护；第六课：终身受益的权利；第七课：拥有财产的权利；第八课：消费者的权益；第九课：我们崇尚公平；第十课：我们维护正义

从表 3－5 可以看出，教科书的内容安排，初中一年级的教学内容仍然以心理教育为主；在初中二年级法律方面的内容仍然占据了重要的地位；初中三年级则较为集中地体现在国情方面的教育内容上，从中仍然可以看到按学科知识进行逻辑安排的痕迹，只是程度上有所减弱。这说明课程改革不是一个突变的过程，而是一个渐变的过程，呈现出一定的连续性。新的课程理念的真正实现需要一个过程，其间受到诸多变量的影响，而不可能是以一种线性的模式来达成。这未尝没有一定的合理性，因为彻

底地推翻和改造是革命而不是改革，改革必然是旧中生新、新中有旧的。当这样的教科书在实践中也会呈现出一定的连续性，而不至于因变革的程度过大而导致实践的断裂。尽管如此，新编教科书整体结构的逻辑整合性还有待加强。

2. 课程具体内容的有机整合需要进一步加强

综合性不仅仅体现在某一册教科书内容的综合化，更体现在具体的每一课的逻辑组织上是否体现了对不同问题的综合性理解。如同班华教授所言："整合，不是机械相加、简单拼凑，而是依据其内在关系，形成一个有机整体。"① 这样的整合才是一种真正意义上的整合。通过对教科书的个案进行分析，笔者发现在这点上教科书距离理想的境界还有一定的距离。具体体现为在教科书内容中就道德谈道德、就法律谈法律的情况还是占据着相当的比重，如何加强内容的有机整合是需要进一步努力的问题。

（二）回归生活的道德教育理念在实践中的难题

不可否认，回归生活作为德育课改革的主导方向本身是一种进步。但是理论自身的先进性并不意味着其在现实的运用中就会畅通无阻，从理念到实践有着若干变量影响其真正的运行，首先就是教科书的编写是否能够把这种理念具体化。

生活本身是一个不带有限定的词语，现实的生活体现出多种多样、纷繁复杂的特点。现象学认为，生活世界的基本结构由四部分组成：空间性、实体性、时间性和相关性。空间性是可感空间，实体性即我们总是以有形的实体存在于这个世界上，时间性是对应于钟表时间或客观时间的主观时间，相关性是指我们在和他人共同的人际空间中与之保存的生存关系。这四个存在概念共同构成了一个错综复杂的人的生存世界。正是这四种存在使生活的意义具有了无限的丰富性，一种存在总是能激活其他存在。② 因此，不同的人有着不同的生活世界，而且对生活有着不同的意义

---

① 班华：《思想品德教师教学用书》前言，人民教育出版社2003年版，第5页。

② ［加］马克斯·范梅南：《生活体验研究——人文科学视野中的教育学》，宋广文译，教育科学出版社2003年版，第135—140页。

理解。在编写教科书的时所要面对的首要问题就是教科书中应以怎样的生活背景作为底色？能够进入教科书中的生活不可能是现实的全部生活状态，因此必须考虑这样一些问题：从生活主体的角度到底以谁的生活为主，从时间的角度应以什么时候的生活为主，从空间的角度应以哪里的生活为主等。具体的问题体现在以下方面。

1. 如何在教科书中恰当地处理不同类型生活空间的分野

生活空间的差异性影响到生活在其中的人对生活意义的认识和把握。在当代中国由于地域和历史原因存在着不同类型的生活空间，如城市与农村、发达区域与欠发达区域等。以城市与农村为例，这显然是两种不同的生活空间，当城乡的学生都学习一本教科书时，如何面对城市和农村两种不同的生活？如果教科书中所展示的生活世界仅仅是一元化的生活，就可能导致对某些人群及其生活状态的漠视。城乡的差别是事实，两个场境中的人所遭遇的生活事件有着很大的不同。对于生活在这两个不同背景中的人而言，所需要解决的道德困惑可能不一样，即使是同一道德主题的体现和解决的方式也可能有所差异。虽然城市化是中国社会的发展历程，也可以说“今日的城市就是明日的农村”，但这毕竟不是短时间能够实现的图景。除了地域的差别之外，还存在其他的类型差异性的生活空间，这从本质上可能就对教科书的编写者提出了更高的要求。

2. 学生的现实生活是否能够成为道德教育自足的起点

课程改革强调学生的生活作为道德教育的起点，这里的“学生生活”指实然的存在状态，这种转向是一种值得称道的变革。问题在于“学生生活”自身是否能够真正成为道德教育自足的起点。当学生生活本身已经出现若干问题时，这种生活如何能够获得先在的合理性，或许这种生活本身就是值得怀疑和反思的。

现实生活世界本来是一个功能统一的世界，个体在其中承担各种角色，体会各种情感，并有机地融合到自己的生命体验之中。人是通过实践的方式去把握生活世界的，当人的实践出现问题生活也就出现问题。哈贝马斯针对现代社会所出现的人们的生活状况尖锐提出了“生活世界的被殖民化”的观点，而现在学生的日常生活则正在被“学习生活所殖民”。学习当然是学生主要的任务，也应该在其生活中占据着重要的地位，但是重要不等于这方面的内容就可以无限制地挤占学生其他的生活空间，减少学生各种角色承担的机会，如学生在家庭生活、社区生活、社会生活中应有的体验和遭遇。长久下去，学生的生活体验容易单一化，会对学生的道德发展产生不良的影响。由此，教科书对生活化的处理就面临这样的两难：如果对学生的生活进行还原，完全以此为基点，就可能造成对这种单向度生活状态和体验的强化，让学生失去了打开更广阔生活视野的机会与可能。如果对其进行改造，这又可能脱离了学生的真实生活境遇而与学生产生距离。或许这个问题本身不是由教科书的编写就能解决的，但也需要引起足够的重视。

3. 教科书应选择怎样的社会生活世界

教科书的编写必然对内容有所选择，纷繁复杂的社会生活样态如何反映到教科书之中是我们在编写教科书时面对的又一难题。作为成长中的青少年，正是形成人生观和价值观的关键期。社会的日益开放使他们每天在生活中遭遇到各种信息，或者来自亲身的经历，或者通过各种媒体感知。教科书中所呈现的世界既不可能是一个完全“光明”的世界，也不可能是一个完全“黑暗”的世界，如何在二者之间保持必要的张力，使得学生对其既熟悉，又不至于产生情感上的排斥，同时起到良好的引导作用，是教科书需要面对的问题。

同时，教科书还要面对如何体现先进性道德的问题。在传统的德育课教科书中德目的保守性体现得比较明显，体现代表时代发展趋势和方向的德目则相对很少。随着社会发展的加剧，社会生活的新现象、新问题层出不穷，相应的就需要发展道德观念。如近年来出现的克隆人问题、基因伦理问题、生态道德问题、科技伦理问题、网络伦理问题，等等。中小学的德育课面对的正是不断走向成人社会的人，现在的新事物待他们成人后很可能成为普遍存在的社会现实，因此从这个角度讲，学校的德育课应该具有一定的前瞻性。问题又在于前沿就可能意味着争议性、矛盾性。教科书所固有的传递功能有可能就把这些内容排斥在外。如何既保持内容的先进性又不失去教科书的准确性是需要进一步探索的问题。

第二节　新一轮课程改革背景下中小学德育课价值取向及展望

2011年，我国开始新一轮的课程改革，中小学德育课的课程标准和教科书都发生了一些新的变化，这种变化建立在2003年课程改革的基础上，其基本理念一脉相承，但也有一些新的变化。此次课程改革由于教科书还处在编写之中，我们只能从课程标准的变化中分析在核心的价值观方面的一些新变化。

一　新课程改革德育课的价值取向

（一）课程的基本理念

从课程的基本理念来看，新的课程改革对中小学德育课的定位都是一门以学生生活为基础的，以学生良好品德形成为核心的综合性课程。从具体的理念来看，此次课程改革的价值取向有以下一些基本的特点。

1. 强调生活取向的教育

在中小学德育课的课程标准中都强调了中小学的德育课是以学生的生活为轴心展开的教育。整个课程安排的明线就是学生的生活，以初中《思想品德》为例，在课程标准中专门提出“本课程正是在学生逐步扩展的生活经验的基础上，与他们一起体会成长的美好、面对成长中的问题，为初中生正确认识自我，处理好与他人、集体、国家和社会的关系，提供必要的帮助”。[①] 而小学的《品德与社会》课程标准中也提出“课程必须贴近他们的生活，反映他们的需要，让他们从自己的世界出发，用自己的眼睛观察社会，用自己的心灵感受社会，用自己的方式探究社会，并以此为基础，提升学生的生活”。这种“生活化”的教育是对2002年课程改革中基本理念的传承，但有了进一步的发展，上轮课程改革中以初中的《思想品德》为例，课程标准中指出“本课程正是在学生逐步扩展的生活经验的基础上，为他们正确认识自我，处理好与他人、与集体、国家和社

① 《思想品德课程标准》（修订稿），2011年版。

会的关系，思想品德获得健康发展，提供必要的帮助”。[①] 对比分析不难发现，虽然同样强调生活化的教育理念，上轮课程改革在生活化的定位上仅仅局限在处理各种关系上，带有实用的色彩。新的课程改革更具有“以学生为本”的特点。整个课程定位在帮助学生体会成长的美好面对的问题，然后才是处理好各种关系。这是从学生本体的角度来思考课程的价值，对于学生而言，课程的学习固然具有实用的功能，但是也应该具有情感熏陶的功能，促使学生去体会感悟成长中的困惑得失。因此从这个角度来看，此次课程改革的生活化教育理念是显示了一种新的课程思维和高度。

2. 淡化“人民教育”，强调“合格公民”培养取向的教育

无论是小学还是初中的德育课，在其课程标准中都旗帜鲜明地提出了培养合格公民的理念。在小学的《品德与社会》的课程目标中提到“品德与社会课程旨在培养学生的良好品德，促进学生的社会性发展，为学生认识社会、参与社会、适应社会，成为具有爱心、责任心、良好行为习惯和个性品质的公民奠定基础”。[②] 而在初中《思想品德》的课程标准中的课程总目标中也提出：“本课程以社会主义核心价值体系为指导，旨在促进初中生正确思想观念和良好道德品质的形成与发展，为使学生成为有理想、有道德、有文化、有纪律的合格公民奠定基础。”[③] 公民教育虽然在历次的德育课课程中都有所提及，但是从课程最上位的目标层次明确提出培养合格的公民却属首次，这本身就是课程理念的一大进步。虽然从梁启超就提出过养成国民意识，以完成近代新型民族国家的经世大任的主张，但是从历史的发展来看，我国的公民教育与西方欧美国家以成熟公民社会与民主制度为基础的公民教育还是有着很大的区别的。我们一直遵循现实主义的逻辑，比如新中国成立后长期存在的人民教育的价值取向。公民教育的基础是现代民族国家的建立。现代民族国家具有两个基本特性：民族国家和民主国家，前者是现代国家的组织形式，以主权为中心；后者是现

① 《思想品德课程标准》（修订稿），2011年版。

② 同上。

③ 《义务教育品德与社会课程标准》（修订稿），2011年版。

代国家的制度体系，以主权在民的合法性为基础。① 作为与现代民族国家相伴而生的公民资格与公民教育，其发展也必然在对外的民族独立与对内的民主化中寻找平衡。如李艳霞指出的："在现实的历史境遇下，个体公民的身份地位能否获得取决于整体的民族能否摆脱被奴役的地位而获得独立，中国公民教育在对外的民族独立与对内的民主构建中则更加注重中华民族与世界其他民族的关系，即公民资格的对外性与排他性的一面，而公民资格中的包容性，即对共同体内部成员权利平等的追求，在一次次关系国家存亡的危局中显得不那么重要了。"② 随着中国国力的日益增强，在国际关系中地位的日益提升，民族国家外部威胁的减小，排他性的公民资格以及以此为思想根基的公民教育理念也在不断演化。这可能也是在德育课领域内从强调"人民教育"转向重视"公民教育"的社会背景层面的原因。

3. 摒弃"知性德育"，强调"践行模式"的价值取向的教育

此次中小学德育课课程改革的课程标准非常明确地提出了践行模式的德育方式的重要性。初中的《思想品德》课程标准中提出"思想品德的形成与发展，离不开学生的生活体验和独立思考，社会要求通过学生的独立思考与实践才能更好地内化。本课程将正确的价值引导蕴含在鲜活的生活主题之中，注重课内课外相结合，鼓励学生在实践中进行积极探究和体验，通过道德践行促进思想品德的健康发展"。③ 小学的《品德与社会》的课程标准在课程性质中专门指出该课程具有实践性，认为"本课程学习是知与行相统一的过程，注重学生在体验、探究和问题解决的过程中，形成良好道德品质，实现社会性发展。课程设计与实施注重联系学生的生活实际，引导学生在实践中发现和提出问题，在亲身参与丰富多样的社会活动中，逐步形成探究意识和创新精神"。④ 在上一轮课程改革中，课程

---

① 徐勇：《回归国家与现代国家的建构》，《东南学术》2006 年第 4 期，第 26 页。

② 李艳霞：《公民资格与我国公民教育的历史逻辑》，《厦门大学学报》（社会科学版）2011 年第 1 期，第 126—133 页。

③ 《思想品德课程标准》（修订稿），2011 年版。

④ 《义务教育品德与社会课程标准》（修订稿），2011 年版。

标准中虽然也提出注重与学生生活经验和社会实践的联系，通过学生自主参与的、丰富多彩的活动，扩展知识技能，完善知识结构，提升生活经验，促进正确思想观念和良好道德品质的形成和发展，但是从其逻辑来看，前后对实践性的强调还是有所差异的。前面是要求教师在进行课程教学的时候注重与学生生活经验和社会实践联系，更多的是彰显教师的教育艺术和活动设计。而此次课程改革中的实践性则是直接要求学生在实践中积极地探究和体验，通过道德践行实现整个思想品德的发展，其实是将践行作为一种基础性的品德学习方式进行强调。这种价值取向可以称为实践取向的品格教育模式，更富有心理学和教育学的倡导价值，这也可以视作对我国传统“知性德育”模式的一种摒弃。高德胜指出：“道德知识是人们生活经验的概括、抽象和总结，虽然是来源于生活之中，却因其经过抽象加工过程而具有一定的抽象性和符号性。以传授道德知识为特征的德育舍本逐末，将道德符号而不是这些符号所代表的道德意义看成教育的目标，在教学过程中远离这些道德知识符号得以产生、运行的历史的、现实的生活，虚构一个虚幻的道德知识世界，热衷于对这些道德符号的记诵和逻辑演绎。在这种德育过程中，学生学到的不是沉甸甸的生活智慧，而是枯萎的道德语言符号和知识气泡。”①

（二）课程内容价值取向分析

由于此次课程改革属于起步阶段，中小学德育课的教科书才出几册，所以还无法对教科书中价值取向的变与不变作深入的分析，在此仅就课程标准中课程内容要求中的价值取向进行分析比较。在新一轮课程改革背景下，中小学德育课内容较之上次也有所调整，但基本思路与上一轮课程改革还是一脉相承的，如都将学习内容分为道德、心理健康、法律和国情四个方面，都采用综合性的方式来编排内容等。内容在上次课程改革的内容上也有一些新的调整，反映出一些新的价值取向。

1. 私德与公德并重，强调道德的底线要求

从新课程改革的课程内容要求来看，是私德与公德并重的。具体体现为对家庭生活和个人社会交往方面道德要求的强调，这些道德关系的基础是亲情和友情。此外，教育内容还涵盖了社会的经济政治文化生活诸多领

---

① 高德胜：《论知性德育与生活的割裂》，《探索与争鸣》2003 年第 4 期。

域，这些道德关系的基础是理解和尊重。这种价值取向是对传统“集体道德”取向的扬弃。

无论是对私德还是对公德的要求，此次的课程改革的内容要求都更关注底线的道德，而非崇高的道德要求。底线道德作为道德的最低层次，有其明显的特征：其一，行为约束性。其二，普遍渗透性。其三，互惠互利性。[①] 在课程标准的内容中，提出“体会生命的价值，知道实现人生意义应该从日常生活的点滴做起”。再比如“知道每个人在人格和法律地位上都是平等的。做到平等待人，不凌弱欺生，不以家境、身体、智能、性别等方面的差异而自傲或自卑，不歧视他人”。这些都属于底线要求。这和以前要求学生具有宏大的理想目标类型的教育有很大的不同。从道德教育的目标来看，高尚固然是一种理想的状态，但底线对于每个人和社会而言，可能是更为重要。换言之，一个人如果不能达到高尚的道德境界，那仅仅是个人修为的问题，但若个体缺失了道德的底线，很可能就会产生恶劣的后果。要求学生从小事做起，从身边的事情做起，这让教育更具有明确的指向性，也更容易引导学生的道德学习。

着眼道德生活的基础领地，重视和强化底线道德，从理论上说存在着充分的合理性。道德具有完善人格的功能，同时具有调节人与人关系的功能。两种功能相互联系、不可分割，但在实践操作上有着位次之分。如前文所分析到的，在很长一段时间里我们的德育课弥漫着英模道德观和精英道德观，试图把这样的高标准普施于众，引导人们攀登理想的道德阶梯。但事实上这样的阶梯只能是一种道德理想，对于学生实际的道德生活缺乏引领性。这种方式可能在特定的阶段能发挥一定的作用，但是从长远来看，反而容易形成一种道德暴力。重视和强化底线道德，并不意味着我们将降低道德标准，放弃对道德完善和道德崇高的追求。事实上，人们道德境界的提升应从履行基本的道德义务开始，底线道德作为所有社会成员力所能及且必须恪守的基础性道德，体现了道德主体对种种不可回避的道德义务的履行。相比之下，高尚的道德是道德主体基于高度道德自觉，超越个人利益的眼界和局限所达到的崇高境界。底线道德虽然平凡，但它具有

---

① 陈桂蓉：《着眼道德生活的基础领地——略论底线道德》，《福建论坛》（文史哲版）2000 年第 5 期。

逻辑的优先性，离开了底线道德，高尚的道德便无从谈起。

2. 关注网络信息化时代信息道德的培养

在此次课程改革中，对于信息社会来临学生应该具备的信息道德专门作出了规定，在课程标准中专门指出："合理利用互联网等媒介，感受社会生活的发展变化，增进关心社会的兴趣和情感，养成亲社会行为态度。"① 在活动实施部分建议以小组为单位，开展"网络的利与弊"课堂辩论会，形成对网络的正确认识。这是对信息时代来临的及时反应，也反映出伴随着社会生活的变化，我们的道德教育的内容也会随之发生相应的变化。从某种程度上说，教育不仅是跟随社会生活的发展，更应该有一定的提前量，预测到社会发展带来的新问题。

人类的信息行为对社会产生了巨大的影响，一方面人们的信息活动为社会创造了巨大的价值，另一方面也带来了诸如计算机犯罪、危害信息安全、侵犯知识产权、计算机病毒、信息垃圾、信息污染、网络黑客、网络迷信等一系列更棘手的问题。这些问题反映了在信息活动中违法行为和道德失范现象严重的现实。中共中央颁布的《公民道德建设实施纲要》指出，要"引导网络机构和广大网民增强网络道德意识，共同建设网络文明"。团中央、教育部、文化部等部门日前联合发布《全国青少年网络文明公约》并在全国开展宣传公约的活动。这些都说明，开展信息道德规范的建立与普及教育工作是信息时代的要求，对于净化信息环境、规范信息行为具有非常重要与深远的意义。16 岁以下的中小学生正在学习信息技术，两亿多中小学生将成为未来应用信息技术的最大群体。我们还应该认识到，中小学生正处于人生观、价值观、道德观形成阶段，好奇心、逆反心理又很强，最容易出现信息行为道德失范的问题，而且中小学阶段也是道德培养最容易取得效果的时期。所以必须尽早开展中小学信息道德教育，并将其看作是社会信息道德建设中最重要的工作来进行。我国在中小学开展信息技术教育，应将信息道德素质作为信息技术素质中最基本的素质加以重点关注。当然需要指出的是，虽然新课程改革指出了需要关注信息道德，但其深度还是不够的。现在的青少年是未来信息社会信息的制造者、信息使用者和服务者。作为教育不仅仅是涉及如何让他们成为一个信

① 《思想品德课程标准》,（修订稿），2011 年版。

息享用者，更关注他们信息的辨别能力，除此之外，还应该从多个角度对他们进行引导，比如让他们知道不善用网络可能给自己、给社会带来的后果。

第三节　新课程改革背景下中小学德育课的新挑战

新课程改革是一个系统工程，它的成功更需要多方面因素的共同作用。在教课程标准和教科书出台后，教科书在现实教育实践中运作得如何就成为需要进一步关注的问题。在此之前，课程的理念还仅仅是设想，而未接受现实的考验。新的课程标准、新编教科书对影响课程运行的种种因素提出了新的挑战。

一　对教师的新要求

有论者用“课程的实践命运”来描述教科书在现实中的运作过程。即关注法定知识的课程内容到底能在多大程度上进入课堂教学的实际过程并被学生内化为其文化结构的有机成分。[①] 在课程运行的过程中，教师自身的素质总是有意无意地对课程内容进行着某种重构。如吴康宁所言：“‘法定课程’内容能否进入且在多大程度上进入课堂，取决于教师的课程重构。笔者将教师重构后的课程称为‘师定课程’。只有师定课程才是课堂中实际运作的课程。”[②] 郭华认为，教师的作用是在教材与学生之间搭起通畅的桥梁。即教师的作用在于活化教材内容，揭示静态内容所无法显示的更深刻的内涵和精神，同时为学生的认识铺设认识的高速公路，使学生个体的认识更为顺利。[③] 即使教科书编制得非常完美，但若在教师教学这一环节出了问题，这样的完美也终究只是纸上的完美。反之，即使教科书本身乏善可陈，教师的高素质却可以在课堂教学过程中弥补这一缺憾。

教师的课程实施是一个教师与课程设计者、教师与课程文本、教师与

---

① 吴康宁：《教育社会学》，人民教育出版社 2003 年版，第 329 页。

② 同上书，第 331—332 页。

③ 郭华：《教学社会性之研究》，教育科学出版社 2002 年版，第 241 页。

学生以及师生与课程实践情境之间的持续对话过程。在这个过程中，通过这些因素不断地相互作用从而生成意义。因此，教师无疑是课程改革理念能否转化为现实的关键因素之一。

（一）德育课教师的传统课程角色

仅仅从静态的视角对教师提出各种素质要求是不够的，教师的教学观念和教学行为模式都是在历史中生成的，有着一定的必然性。同时这些观念和行为模式必然是一种连续的存在，即使有改革变量的介入，它也会沿着一定的惯性运动。要进行课程改革，认识教师的传统课程角色是必要的一环。这里的课程角色即指教师在整个课程的研制直至运作过程中所占据的位置，在不同的环节上他们所发挥的作用。

1. 教师：课程编制中的“缺场者”

长期以来我国课程管理制度都是从上至下的模式。每一次课程改革从最上位的课程理念的制定到教科书的编写、教科书的审定直到教科书的选用，主要由学科专家、课程专家、行政官员这几部分人完成。课程改革模式有这样几种：一是研制推广型（中心—外围型）；二是社会同意型（外围—外围型）；三是解决问题型（外围—中心型）。中国的课程改革则一直是研制推广型，具体的做法就是：（1）由专家组成课程设计小组，提出设计的计划和完成期限，取得经费；（2）把课程设计方案拿到学校、班级中去实验，取得反馈信息，进行修订；（3）进行教材建设，编写教科书和教学资料，制作教学仪器，并且发行和传播。[①] 美国学者本尼斯在进行了大量的调查之后则认为，可以把各种变革归入以下三类。（1）有计划的变革。在这种变革中，参与变革过程的人以一种事先规定的方式，各自拥有相应的权利，发挥相应的职能。人们可以清楚地认识并遵循特定的程序。（2）强制性的变革。这类变革的特征是，目标由一小类人决定的，权力主要都集中在少数人手里，其他人都是服从和执行，基本上没有参与决策的可能性。（3）互动性变革。这种变革以各部分人共同决定目标并拥有相同的权力为特征。但由于缺少共同的审议，他们往往不知道如何遵循实施计划。而且由于没有形成有效的程序或步骤，人们或多或少有

---

① 王策三:《教学论稿》，人民教育出版社 2001 年版，第 230—231 页。

些自行其是。[①] 从我国的课程改革模式来看，应属于强制性和有计划变革的综合体。

概言之，我国的课程改革模式如杨明全所总结的：是由课程专家和学科专家开发，通过一种程式化的开发过程开发出课程产品，然后由教师根据详尽的课程指南将课程产品推向学生，实现课程目标。这是一种“防教师”的课程（teacher-proof curriculum）。[②] 这种课程具有极强的预设性和控制性。课程设计者已经预先设定了课程目标、课程要达到的效果以及给学生带来的变化；同时为教师指定详细的课程实施指南，希望教师只要按照指南所提供的步骤进行下去。[③] 这种防教师课程把教师的角色就定位为课程的“执行者”。教师在课程改革中参与的量上和质上都较为缺失。严格地说，只有课堂教学这块天地是教师的，因此说他们是课程编制的“缺场者”并不为过。教师的权利和权威集中体现在课堂教学这个层面，而在课程的其他环节几乎没有任何权利，他们处在课程权利结构的底层。

2. 教师在课程编制中的缺场就可能带来的后果

首先，这使教师对课程改革缺乏意义感。课程改革对教师而言是“要我改”，具体化为改革所倡导的各种教育教学理念的意义与价值大都是外在赋予教师的，而不是从教师自身所生发出来。人本主义教育学家罗杰斯提倡让学生进行有意义的学习，指出意义学习不是指导那种仅仅涉及事实累积的学习，而是指一种使个体的行为、态度、个性以及在未来选择行动方针时发生重大变化的学习。并提出当学生负责任地参与学习过程时，即当学生自己选择学习方向、参与发现自己的学习资源、阐述自己的问题、决定自己的行动路线、自己承担选择的后果时，就能在最大程度上从事意义学习。[④] 其实对教师而言，同样存在有意义教学和无意义教学的

---

① 施良方：《课程理论——课程的基础、原理与问题》，教育科学出版社 2003 年版，第 134 页。

② 杨明全：《革新的课程实践者——教师参与课程变革研究》，上海科技教育出版社 2003 年版，第 54 页。

③ 同上书，第 69 页。

④ 施良方：《学习论——学习心理学的理论与原理》，人民教育出版社 1994 年版，第 403—410 页。

问题。当教师只是课程改革理念的被动接受者和路线执行者时，对改革的各种理念自然缺乏足够的理解，可能就很难产生有意义的教学行为，相应地也就缺乏了一种责任感。这就涉及教师改革的意愿问题。对课程改革意义感的缺乏使得外部对教师提出的种种理念往往因为其是一种静态性的要求而很难真正被教师接受和内化。

其次，容易让教师产生教学惰性，教学能力不能得到有效提升。如果说其他的很多学科因其学科知识的严密性需要学科专家和课程专家制定出严密的学科结构帮助教师进行教学，德育课却因其与社会现实生活的紧密联系使学科专家或课程专家无法给出完整的学科结构。教师自身对很多问题就有着一些相当深刻的思考和感悟，但长期以来教科书多是一些完整的道德知识体系，这种高度结构性的道德知识无形中剥夺了教师对很多问题进行深入思考和建构的自由，留给教师创造的空间很小。这种课程也往往以知识的记忆和理解作为考试的主要内容。当教师面对这样的教科书和考试制度时，就极易形成以知识讲授为主要特色的教学模式。伴随着这种自由权的丧失，教师的思维惰性得以产生，自身的思维能力开始下降。长期使用这样的教科书，教师不仅课堂教学能力不能得到有效提升，而且自身的理论素养也不会得到有效的锻炼，容易形成刻板、僵化的思维方式，导致自身的道德思维能力退化。当把这种思维权利还给教师的时候，种种误读就难免产生。当教科书内容出现留白，试图让教师引导学生进行自主建构时，很多教师就感到不适应。如在问卷调查中针对“你认为现在的德育课教材中的最大问题是什么?”（2010 年人教版教科书）一题，相当一部分使用新编教科书的教师给出了以下的答案：

“缺少观点性、理论性的话语。”

“内容没有逻辑性，时有重复。”

“内容散，不紧凑，只追求形式，不注重内容。”

“没有系统、明确的知识点。”

“理论知识不够系统，知识点分散。”

“过于活动化，必要时知识是基础。”

“花样太多，实质性的内容少。”

“书本内容浅，涉及面广。”

“知识内容不是太明确，学生对课本理论知识的把握比较困难。”

“文字内容太少了，教师发挥的空间较大，把握的度不一样。”

“体系不够明朗，比较乱。”

“教材无系统性可言，零散，很难进行知识归纳，总体认知。”

“知识点不明确，体系感不强。”

“为什么这套教材的宋体字这样少，该教什么给学生？”①

这些回答虽然表述不同，但思想是一致的，就是认为新编教科书知识性弱了，不好教了。诚然，这其中可能有教科书编写本身的一些问题，但是根本原因则在于新编教科书打破了原有的以学科知识体系编写的思路，使教师所习惯的那种阐释教科书的教学方式不再有效，一旦需要学生和教师自己成为课程的建构者的时候就显得力不从心。另一方面，说明教师还是更多地关注“我要教什么”，而不是“学生要学什么”。

这种教学惰性在课程改革进行的过程中就体现为一种“教学惯性”，用原有的教学观念支配新的教学行为，即对新编教科书中的一些不符合旧的课程教学模式的内容有意无意地忽略或者用旧的方法进行处理。以新编教科书中出现的活动内容为例，在实践中就出现了“活动读本化”倾向。教师不组织活动，仅仅是让学生阅读这些活动，然后重点讲述教科书中的正文内容。对教科书中的一些问题或者是留白的内容，教师提出这样的问题：“为什么这些问题后面没有标准的答案？这样教给学生什么啊？”这些问题都是教师以旧的教学模式处理新编教科书内容的过程中所产生的教学惯性行为。

当然这并不意味着在实际的教学中教师不会有自己的思考和创造性的教学行为，不会对教科书中的内容进行自己的解读和改造，因为人毕竟是具有能动性的行为主体。在实践中，一些教师也发现了这种教学模式的问题并进行了一些改革的尝试，正是这些尝试汇集起来构成了实践层面无声的课程改革。对这部分教师而言，无论国家是否进行课程改革，他们都在寻找着改革的方向，但这部分教师所占据的数量是非常少的。因为没有教

---

①　德育课教科书中一般分为楷体字和宋体字部分，楷体字为事例或活动设计，宋体字为阐述的内容。

科书文本的支撑，没有制度性的保障，教师要付出相当多的努力才可能达到理想的效果。笔者曾经访谈过一位很擅长提问的中学教师（简称 T）（访谈时间：2006 年 11 月 5 日）：

问：你为什么特别重视教材中一些材料的提问？

T：这可能与我接受过心理咨询的培训有关。在心理咨询中就特别重视来访者的提问，这样一步一步地逼近来访者的“核心问题”。

问：那你怎么处理教材中原有的问题呢？

T：我几乎就不用教材上的问题，那太简单，因为答案在书上有着呢。一个材料怎么挖掘非常重要。

问：从这个角度看，这个教材给你提供了很大创造空间啦？

T：得了，你知道这个工作量有多大吗，很累人的。我还是宁愿教材能设计一些好的问题，不要让我们这么费劲。①

正如克里夫·贝克所指出的：个别教师想要影响学校的运作方式，或者个别学校想要影响学校教育体系的运作方式，这都是很困难的。同样，个别教师或学校想要改变自己的教育方法，如果没有整个体系的支持，那能够改变的程度也是有限的。② 教师的个体性的努力往往也就停留在个体教学水平的提升上，而对于整体的课程改革所起的作用非常有限，也就不可能成为一种占据主流的教学模式。

再次，课程改革缺乏建设性的信息流动机制。从上面的论述中我们可以看出这种自上而下的课改模式使信息的流动最后才到达教师那里，其间信息的损耗和变形是必然的，并没有从下到上的一种信息反馈通道。作为始终工作在第一线的教师，长年的教学实践决定了他们对现实的教学状况最为了解，这种敏感性却是学科专家和课程专家所欠缺的。没有了从下至上的信息回流，编制出的课程本身的可行性也值得怀疑。事实上教师有着自身的课程思维，在参与此次新编教科书编写的过程中，笔者深切地感受

---

① 在进行此次访谈时，南京使用的是人教版 2003 年版的教科书。

② ［加］克里夫·贝克：《优化学校教育——一种价值的观点》，戚万学、赵文静等译，李自修审校，华东师范大学出版社 2003 年版，第 10 页。

到了这一点。因为始终站在实践的第一线，教师评判课程的标准也就是实践性的。具体的如学生能不能接受，是否超越了教师的知识背景结构、教师能不能有效地组织这些材料，课程内容的含量是否合适，等等。下面是笔者参与新一轮教科书编写过程中发生在编写组中一位中学教师和大学教师之间的一段对话（为了叙述的方便，下文中把中学教师简称为甲，大学教师称为乙）：

甲：我想提一下，我们现在初三的内容是不是太多了，到时候可能上不完呢？

乙：很多吗？

甲：是的，我数了一下，现在一共有32个框，而我们一般要用两个课时完成一个框。我们一周也就两个课时。有些框的内容可能用两节课还上不完呢。

乙：怎么会上不完？

甲：你看，现在我们的课也很强调活动，学生讨论活动，教师总结加起来就要花掉十几二十分钟。

乙：那时间是够的啊，这册书要上一年的啊。

甲：可是你不可能把所有的时间都用来上课，一般下学期一个月左右就要结束新课准备考试。

乙：你们上课的时候有的内容就少讲或者可以不讲，在大学里课本上好多内容都不讲的。

甲：我们是中学，情况不一样，课程都有着较为明确的计划，哪些内容该讲、哪些内容不该讲都有规定。你不讲考试涉及怎么办呢？如果课程的内容太多，教师是无法按照书本的要求上课的，那些教材中的活动就极有可能被省略掉。

可见，课程的计划性和目的性决定了在编写教科书时必须要进行周密的考虑，否则就会失去可操作性。教师参与教科书研制的意义也就在于他们会近乎本能性地考虑到课程的实践性问题，能够敏锐察觉课程在实施过程中可能会遇到的种种问题。“教师的课程立场”与“学者的课程立场”是有差异的。由此，教师应该成为课程编制的一支重要的力量。

（二）教师面临的挑战

新编教科书中大量的活动设计和部分内容的“留白”使教师不再可能仅仅限于课程中知识性的内容，而必须成为课程资源的提供者和创造者。如果说以前的德育课教师还可以仅仅通过讲授完成教学任务，现在却不可能了。因为活动是无法教的，体验也是无法教的。现在的教科书如果还只是“教”，就大大地缩减了教学内容。因此新课程要求教师改变自身的教育教学观念和教学行为以适应新的课程改革。概括起来，新课程改革给德育教师提出了这样一些新挑战。

1. 教师：能否对学生进行道德引领

在新课程改革背景下，教师要成为一个与学生进行道德对话的人而非一个道德专家和权威。这里的平等仅是指一种人格的平等，并不意味着教师失去了对学生进行道德引领的责任。帮助学生进行自主道德建构是必要的，而把握学生道德上的“最近发展区”进行提升同样重要。如何挖掘已有教学材料、提出可以真正刺激学生思考的问题，并针对学生的回答给予有效的回应，是教师必须面对的问题。尤其是新编教科书所具有的生成性、内容的留白使文本中预成性内容减少，在课堂中必须经过教师与学生的共同活动生成新的教学内容。这种转变更要求教师具备对学生进行道德引领的能力。

因此，教师不仅要吃透教科书，还要通过创造性的劳动超越教科书。教师不是在教教科书，而是在用教科书教。教师自身就应对教科书所提供的问题进行深入思考，同时需要在课堂中根据学生的反应进行提升，这些都需要教师一定的人生阅历和思考。小园国方就指出：“比起模式，范畴、教材来，更要求具有开发、创造和发现的能力。在这个问题上，我们提倡道德教学哲学化。……教师对任何学科都非常重要，特别是对道德教学更是如此。深刻的人才能进行深刻的教育，这完全是相互深化和自我深化。”① 再好的教科书都不可能替代教师的教学组织，也不可能取代教师所具有的教育功能。如班华指出：“教材是人类文化、智慧的载体，是教与学的文本，是教与学的主要依据。因此教学需充分使用教材，发挥教材

---

① ［日］小园国方：《小园国方教育论著选》（下卷），刘剑乔、由其民、吴光威译，吴光威、由其民校，人民教育出版社1993年版，第176—177页。

的功能，但又不是简单的重复教材，而是要发挥教师自己的创造性，超越教材。这就是活用教材。”① 教师对教科书改造的质量直接影响到课程的质量，同样的材料在不同的教师手中就会挖掘出不同意蕴和价值。如苏霍姆林斯基所言：“同样的知识内容，在一个教师手里能起到教育作用，而在另一个教师手里却起不到教育作用。知识的教育作用在很大程度上取决于它跟教师个人的精神世界（他的信念、他的道德生活和智力生活、他对自己教育对象即年轻一代的未来的看法）融合的密切程度。”② 因此，教师首先应该是一个具有高度道德理智感且善于思索的人，只有他们自身对某些问题有深刻的认识之后，才知道如何去引领学生。

在现实的教学中，教师所用的教科书因为要面对广泛的读者，就可能具有一定的抽象性需要在教学中具体化；或者是因为编写者自身的认识局限，教科书对某些论题只是提供了一些可供探讨的方向，其深度和广度都需要再创造。这些工作就需要教师来完成，这是一种“加法”的功夫。下面是一堂课的片段：

在教科书中有一段材料（四个大学生拒绝为某日资的游戏软件公司制作涉及反华内容的游戏软件。在教科书上的提问是：这四个青年为什么要这么做?）

该教师在课堂上针对这段材料的教学组织如下：

教师：这几个中国青年面临怎样的压力?

学生：他们接受了这个工作。

教师：他们接受了工作本身没有太大的压力，这个软件的内容是什么?

学生：软件内容是反华的。他们要做他们自己不愿意做的事情。

教师：看来要求他们做的软件的内容和日本要修改教科书的性质是一样的，他们面临的巨大压力是软件内容是有损国家利益的。他们面临做和不做的选择。他们作出了怎样的选择?

① 班华：《思想品德教师教学用书》前言，人民教育出版社2003年版。

② ［苏］苏霍姆林斯基：《苏霍姆林斯基选集》（第四卷），教育科学出版社2001年版，第812—813页。

学生：他们拒绝参加这个工作。

教师：他们为什么要这么做？难道工作不重要吗？

学生：因为他们如果那样做就损害了国家的利益。

教师：你马上就上升到国家的高度，具体一点，好吗？

教师：假如他们按照公司的意图完成了，结果会怎样呢？

学生：破坏了国家的利益。

教师：你简单地回答了，实在是没经过仔细思考。我再重复一下：如果他们做了后果是怎样的？

学生甲：公司赚钱，个人赚钱啊。

学生乙：出来后，肯定会受到舆论的谴责，公司的名声也会坏掉。

学生丁：如果他们做了，良心会受到谴责。

教师：对，他们这样做可能在短期内能够得到短期的利益，但是长远他们还是会受影响哦。不仅要考虑到他们的行为是不道德的，受到社会的谴责，良心不安。同时也会被法律的制裁，因为出版音像制品如果违反了国家的利益和相关规定，他们的行为就违反了法律的规定，因此在考虑衡量问题的时候同时要考虑到法律的因素。那么，他们用了什么样的方式来解决问题呢？

学生：请假。

教师：这种方法好吗？

学生：不好，他们应该一开始就表明自己的立场。

教师：那么你认为该怎么办？你认为一开始就应该拍案而起，辞职。而请假不太能明确表达自己的态度。

学生甲：这里面不仅有国家的利益问题，还有个人利益的维护的问题。自己的生存也很重要啊，你不能说我不吃饭了为了国家的尊严。

教师：他非常懂得能够在矛盾中找平衡，那么怎么来解决这种矛盾呢？看来请假仅仅只是使问题得到缓解，没有根本解决问题。那有没有更好的办法？材料中没有告诉我们最终结果，只是说他们得到社会的广泛支持，但是社会的广泛支持可能不会阻止公司辞退他们啊，是不是啊？

学生：法院出面解决。

教师：哦，法院自动就跳出来了（学生笑）。

学生：联合公司的其他成员，一起抗议。团结就是力量。

教师：哦，很好。搞一场声势浩大的全民运动（学生笑）。他有一句话：团结就是力量。很好！可是这样公司就会瘫痪啊？

学生：我觉得他们应该寻求舆论的帮助，得到公司之外的人支持。这样其他的公司看到他们的行为也会愿意为他们提供新的岗位的。

学生：我觉得他的办法也不是很好，如果他们不干了公司也会找其他的人来做这个软件。其他的公司也会想如果他们能拆原来公司的台到我这里也能够拆我的台啊。

教师：国家是否应该为他们提供一定的支持，不让道德高尚的人利益受到损害呢？国家提供就业岗位，应该让这些英雄不受到进一步的损失，提供法律支持，社会也提供一定的舆论支持。遇到国家利益和自身利益产生矛盾的时候，我们不妨问问自己：要不要坚持原则？再想一想怎样坚持原则，在坚持原则的同时又能保护自己的利益。

暂且不论这位教师对这个问题思考是否全面和深刻，她的可贵在于针对教科书中短短的一段材料提出了若干问题引发学生深入思考，并在学生回答的基础上继续追问，极大地挖掘了材料的教育意味，使之远远超越了教科书所涵盖的思想。从中我们既能看到学生对问题的看法，更能看出教师本身对这段材料思考的深度，否则她不可能一步一步针对学生的回答进行追问。但在现实的教育教学中，根据笔者的观察，很多教师并没有做“加法”，而是在做“减法”。教师对课程中的问题本身就缺乏足够的认识，甚至在课堂中自己对课程信息的某些误读传达给学生的情况也比比皆是。

下面是一位教师的课，课程的主题是《热爱祖国》。

教师：有的人能为了国家不顾个人的安危，但不是每个人都能做到，为什么呢？

学生：是个性。

教师：是个性吗？看黑板，是认知！（黑板上写着爱国认知—爱国情感—爱国行动）

教师：为什么要爱国？祖国有没有值得我们自豪、值得我们爱的地方？

学生：有。(异口同声)

教师：爱不爱国对个人荣辱会不会产生影响?

学生：不会的声音高过了会的声音。(教师并未追问下去)

学生：日本人很爱国啊?

教师：他们是狭隘的爱国。

从上面的课堂片段，我们不难发现，这个教师本身观念中存在的一些问题。首先，在引导学生为什么要爱国的原因探讨时，教师所提出的问题本身就是一种“条件论”，其潜含的命题就是祖国如果有值得我们爱的就爱，没有就不爱。因为“值得”一词是面对某种事物时关涉主体自身价值需要的一种判断。这位教师问的第二个问题也是存在逻辑问题的：爱不爱国会不会对我们自身的荣辱产生影响，其逻辑就是因为对我们的个人荣辱会产生影响所以要爱国，那如果没有影响的时候就不爱了吗？前者岂不是成了后者的手段？而教师在回答学生关于日本人的爱国问题时，也是一种简单的价值判断。教师对学生的课堂反映也并未进行进一步的追问，如当他问：“爱不爱国与个人的荣辱会不会产生影响?”学生回答“不会的声音高过了会的声音”，教师就忽略了去讨论这个答案背后的深层次原因。

在笔者听课的过程中，经常会发现隐藏在教师观念中的一些问题，在课堂教学的过程中这些问题被放大而教师自己却浑然不知。我们习惯性地把以前的德育称为知性德育，未免把“知性”一词看得太简单，这从现在课堂上教师“知性”的欠缺就可以看出。同时，我们从上面这幕课堂情景中可以发现，虽然这位教师和学生在进行着问题讨论，教师也赋予了学生发言的权利和自由，但最终还是把学生的观点抛弃而集中到自己已有的观点上。在课堂中尤其应当注意这样一种被扭曲的对话。在这种课堂中，虽然教师也在和学生进行对话，但其实质是一种更为巧妙的灌输而已。如加里夫·贝克尖锐指出的：所谓的“发现学习”通常是一种欺诈式的学校教育形式的伪装，在这种教育方法中，教师认为他们已经知道了答案是什么，但是却让学生在最佳心理状态下“自己发现答案”。或许这种方法应该叫作“定时解放学习”而不是“发现学习”。[①] 根据笔者的了解，大量的教师对新编教科书的意见之一就是认为教科书太浅，能够教给学生的实质性内容太少。究其原因，新编教科书部分内容的生成性使教师不能再完全按照教科书来按部就班地进行课堂教学了。当教师对一些问题没有在理论上思考清楚，再活泼的课堂组织形式也都没有灵魂，教科书的教育意蕴也就大大减低。

2. 教师：能否成功转型为德育工作者

历次的课程标准中都明确规定中小学的德育课是对学生进行道德教育的，但由于其以分科教学的方式出现，德育课教师的主要角色是学科教师而非德育教师。事实上学校的德育工作主要由班主任和政教处的教师来完成，这可以从以下几个方面分析得知。首先，就二者的目标指向来看，德育课最终还是通过一定的考试来进行评价，学生的考试成绩也成为评价教师教学成效的重要指标，教师并不对所教学生的道德行为问题负有专门的责任。如学生出了什么行为问题，校长找的肯定是班主任而不是德育课教师。其次，从学校管理制度来看，德育课教师是属于科任教师队伍而不是德育工作者队伍。最后，从德育课的内容来看，长期以来课程中主要是政治思想方面的知识，而真正关涉学生道德品质成长方面的内容并不多。这些就决定了德育课教师的主要角色定位是学科教师而不是德育工作者。最近两次的课程改革中德育课都大大增加了道德教育方面的内容，德育课的育德性功能更为突出，这就要求教师从学科教师向德育工作者转型，成为真正帮助学生道德成长的人。这种转型意味着教师要在课程中减弱知识教化的成分，而多一些道德教育的意涵。下面是一位中学的教研员在一次讨论沙龙中的谈话：[②]

就政治课程而言论，评价体系学科化的倾向很明显。德育课困难

---

① ［加］克里夫·贝克：《优化学校教育——一种价值的观点》，戚万学、赵文静等译，华东师范大学出版社2003年版，第35页。

② 沙龙时间：2007年4月28日。

重重，让人忧心忡忡。

在我做政治课教师的时候，我的想法很单纯。不能落后，教的学生成绩要好。另外学生要记得我，我要给学生留下些什么。具体体现就是上课的时候学生要快乐，抓很多的教育契机，在考试上不能失败。

后来到了政教处，主要就忙于行政性的事务，上面指令的落实，学校的管理要正常，优差的奖赏（不出事，要评价就是越细越好，这样就越不容易出事）。上面怎么要求我就怎么做，我只是一个组织者而不是一个创造者。

在我做教研员的时候，就要研究考试，研究命题人的出题思想。因为首要的任务就是“中考”，我要使我所在的区成绩高一些。

而现在我则思考怎样通过考试评价制度的变化引领实践的变化（由关注知识性的目标转而重视情感、态度和价值观的目标）。既然考试是指挥棒，那就用好这根指挥棒，用中考试卷为下一年的教学指明方向，用评价去引领教师。

在一次教研活动中，一位德育课教师提出这样的疑问:①

我就不理解了，为什么在我们的教材中出现青春期学生身体发育方面的内容，这些内容拿给生理卫生课上好了，让我们上是不是太多余了？

而在另外一次教研活动中，一位教师就考试的问题提出:②

政治学科的特点到底是什么啊，中考试卷中出现让孩子写环保倡议书，难道我们教政治还要教学生写应用文吗？与语文课有什么差别？

---

① 教研活动时间：2008 年 11 月 18 日。

② 教研活动时间：2009 年 4 月 15 日。

从上面的谈话中我们可以看出很多德育课教师的实践思维逻辑。从应然的角度，学校中所有的教师都应该既教书又育人，都是德育教师。但在现实中德育更多变成某些专职人员的工作，“教书”的不“育人”、“育人”的不“教书”的现象普遍存在，德育并没有成为教师的共同责任。伴随着德育课道德品质方面内容的增加，德育课教师从单纯的学科教师转型为真正的德育教师就比其他任何学科的教师来得迫切。如果对自身的这种角色没有正确的定位，教师仍然只会把自己仅仅当作一个教授学科知识的教师，而不是对学生进行道德教育的“育人者”。笔者听课的过程中经常发现这门课程应有的道德教育的意涵没有得到充分的挖掘。如笔者曾经听过这样一堂课，是一堂小组汇报课。每个学习小组上台展示所收集的关于以“爱国”为主题的各种材料。其间发生了这样几件小事：

①一个小组的同学上台汇报的是戴望舒的一首诗《我用残损的手掌》，学生读完后就下台去。

教师的评论：看来你们对这首诗还不太熟悉，有的字的发音也不准确，下次要熟悉一些哦。

②一个小组上台后所汇报的内容没有用多媒体呈现，只是临时读了一些材料。这个小组的组长在作总结的时候说：本来我们小组是准备好了的，但是不知道怎么回事，要上课的时候才发现磁盘打不开了，所以只有临时准备了材料，但我们是很认真的。我们相信爱国不在于贡献的多少，而在于我们是否有一颗真挚的心。

教师的评论：下次准备要充分一点。

③一个学生读了一篇题为《爱国与小事》的文章，文章主题是：爱国不一定就是要为国牺牲或是贡献多少的财富。即使是平常的小事，如少打麻将、帮助陌生人、遵守公共规则等都是爱国的表现，因为你所做的这些小事都是在让祖国越来越好。

教师的评论：学生选择的文章不错（至于为什么不错，这篇文章还有什么值得深入思考的地方，教师没有作进一步的挖掘）。

这堂课仅仅成了学生的“表演”课，教师更多关注的是学生技巧的表现，而把学生传达出来的很多思想信息忽略了。如在第一个环节中教师并未去追问学生选择这首诗歌的原因，去让学生讨论听完这首诗的具体感受。而对第二个环节教师忽略了学生所说的最后一句很有思想深意的话，没有及时给予提升。在第三个环节中，学生的选材很富新意，教师若要进一步挖掘可以发现很多内容，但教师并未意识到这个问题。在课堂上笔者经常会为学生的精彩表现而喝彩，也为教师错失了种种道德教育契机而感到遗憾。下面是一堂公开课的片段：

教师：同学们，现在请大家拿出一张纸和一支笔，然后安静下来不要讲话。还要竖起耳朵听一段声音，这些声音里面有很多动物。请大家听一下这里面有多少种动物的声音。(放磁带) 听出来了吗?

学生：14 种，13 种……

教师：是 15 种。(学生笑了)

教师：那么在这中间有没有你最喜欢的声音?

学生：有啊，我最喜欢小鸟的声音。

教师：那么在我们的身边是不是光有这 15 种声音。

学生：不是。(齐声说)

教师：如果这些声音都没有了，没有任何声音了，同学们生活在这一块土地上 (放幻灯)，你们会有怎样的感觉呢?

学生甲：我觉得恐惧和孤独，没有继续生活下去的勇气。

学生乙：我觉得这就失去了人生中最大的快乐。

教师：如果现在给你们一次机会，你们有机会自己可以选择，你会选择哪些生命在这块土地上与你一起生活啊?

学生：喜欢小鸟，因为小鸟的声音给人带来很多的快乐。

教师：那么现在我们就来谈谈世界为什么因为生命而精彩。我也收集了一些图片，大家看一看。这是你们还没有出生的时候在妈妈肚子里的情况，你们有什么感受?

学生：渴望　神奇 ……

(小狗的图片)

学生：可爱　调皮 ……

(攀岩的图片)

学生：顽强　进取　生命的顽强 不屈向上 ……

（鸟窝里的幼鸟的图片）

学生：脆弱　温馨和美好　希望 ……

教师：我希望有更多的新面孔出现，大家发言。大家看到不同的生命都有不同的理解，那让我们看一下大家搜集的图片。

第一个小组的代表：

大家看到这是一幅关于生命的图片，反映了生物链。大家都知道自然界的食物链吧，生命之间是环环相扣、不可分离的。你们看这是两朵鲜艳的花，后面是绿叶，但这些花的茎已经被虫子咬了洞，而上面停着的自然就是吃这些害虫的昆虫了。因此生命之间是相互联系的。

教师：很好，下一个小组。

第二个小组的代表：

我们准备的两幅图片我们都取名为《渴望》，这是一个在阿富汗战争中的孤儿，她的手里拿着一把枪，这把枪和她的年龄多么不相称啊！但是战争给了她这一把枪，这把枪使她渴望着生命、渴望着和平。她希望得到更多人的关爱。

这一张是非洲的难民，这个孩子他已经得了艾滋病，也许他剩下的日子已经不多了，他的眼睛里也充满了渴望。而他渴望的是生命，他渴望的是健康。这两种不同的渴望给了我们同样的感觉，那就是生命很脆弱，在我们享受生命的快乐的同时，是不是应该关爱一下这些脆弱的生命呢，他们需要我们的关心，谢谢！

教师：他们收集了两幅图，下面该哪一组了？

第三个小组的代表：

大家知道这叫什么花吗？告诉你们这是仙人掌的花。也许仙人掌在我们很多人同学眼中都是一种带刺的植物，我们平时甚至也喜欢把性格不好的同学取名叫仙人掌。其实我以前对仙人掌也有这样的感受，但是有一次我偶然看到这幅图片，对它的印象就改变了。我把这幅图片命名为《美丽的瞬间》。熟悉仙人掌的同学都知道，仙人掌它会开花，而且它开的花是洁白无瑕的。它的花有百合花的脱俗和纯净，也有梅花的清雅和高洁，但是很遗憾它开花时间很短，有时就只有一个晚上，甚至你只要稍微不注意，你就可能捕捉不到这种美丽的景象。这让我想到我们每个人其实都有展示自己美丽的机会，不管你先天有什么缺陷，只要你愿意去展示自己的美丽，渴望美丽的你就可以渐渐地发现自己身上的美丽和自己的优秀。每个人都会拥有美丽的瞬间，我们也要为生命美好的瞬间而鼓掌喝彩。

既然是公开课，教师自然经过了精心的准备，这从这堂课的设计环节就可以看出，从让学生听录音有多少种生命的声音，到让学生看图片说出心里的感受，再到请学生展示自己的图片并进行解说，设计精巧，也颇有新意。但是面对学生在课堂上所作出的回答，很多情况下教师都没有给予有效的回应和进一步的挖掘。如学生针对图片所说出的种种感受（如顽强、可爱等）这些都表达了学生对生命不同方面的理解和感悟，教师完全可以作进一步的追问。而在学生展示自己搜集的图片的过程中，他们不仅展示了图片，更说出了自己的感悟。这些感悟中就蕴藏着丰富的教育主题，如生命之间息息相关的联系、动物的有趣的行为、关爱弱势群体、如何实现生命的价值等。但是教师都没有对之进行点评，此时她的作用似乎仅仅是一个串联者的角色，忽略了对学生所提供信息的进一步提升。

教师无疑是课程改革能否成功的关键性力量。对教师而言，不仅需要有先进的教育教学理念，而且还要具有相应的教育能力，把这些理念化在自己的教育教学行为之中。斯坦豪斯提出著名的“没有教师发展就没有课程发展”的理论，他认为，课程改革不仅仅是改进教学的手段，也可以提高教师的教学水平。课程是帮助教师重建知识观的资源，它支持教师的反思性实践，而不是作为“紧身衣”约束实践以符合其要求。① 20 世纪布鲁纳在总结美国课程改革失败的原因时就指出教师的素质问题是其中一个重要的因素，在中国这个问题无疑更加严重。我们必须正视的问题是课程标准可以是新的，教科书也可以是新的，但是教这门课程的教师仍然是原来的这群教师。如何让教师化旧为新，适应新的课程改革的需求，成为推动课程改革顺利进行的力量，是急需解决的问题。笔者在参加教研活

---

① 杨明全:《革新的课程实践者——教师参与课程变革研究》，上海科技教育出版社 2003 年版，第 111 页。

动和访谈的过程中，深切地体会到一线教师的困境，他们所需要的不仅仅是一些理念变革，知道什么是好的，以及对他们提出一系列的要求，他们更需要知道怎样才能达到这种好，需要有外部的支持条件去帮助他们达成这种好。而在现实中，教师所获得的这方面的支持和帮助显然是有欠缺的。如笔者在调查问卷中所反映出的：

①在“请你列举出对自身教学帮助最大的三本书”一题中，绝大多数教师列出的是“教材、教参、学生练习册”，少部分教师列出了《中学思想政治课教学》、《中学政治》等杂志，极少部分教师列出了一些理论性的书籍。相当部分的教师表示由于课时紧、任务重，没有多余的时间去寻找教学资料，希望有关方面能给他们提供这方面的帮助。

②而在“你认为自己现阶段最需要哪些方面的专业培训”一题中，教师的答案有三类：

理论修养方面：心理学方面；教育理论，尤其系统的德育理论；美学鉴赏；法律方面；学科专业知识和能力的培训；先进教育理论对本学科的渗透方面；

课程改革方面：新教材的钻研、把握处理方面；新课程理念；对新课标内容理解；

教学技术方面：多媒体制作课件；信息技术；可操作的教学技术的培训。

由上可以看出，教师非常需要各种帮助来进行教学改革，他们也很清楚自己所需要的是哪些方面的帮助。因此课程改革不能仅仅停留在给教师提要求方面，更需要提供一系列的条件，甚至给予一些个性化的帮助。这样的支撑才有可能将课程的种种设想更好地通过教师转化为现实的变革力量。

二　教学模式的变革

虽然在实践层面，教师有意无意都在进行着一些课程模式的变革，但是总有着一些占据主流的教学模式，课程改革对整个德育课教学模式也提出了新的挑战。

（一）走向真实、开放的课堂

长期以来，德育课之所以实效不太理想，没有赢得基本的学科声誉，与我们的课堂中缺乏真实性很有关系。如霍尔·戴维斯所指出的："为了达到我们的道德敏感性和道德成长的目标，道德教育的课堂环境必须既是开放的又是真实的。所谓课堂环境必须是开放的，是指我们应鼓励并支持学生去发展他们自己的思考活动，而不是向他们描述那些观念化的'正确的'思想模式或'正确的'答案。只有在一个开放的环境中，面临道德问题和较好思想模式的挑战才能奏效。所谓课堂环境必须是真实的，是指要让学生处理真正的问题——具有很多方面的'真实生活'情境，许多有关的考虑，而且对这些问题十之八九并无明确的答案。不过，要使这种环境变得真实，教师必须对他的学生以诚相待。……如果学生感到他们应该学会某人的道德见解而不是发展他们自己的思维，那么，为了获得好的成绩，他们将很快学会如何说那些正确的东西；这样的'训练'对于形成学生自己实际作出决定的能力几乎没有什么积极的效果。"① 这段话无疑令人警醒，因为在我们的德育课中普遍存在着这种现象，学生往往能够迅速地给出"教师想要的正确答案"，至于这个答案是否经过学生自己的思考或者是否真正认同则不得而知。这种现象在各种不同级别的公开课上更是屡见不鲜。当教师问出某个问题时，学生往往能够得出高度一致的"正确答案"，而当教师就某个问题问"是"与"非"的时候，学生一般也都是异口同声地回答"是"或者"非"。这种有意无意的"迎合"使得课堂成为剥离个体自身真情实感的地方。

新的德育课强调在学习过程中生成道德情感、态度价值观，就必然要求课堂成为开放的、真实的课堂。因为只有这样，学生才能真正地主动参与、积极体验、主动践行。下面是笔者所听的一堂关于保护国家安全内容的课堂片段：

教师：我们简单设置这样一个情境。我们假设你的父母是做国家

---

① ［美］霍尔·戴维斯：《道德教育的理论与实践》，陆有铨、魏贤超译，浙江教育出版社2003年版，第48页。

保密工作的。这一天你回家就在客厅的桌子上看到一个档案袋上面写着“绝密”两个字。你们会怎么做？要说真心话哦。

（一个学生站起来）

教师：你想不想看？

学生：想看。

教师：想看，想看你是不是一定会看呢。想看和真的看之间还是有差异的。

学生：还是要看，好奇啊。

教师：那你看了怎么办？

学生：我就忘掉。

教师：你好厉害，得了失忆症啊（学生笑）。我们看啊，他是想看然后就看了，看后就把它给忘掉哦（学生笑）。看来你也知道不能知道自己不应该知道的事情，所以想忘记。问题在于你要完全忘记一件事情可不是那么容易啊，你会说出去吗？

学生：可能会说出去。

教师：那说出去会有什么结果呢？谁会为此承担责任？

学生：会闯祸呢！

教师：你会承担责任，可能父母也会受到牵连。

（第二个学生）

学生：我把它放到家里的地下室去，自己不看。

教师：如果你家的地下室不太秘密别人可以进去能看到怎么办？

学生：我不管，反正我自己不看。

教师：我听到有同学说你“自私哦”，你自己是没责任了，这个秘密泄露出去了，你父母还是有责任呢！

（第三个学生）

学生：我会看，把重要的地方改一改。

教师：哦，他不仅要看，还要改（学生哈哈大笑）。

学生：我把重要的地方改一下，然后卖。

教师：他还要卖（学生又大笑）！

教师：你为什么要改啊，那还不如直接卖。

学生：因为是国家秘密啊，所以要改一下。

教师：你真厉害，不但看了，还用它挣钱呢（学生笑了）！又没有泄露秘密。

教师：某某，你补充一下。

学生：他这样就欺骗了消费者，是违法的。

教师：哦，你认为他欺骗了消费者。按我们所学的，这种交易中的购买者不是消费者。看来比较好的做法是自己不看。但自己不看还没有尽到保护的责任，暂时保管在你的手中，要等你父母回来交还给他们，还要尽到提醒的义务。我在另外一个班上课的时候，有的同学还对我所提出的案例情境提出了质疑。他说："绝密文件根本不可能被父母带回家，更不可能放在客厅的桌子上的。"我说：很好。就问他的父母是干什么工作的。他说是在安全局工作。（下面的学生发出会心的微笑）你们看，还有很多思考问题的方式的。

在课后，笔者接着对这位教师进行了访谈：

问：你为什么要提醒学生说真心话呢？

教师：就是要让孩子说真话，否则你就不知道孩子原来思维的界限在哪里，也不可能针对性地进行引导。孩子很多时候是意识不到自己那种想法有什么问题的，就如今天这个是否应该看父母放在桌上的绝密文件的问题，你要让他明白他看了之后会带来无穷无尽的麻烦的时候，他才会觉得原来这种事情是代价远远高于得到的。

问：那么要让学生说真话是不是需要一定的教育才可能呢？

教师：那当然了，这需要教师在教学当中不断地引导，我从初一心理课的时候就着力于让学生讲真话。经过那么多年的"教育"，孩子太清楚"你想要的答案是什么"了，所以要做到这一点也不容易。如果我发现学生说的不是真话，我就会进一步地提醒他。当然前提是你要让孩子觉得他们即使说出了真实的想法也不会带来什么不好的后果才行，但是到现在有的班级还是不太理想。你刚才也看到了在最后一个班，那个班的孩子就是不太愿意讲真实的想法，他们会千方百计地给你所谓的正确答案，我努力让他们改变效果都不明显。

从上面这段材料我们可以看出，这堂课上学生说出了真实的想法，这与课堂上所具有的真实和开放的氛围是有关系的。教师不问学生“应不应该做什么”，只是问他们“想做什么”。学生在给出自己的答案后教师也没有简单地肯定或者否定，而是沿着学生的回答进一步发问，让学生自己去思考行为可能带来的后果，最终才得出应该怎么做的答案。在此过程中，学生共同讨论问题，形成了道德情感的交流，共同提升了对问题本身的认识。

（二）走向对话与互动的课堂

新课程改革对整个课堂教学模式提出的又一挑战，是必须从以前的授—受为主要模式的教学走向对话的教学。相对以前的垂直型的“授—受型”的课堂教学方式，这个过程就要求师生能够在课堂上真正对话，共生道德意义。真正的对话是源于对学生发自内心的尊重和对他们所持见解的承认。双方都要有付出和获得的东西，缺少了二者之中的任何一个都不能称为真正的对话。由保罗·弗莱雷所提出的“互为师生理论”就有一定的代表性。他指出：“通过对话，教师的学生（students-of-the-teacher）及学生的教师（teacher-of-the-students）等字眼不复存在，新的术语随之出现：教师学生（teacher—student）及学生教师（students—teachers）。教师不仅仅是授业者，在与学生的对话中，教师本身也得到收益，学生在被教的同时反过来也在教育教师，他们合作起来共同成长。”① 这种对话不是一种占有式的交谈，而是一种分享基础上的创造的体验，双方都因为这种对话而改变了对事物原有的一些认识和看法。如戴维·伯姆所认为的，对话仿佛是流淌于人们之间的意义溪流，它使所有对话者都能够采纳于和分享这一意义之溪，并因此能够在群体中萌生新的理解和共识。在对话进行之初，这些理解和共识并不存在。在对话里，先是某人产生了一个想法，另外的人对之进行补充，思维于是就像潺潺之水流淌于对话之间。与之相对的，则是人人各有不同的想法，每个人都试图劝告或说服别人来接受自己的想法。② 在德育课中，要达到这样理想的对话状态，无疑

① ［巴西］保罗·弗莱雷：《被压迫者教育学》，顾建新、赵友华、何曙荣译，徐辉审校，华东师范大学出版社 2001 年版，第 31 页。

② ［英］戴维·伯姆著，李·尼科编：《论对话》，王松涛译，教育科学出版社 2004 年版，第 130 页。

受到诸多因素的制约和影响。

1. 师生对话面临的挑战

第一，就师生的天然的生物性关系来看，师生之间是一种代际关系。这种关系使二者的生活世界存在一定的时间差，整个的生活背景存在历时性的差异和共时性的一致。历时性的差异必然构成二者在沟通上的障碍，而共时性的一致也可能因为年龄的差异使二者呈现出不同的“世界图景”，对各种信息的加工和处理方式有所不同。如在生活中我们经常会发现不同辈分的人对同样的社会问题所持的看法和观点截然不同，如父母和子女之间常常存在沟通的障碍。这种情况同样可能在教师和学生身上发生，对有些社会现象教师可能实视若无睹，学生则可能觉得不可思议。这种落差就构成了师生间对话是否能够真正进行的一个重要影响因素。

第二，从师生间存在的社会关系角度看，二者之间是法定的教育者与被教育者关系，这种关系由社会制度赋予的具有不可更改性，也就决定了二者的角色和地位的确定性。教师和学生都不是单独存在的社会个体，其身上所携带的是整个社会的师生文化的信息。根据布迪厄的观点，要研究群体中的个体行为，必须要关注两个概念即场域和惯习。他把场域定义为在各种位置之间存在的客观关系的一个网络，或一个构型。正是在这些位置的存在且它们强加于占据待定位置的行动者和机构之上的决定性因素之中，这些位置得到了客观的界定，其根据是这些位置在不同类型的权利（或资本）——占有这些权利就意味着把持了在这一场域中利害攸关的专门利润的得益权——在分配结构中实际的和潜在的处境，以及它们与其他位置之间的客观关系（支配关系、屈从关系、结构上的对应关系，等等）。[①] 师生是带着不同的目的进入课堂这个具体场域的，学生是为了接受一定的教育，而教师是为了行使自身的社会使命在教学中达成一定的教育目的。他们在这个场域中就占据着各自不同的位置，形成了某种客观关系。尤其是在课堂教学中，师生之间的交往关系更多是一种制度化的交往关系。郭华指出：“在制度化的交往中，师生往往以教学活动所规定的行

---

① ［法］皮埃尔·布迪厄、［美］华康德：《实践与反思——反思社会学导引》，李猛、李康译，邓正来校，中央编译出版社 1998 年版，第 133—134 页。

为‘出演’自己的角色，从而实现相应的交往。”[1] 尤其是中国传统的师生关系文化，让这种教育者与被教育者的角色更加固化。虽然在历史上也倡导“亦师亦友”的师生关系的境界，但“师道尊严”始终是一种主流的师生文化，“传道授业解惑”也是对教师角色最为经典的论述之一。在这种价值观的影响下，学生必然存在着“我是受教育的”这种心态，教师则与之相反。当教师所言及之物与学生的直觉感知相矛盾，逆反心理就很容易产生。一旦学生发表的观点与教师所持的观点有所不同或者对教师的观点表示质疑时，教师固有的“师道尊严”的心理有可能产生心理防御机制而对之采取否定的态度。二者心态的差异也是师生间的对话能否真正展开的影响因素。

这可以与学生生活中存在的同伴关系作比较，在同伴群体中的对话的信息传递往往更为高效和通畅，其根本原因就是同伴之间的关系是以平等和真诚为天然的价值取向，彼此之间以情感性联系为主，学生也可以比较随意地选择交往的伙伴关系，合得来则合，合不来则分，不带有强制性，在交往中的自主性比较强。师生关系则不同，在一定时间段内，这种关系是固定而一成不变的，学生没有什么选择的自由，在交往中也就难免小心翼翼。

第三，所教与所学是“我”的兴趣所在吗？在德育课这个具体的教学情境中，师生间所谈的主题主要来自于教科书的规定，而非自由的选择。这些主题的规定是由课程编写者决定的，而非现实师生中的任何一方。即使教师拥有一定的选择课堂教学内容的自由，这种自由也受着种种规限。作为学生更是被动的接受者，没有质疑或者反抗教科书所设定课题的权利。而对话得以产生的前提就是有共同感兴趣的话题。如马克斯·范梅南所论述的：“对话并不是两个人或多个人参与的一种私人关系，对话在开始时可能仅仅是闲聊，而这实际上也是对话形成的最经常的方式，然后，对话者之间逐渐出现双方共同感兴趣的某一话题，他们的意识被双方指向的概念所激发，从而形成真正的对话。因此，对话从结构上被视为一种三元结构（triad）……对话具有这样一种解释学要义：他指向意义的生

---

① 郭华：《教学社会性之研究》，教育科学出版社 2002 年版，第 149 页。

成和概念的解释，并以此驱动或激发对话的进行。”[①] 讨论主题的外生性就决定了教科书所规定的主题与师生之间可能构成复杂的关系，或者三者有着比较高的一致性，书中所规定的是教师和学生都比较感兴趣的，也愿意讨论的，或者存在交叉的情况，还有可能教师或者学生不但觉得这些主题并无学习的意义与价值，甚至可能因为某些主题与其生活中的体验或者直觉相背离而产生逆反心理。虽然课堂仍然继续，但“同床异梦”的情形难免产生。长期以来无论是教师还是学生在课堂上都显示出“面具化生存”的特征，不仅是对学生而言，对教师自身而言教科书上的一些价值主题也缺乏亲和力。

第四，教师一定比学生更有道德吗？联系到德育课本身的性质来看，这门课程的教学目标是人的道德成长，教师以道德教育者的身份出现，而学生则是以被教育者的身份出现。前已论及，道德学习和知识与技能的学习有所不同，后者解决的是知与不知、会与不会的问题，教育者与被教育者之间的分界比较明显，教师一般是先知先会的，师生之间一般存在着必然的教育关系。道德则不同，个体自出生之日起就通过各种途径在“学习”着它，在道德上的先知与先会并无明确的界限，我们甚至不能断言教师就一定比学生更有道德。课堂师生要展开真正的对话，需要彼此的平等与尊重。我们一直提倡教师要尊重学生，似乎学生对教师的尊重是必然先在性的。其实不然，学生对教师的尊重仍然是有条件的，尤其是德育课中更是如此。一个自身道德水准不高的人不可能真正获得学生的尊重。面对这样的教师，学生又如何能够敞开心扉与其进行道德生活的探寻呢！雅斯贝尔斯认为：“人，只能自己改变自身，并以自身的改变来唤醒他人。但在这一过程中如有丝毫的强迫之感，那效果就丧失殆尽。”[②] 从这个角度讲，教师的道德性本身如若得不到学生的认可，学生就不太可能在德育课上与之真正展开对话。

综上，师生对话的产生受到一系列因素的影响，如教师自身的道德水准、师生之间的关系的和谐度、教师的组织课堂的能力，等等。课程改革

---

① ［加］马克斯·范梅南：《生活体验研究——人文科学视野中的教育学》，宋广文译，教育科学出版社 2003 年版，第 131 页。

② ［德］雅斯贝尔斯：《什么是教育》，邹进译，三联书店 1991 年版，第 26 页。

在德育理念和教科书诸方面的变革为德育课成为对话的课堂创造了条件，但要让德育课真正成为师生对话的课堂面临着一些挑战。

2. 如何通过活动构建“对话互动”的课堂

对话的课堂是强调互动的课堂。在这样的课堂中教师与学生个体之间，教师与学生群体之间，学生与学生个体之间，学生个体与学生群体之间，学生群体与学生群体之间，都需要有效的互动，而互动所借助的主要途径就是课堂中的各种活动。因此如何有效组织活动，形成互动的课堂模式就是需要关注的问题。具体如如何选择活动的主体，用什么方式活动，在活动的过程中如何处理随时可能发生的意外事件，都是新的德育课需要面对的问题。而且更重要的是，不能为活动而活动，活动必须成为教学内容和目标的载体。那么在新课程改革中，在这个方面新课程改革中存在哪些问题呢？

下面是笔者对某教研员（简称 Y）针对课程改革所进行的访谈内容：（访谈时间：2004 年 11 月 17 日）：

问：根据你到下面去听课了解到的情况，使用新教材的过程中遇到了一些什么问题呢？

Y：就我看到的情况主要是两个问题，现在的教材涉及的面比较广，教师驾驭起来有难度；还有就是活动开展存在很多问题。

问：具体的活动开展有什么问题呢？

Y：很多教师活动的目的不明确，也就是他们对这个活动究竟是做什么、要达到什么基本的教学目标把握不好。教师既不看课程标准也不看课标解读，就看教材和教参。比如说活动低龄化的问题，有的活动放到小学去也没有什么问题，讨论问题不能往下挖下去。

问：那么你认为问题出在哪里呢？

Y：教师对活动在教学中所起的作用认识不够，以前的学科中心论影响太大了，他们还是认为知识是最重要的。

问：那不同年龄段的教师有差别吗？

Y：一般年轻一点的教师活动容易搞得起来一些，但是往往比较浅。我还觉得这些教师的“教育者”意识和能力欠缺。也就是从以前的课程教师转型为德育工作者，自己的教学行为和情感的感染力不够。

问：那教师反映新教材有哪些问题呢？

Y：主要反映教材难以把握，因为现在的教材知识结构不像以前那么强了啊；还有的教师反映，以前教材的优势是我们现在所反对的，也就是知识。我说要减轻教师的负担就是教材不动，这样教师备一次课可以上好多年。我还觉得现在的培训有问题，宏观的就不谈了。主要是在中观层面，一些策略和教学技巧方面教师很需要。

而在对另一位教师（简称R）的访谈中则反映了这样的情况（访谈时间：2012年10月20日）：

问：根据你的了解，现在教师在用新教材的时候有什么问题？

R：主要是活动组织上。你也知道现在的新教材很多的内容需要组织活动的。对于年轻一点的教师，他们比较有活力，也容易把活动搞起来，但是往往不清楚这个活动需要达成怎样的教学目的，到最后就是“活动游戏化”，热闹一下就完了。而年纪大一点的教师，由于教学方式很难改变，干脆不搞活动，让学生读一读，教材就成了“读本”。我办公室的一个教师就说：“我才懒得搞活动，就让他们自己看看，自己愿意搞搞就算了。”因为他跨头教初三，主要精力也就放在应付中考上面了。

问：这些教师对教材有哪些意见呢？

R：好多教师都说新教材浅，我去听课就知道为什么他们这么说了。教材是高度精练和浓缩的，而且现在教材很多教育内容是靠活动生成的，但是教师搞不好活动，不善于挖掘活动的教育价值，所得到的东西当然就少了。比如说我上次听一个教师的课，就是《青春误读》那个小章节，教材上列出的是几个带有典型性的问题，好像有一个是否应该拿生理特征开玩笑，如何看待个性张扬的问题和男女生交往的问题。那个教师在讨论“如何看待开玩笑”的问题时，就让学生说说，然后就问这说明我们应该怎么做，学生都说：“我们应该尊重别人。”这是教材中的答案。教师自己就把

"同学之间开玩笑"当作一个负面的、需要否定的东西了。其实你想想这个问题要开展活动有很多值得讨论的地方，如同学之间是不是不能开玩笑？开玩笑要注意什么问题？是不是应该看对象？而且有的人对有的东西很在意而有的东西不太在意，是否在开玩笑的时候也要注意这个问题？更深层次的问题是如果你遭遇到别人开你的玩笑应该怎样应对，有什么好的办法，面对过分的玩笑应该怎么处理？可惜这个教师都没有考虑到这些，我怀疑她自己教材都没有读透，更不要说去发挥了。

上面两段访谈都反映出了课堂组织活动所出现的问题。如"活动游戏化"，不能挖掘出活动的教育价值；"活动读本化"，干脆忽略活动的开展，使教科书中的活动成为阅读材料；"活动低龄化"，把活动进行简单化处理，没有提升到这个年级学生应有的高度等。所导致的结果就是活动并无实质性的内容。

在课堂中活动这一环节薄弱的原因是很多的。在上面的访谈内容中也有部分的体现，如教科书本身风格的变化让教师一时难以适应；教师的个性、性格因素；教师对自己角色的转型认识不够；为教师所提供的支持性条件（如相关的教学资源的提供、教师培训）欠缺等。同时课堂一旦富于变化，各种意外事件发生的概率大大增加。就以课堂讨论为例，作者参加一次教研活动，就听到一位中学教师这样抱怨：

现在的课一动起来就不好上，比如小组讨论吧，班上倒是很热闹，可是当我仔细地去听他们的讨论的时候，发现很多时候他们都没有讨论我给他们的问题，而是在说其他的一些事情，开玩笑啊什么的。

暂且不论这位教师自身的素质怎样，至少他的话说明了课堂中可能存在的若干种变量。要形成课堂中的互动，就要赋予学生发言的权利，而一旦赋予学生这种权利，课堂就成为一个流动的意义场境，学生提供出各种不同的观点信息，而教师则需要有足够的敏感性抓住来自学生的思想的火花，及时地给予反馈，促使课堂产生新的意义。如果教师不具备这种敏感性，学生自然也会忽略掉它们，就不可能形成真正意义上的互动。如戴维·伯姆所指出的，在现场的反应中，人可能是口头性的言语表达，也可以表现为肢体性的动作，而且可能他的反应并非出于某一特定的目的，对自身的反应毫无觉察。而敏感性乃是指人的这样一种能力，既可以感知事情发生，又能感受自己和别人所做出的反应，并敏锐地觉察出其中微妙的区别与联系。[①] 仅以在课堂上最常采用的问答法为例，作为课堂中师生之间互动的最常用方式，从表面来看，只是师生之间的问答而已，但是一旦进入到真实的课堂中，要成功地使用这种方法就变得很复杂。首先教师要提出“有效问题”，即提出的问题是真正可以刺激学生进行思考的，而不是简单地在教科书上找到答案或者用简单的“是”与“非”来作答；其次教师需要在课堂上及时抓取学生的“有效信息”，即能从学生的回答中敏锐地提取“可教育的因素”，并在此基础上再次给予学生“有效回应”，或者就学生的回答进行追问，或者在学生的回答中找到可以值得再深入思考的问题。经过这样一些环节，师生互动、生生互动才能够实现。对于新课程改革而言，如何让课堂成为高效互动、不断生成新的教育资源的场所是需要进一步研究的问题。

三 评价的挑战

制度性的课程都涉及评价的问题，评价制度如何直接影响着此门课程在现实实践中将以怎样的方式运作。《基础教育课程改革实施纲要（试行)》中明确提出要建立促进学生全面发展的评价体系。新的《思想品德课课程标准》提出德育课的评价理念是设计思想品德课程评价方案时，应以课程目标和内容标准为依据，体现学科评价特点，多角度、多途径收集学生的学习信息，客观评价学生的道德认知、道德判断、道德选择、道德实践能力。通过评价得到的信息，帮助教师总结与反思，改进教学，进而更好地实现课程目标。为了实现这样的转变，《思想品德课课程标准》提出通过这样一些方式进行评价：（1）观察；（2）描述性评语；（3）项

---

① ［英］戴维·伯姆、李·尼科编：《论对话》，王松涛译，教育科学出版社2004年版，第47—48页。

目评价；（4）谈话；（5）成长记录；（6）考试。[①] 这些理念都是非常好的，反映了德育课评价的特点。但在现实的运作中，这些理念的实现将面临一些挑战。

（一）课程评价方式变革如何应对传统考试文化的影响

在前面的章节中，笔者已经对德育课评价的特殊性以及德育课所面对的考与不考的两难困境作了较为充分的论述，在新课程改革背景下这种问题仍然无法得到有效解决。笔者在参加一次教研活动过程中遇到的一件小事，就能在一定程度上说明这个问题。[②]

教研活动的主题是："在你运用新教材的过程中，最困惑的问题是什么?"第一位发言的教师这样说：

> 虽然我们也知道教学不完全是为了考试的，但考试总是我们教学的一个很重要的目标。现在拿着新教材我们也觉得有很多新的东西，但是不知道三年后会怎么考试，最好是教研室能够给我们每个教师一份样卷，比如说有些什么题型、分值的分配是怎样的，好让我们大家心里有个底。
>
> 她的发言得到多位教师的热烈响应。[③]

当评价的模式没有大的改变时，实践的改变也是缓慢的，因为改革缺乏了一种硬性的推动性力量。没有评价制度的改革支撑，教师的教学改革就有了一定的风险性。因为终结性的评价考试影响着学生的前途，更是评价教师教学成效的最重要的指标之一。现实是一种"不问过程而问结果，以考试论成败"的逻辑。如果教师沿着旧的教学模式进行教学，只要考试成绩能够保持在一定的水平线上，那教师并不会受到太大的责难。如果教师进行了相应的改革，但考试出了问题，责任则必须由教师来承担。各种终结性的考试如悬挂在每个教师头上的一把利剑，没有任何一个教师敢

---

① 《思想品德课程标准》（修订稿），2011 年版。

② 教研活动时间：2008 年 11 月 17 日。

③ 这是初中一年级德育课教师的教研活动，也就是针对刚刚使用新教科书的教师的。

用这把利剑冒险，即使是面对新课程改革仍然如此。

如果说考与不考让德育课陷入了两难的境地，那么通过终结性的量化考试来推动课程改革则实属现实无奈的选择。因其所具有的巨大的导引性作用，因此考试的任何改变都将牵动现实教学的每一位教师。南京中考的政治就不断地进行着变革，如从多年前就开始开卷考试以减少考试的识记性特征。在2003年的中考中，政治科考试的最后一道题目是让学生自己设计一张感恩卡，写上自己想说的一句话。这种方式未必是推动课程改革最好的方式，但或许在短时间内是最有效果的一种方式。

(二) 如何通过评价促进学生的道德学习

无论考试的形式是否改变，它也仅仅是评价方式中的一种，而且这种方式本身对学生道德发展的促进作用是有限的。下面是笔者对一位教师(简称Y老师)进行访谈中涉及考试的部分的内容(访谈时间：2009年4月1日)。

问：你觉得现在的德育课最应该改革的是什么？

Y：考试制度，那些考试到底能考出什么啊，学生平时不学习，只要考试前突击地复习一下都没有太大的问题。现在的那些考卷，只要一个文科好的学生一般都能得到比较高的分数，那些考出高分的学生往往是那些语文学得好的学生。

问：在你们进行评卷的过程中不是有一些具体的指标吗？

Y：是啊，可是那些指标就可以衡量出一个学生的学习水平吗？比如说一个学生不擅长用专业的政治术语来回答问题肯定会被扣掉相应的分数，可是用这些词汇用得好不好和他的道德水平有什么关系呢。

问：那你们怎么说某个学生这门课程学得好呢？

Y：我们说某个学生好也是站在一般的立场来评价的，而不是如其他的学科老师那样称赞某某物理学得好，或者化学学得好。

上面是笔者与一位有着十多年教学经验的德育课教师就考试问题展开的对话的一部分。从言谈之中可以明显感觉到她对德育课考试制度的不赞同，其原因则是因为这种考试并没有足够的可信度。因此，德育课的评价应该以促进学生的道德发展为目的。只有把德育课的评价定位在过程性的评价上，才能发挥这种功能。

德育课评价的发展性功能体现在课堂教学之中，通过在课堂中的各种活动展开学生的自评和互评，使评价过程本身成为学生道德学习的一种方式和促进力量才是最有生命力的。在现实中有着很多类似的尝试，如运用成长记录袋、项目评价等。笔者曾经听过的一堂复习课就采用了项目评价的方式。[①] 课堂内容是让每个学习小组上去对本单元的学习内容进行复习：

> 小组汇报分四个部分
>
> 第一部分：
>
> 说新闻：一个小组介绍了新的交通管理条例
>
> 第二部分：案例分析
>
> 几个学生自编自演了一个小剧：内容是一个境外公司制作轰炸天安门游戏软件，而国内盗版发行商和学生购买这种游戏受到处罚的例子。
>
> 第三部分：调查报告
>
> 调查问卷内容：
>
> ①如果我国与国外的人发生战争，需要征兵，你又符合条件。你有两个选择
>
> - 参加军队，为保卫国家而战
> - 不去，逃避兵役，因为上战场可能要死去
>
> ②如果你在某个地方看见一个档案袋，上面写着“绝密”两个字，你会
>
> - 不管它
> - 打开来看看
> - 把它交给警察叔叔

---

① 听课时间：2009 年 5 月 12 日，地点：杭州某中学。

③对台湾问题的看法

• 因为台湾是中国的一部分，应该统一

• 要统一可能会发生战争要死人，所以就由它去

④如果有人当着你的面抨击我们的政府，你会

• 马上站出来指责他们

• 不管他，由他们说去

• 上去揍他一顿

第四部分：知识拓展

内容：钓鱼岛事件的起因和评论

这个小组汇报完以后，老师提问：你们小组觉得这个复习小结做得怎样?

然后教师又请一个同学起来点评。你们满意吗？满意在什么地方、好在哪里？不满意之处在哪里?

学生发表完观点之后，教师进行了简单的评论。

在这堂课上，学生的自评与他评、教师评价结合起来，在评价的过程中，学生加深了对学习内容的认识，整个评价过程中学生就在进行着道德学习，这种过程性的评价才是最有效的。尤其是对德育课而言，无论学生是升入高一级的学校还是进入社会生活，都需要一定的道德品质作为其安身立命的基础，它所要发挥的主要功能并不是成为选拔学生的工具，因此这门课的评价应该尽量淡化其选拔功能，而应立足于通过评价过程让学生去思考道德、体验道德、践行道德，使评价过程本身成为促进学生道德学习的过程。

诚然，德育课自身就是处在一个整体的教育环境中，其改革也必须借助各种力量的配合才能真正地实现理想效果。德育课本身无法控制这些因素的影响，从课程本身的各种因素着眼，推进课程改革是一条比较可行的路径。

第四章

中小学德育课的实践命运

前面笔者对历时态的德育课教学大纲和教科书文本进行了分析解读，试图从中把握德育课理念的变迁。但这些文本本身所反映的仅仅是编制者“纸上的设想”，这门课程实际的运行形态如何不可能从中获得答案。曾经的课程到底在现实中以什么方式在实践、实践得怎样已经伴随着时间的流逝而消失。这种消失是一种当时具体形态的消失，并不是一种意义的消失。因为任何一个现实的瞬间都是历史与未来的交汇点。任何事物都是从历史走来，而未来事物的发展无不是从现在就孕育着变化的种子。因此本章主要从现时态的德育课的运行状况作为论述的基点。

影响课程运行的有诸多因素，如教学大纲、教科书、教师、教育评价制度等。它们都不是单独地发生作用，而以其他因素为基础，并在其他因素的支撑和传递下发生作用，在此过程中它们彼此获得相互的强化。在这些变量中，笔者选择德育课教师群体作为研究的焦点。之所以选择教师群体，是基于以下的思考。

首先，教学大纲和教科书在课程中无疑是重要的，但它们一旦被确定下来之后，教师就成为课程的实际运作者，只有通过教师的教学才有可能把教学大纲和教科书中的种种理念设想转化为现实。

其次，通过教师，大纲、教科书、学生在课堂中联系成为一个整体。在此过程中，教科书、各种教育思想理念以及社会要求都会通过教师的教学行为得以表达。他们是德育课诸多问题和困境的直接介入者，也是反应最为敏感的人。教师的种种境遇就是这些因素交互作用过程中产生问题的集中体现，如师生关系存在的问题、课程内容与学生实际是否联系紧密的问题等。在这些问题中有些是偶发性的、个体性的，但有些却带有一定的普遍性和持续性。如同别尔嘉耶夫所言："人生活中的一切个体人的行动同时也是社会行动，于其中不可避免地存有社会投射。人不是封闭于自身的单子。人的个体人格总受社会的投射，这给人解放，也给人奴役。"①因此德育课教师群体的教学行为和思想不可能是完全个性化的呈现，更多由他们的"学科身份"所决定。通过若干教师的职业生存状态"片段"的聚焦，或许我们就能对德育课的运行样态有鲜活的把握。他们的困惑、尴尬、困境就是这门课程诸多问题的折射，他们身上所反映的普遍性和持续性的问题是德育课结构性问题的反映。

最后，德育学科群体所具有的亚文化特征是解读德育课的一种途径。如郑金洲所指出的：由于在从事各自学科的教学和研究中，教师不仅熟识了本学科的知识，而且也在这门学科上达成了社会化，因此，许多教师因其所从事的相同的学科（而不是学校）更为紧密地联系在一起，构成了一种亚文化。这些亚文化包括：专业化的语言、认知传统上的风格以及学科具体化了的民俗（folklore）。② 这种文化形成的根本原因则源于他们所共同拥有的"学科身份"。因此对他们生存状态的分析，也就对这门课程的一种现实的把握方式。

需要指出的是，实践的样态是非常多元和复杂的，这里对德育课教师群体的分析解读更多是从问题角度出发，寻找这个群体普遍存在的职业困惑、尴尬与困境等，而不是对其进行全方位的研究与考察。本章主要从德育课在整个中小学课程体系中的"独立性"及"学科地位"及实践效果等问题进行探究。

第一节　中小学德育课的"独立性"及"学科地位"分析

为了搜集相关的研究资料，笔者采用了访谈、课堂观察、问卷调查等

① ［俄］尼古拉·别尔嘉耶夫：《人的奴役与自由》，徐黎明译，陈维正、冯川校，贵州人民出版社 1994 年版，第 179 页。

② 郑金洲：《教育文化学》，人民教育出版社 2000 年版，第 270 页。

方法对德育课教师群体进行研究。在问卷调查方面，笔者主要通过自编的《德育课教师职业状态的调查》问卷进行调查。该问卷为自编问卷，调查内容为德育课教师对课程改革、对自身所教学科的作用和地位、对德育课的内容以及评价方式、师资培训等方面的看法和观点。该问卷的编制过程是：

第一步：到中学听课、参与他们的教研活动、与一些中学德育课教师接触交谈，收集直接的材料。

第二步：在对收集的材料作深入分析与思考的基础上进行问卷项目的编制、筛选，形成初步的问卷内容。

第三步：请教教育专家、擅长教育测量的教师、一些有经验的中学德育课教师和教研员进行评定，请他们提出修改意见，然后进一步修订问卷题目，对原有问卷项目作适当的增删，形成一个比较完善的问卷。

第四步：请若干位德育课教师进行测试，征求他们意见对问卷项目再进行调整，形成最终的问卷。

问卷中封闭性问题 29 题，开放性问题 5 题。调查发放问卷 67 份，收回问卷 64 份，有效问卷 60 份。问卷调查对象为南京市初中《思想品德》课骨干教师。具体参与问卷调查的教师构成分析如表 4－1 所示。

表 4－1　　问卷调查对象基本情况分布表

<table>
<tr><th>类别</th><th colspan="4">项目</th><th>总数</th></tr>
<tr><td>性别</td><td colspan="2">男：17（28.9%）</td><td colspan="2">女：43（71.1%）</td><td>60（100%）</td></tr>
<tr><td>类别</td><td>城市：
45（75%）</td><td>农村：
1（1.7%）</td><td colspan="2">乡镇：
14（23.3%）</td><td>60（100%）</td></tr>
<tr><td>重点否</td><td>省重：
24（40%）</td><td>市重：
7（11.7%）</td><td colspan="2">普通：
26（43.3%）</td><td>57（100%）</td></tr>
<tr><td>学历</td><td>大专：
9（15%）</td><td>本科：
48（80%）</td><td colspan="2">硕士：
1（1.7%）</td><td>58（100%）</td></tr>
<tr><td>教龄</td><td>1—5 年：
19（31.7%）</td><td>5—10 年：
5（8.3%）</td><td>10—20 年：
27（45%）</td><td>20 年以上：
9（15%）</td><td>60（100%）</td></tr>
</table>

一　德育课的学科拥有的“独立性”

把德育课与其他学科课程作比较，可以看出我国的德育课形式上与其他学科课程的相同之处多于不同之处。教科书都是以知识体系为中心，在课堂教学上主要都以知识传授为主要方式，终结性的评价以纸笔测验的方式为主。德育课本身的特质体现得并不明显，那么这门课程自身的独立性到底如何，是否有着自身独立的学科品格？我们可以通过教师群体的职业构成状况和他们自身的职业定位来解析。

（一）德育课的专业性分析

课程知识的专业性程度的高低是该课程独立性的重要组成部分，那么德育课的专业性如何呢？为了解答这个问题可从这门课程对其授课教师的专业性要求的高低进行推断。根据布迪厄的“场域”理论，我们可以把德育课教师的职业生存场看作一个场域。他们是如何进场的，具有怎样的专业水平是探寻德育课专业性的一条途径。

德育课：“人人都能上的课”

(1) 德育课教师的专业构成

任何一个教师要进入成为某门学科的教师都要面临资格认证的过程，这个过程也是这门学科保证自身专业性的一种方式。德育课教师是如何进场的？这种进场方式给这个群体的命运和课程本身又带来了怎样的影响呢？为讨论这个问题，笔者向一位初中德育课教研员了解情况，这位教研员总结道：①

> 你不用调查，我就可以告诉这些老师是从哪里来的。在初一有很多教师都是非专业出身的人，因为一年级不统考。这些老师中有学校的行政干部；有以前教语文教不下去的，什么也教不了的就来教这个；还有的老师在教其他主科的同时教这门课。初二初三好一些。如果用两个词形容这种状况，那就是“老弱病残”、“闲杂人等”，小学就更不用说了，基本上不存在专门的思品课老师。

① 调查时间：2005 年 1 月 8 日。

从这段话中我们可以得到这样一些信息：第一，德育课教师群体中的人员构成成分比较复杂。第二，这个学科经常成为某些教师所教的“第二学科”。第三，考试的因素影响着这门学科教师的构成状况。第三点可能在其他学科课程教师群体中同样存在，而前面两个特点虽不能称为这门学科教师群体特有的现象，但在其他学科教师群体中还是比较少见的。从具体的现实来看，这门课几乎成为任何教师都可以上的课，而且不会产生什么严重的后果，笔者所作的调查问卷也反映出这样的特点。需要说明的是，笔者调查的对象是南京市的德育课骨干教师，教师构成上以城市学校的教师为主。所调查的教师专业构成如表 4－2 所示。

表 4－2　　所调查德育课教师的专业背景

	频数	百分比		频数	百分比
政教	24	40.0	中文	7	11.7
思政	11	18.3	学校教育	2	3.3
政治	2	3.3	教育管理	1	1.7
历史	3	5.0	生化	1	1.7
未填写	9	15.0			
总数	60	100.0			

由上，德育课的教师群体的构成是比较多样和复杂的。这种现实存在自然有着其生长的土壤和容许其存在的环境。而在真实的课程教学中，对德育课教师有着怎样的要求呢？在一次访谈中，X 教师说了下面一段话：①

当一个优秀的政治教师很难，因为你的知识背景具有流变性，社会变化又很快。但是政治课又是最好上的课，如果要让我去教生物，

① 访谈时间：2007 年 11 月 5 日。

起码要培训我3个月，而这个课一般教师拿着书就能上，不存在上不下来的问题。不过话说回来，这种随便就能上得下来的课也没多大的必要性开，因为学生自己读书就知道了，何用再上课？

这位教师的话看似矛盾，其实不然。前面说难是从应然的角度，后面说易则是从实然的角度。在现实中的德育课也被证明了是“人人都可以上的课”。在笔者对一位教师（简称R）进行访谈的过程中，有这样一段对话：①

问：你回忆开始教书那几年，你当时觉得有自己的一些想法吗？

R：没有的，如果说对教学有所想法，那六七年我就是一块空白，对工作也不热爱。我和大多数老师差不多，甚至还不如他们，因为不勤恳啊。

问：我很奇怪，书上把这些内容都说得很清楚，老师怎么教啊？

R：我很了解这种上课方式。比如说啊，这个问题下面有三点，老师就一个一个来论证举例子来说明这三点，来把它讲清楚、讲透怎么理解这三点。其实就是帮助学生理解书本增强记忆。那稍微勤奋一点的老师所要做的主要工作就是找例子，然后看看怎么分析，把它分析得透彻一点，便于学生对它的掌握和理解，纯粹是一种训练。做得好一点的老师就是能够深入浅出，能够让学生很容易地接受掌握，但不管怎么说学生还是一种纯粹性的接受式学习。过去政治老师想把学生考出来还不容易啊，背啊，一个一个到我这面前背，这是非常有效果的。我经常看到一大堆学生等着排队在那背书。过去反正我也没想过那么多啦。

这位老师的话能够让我们对当时实践中的德育课教学有比较直观的认识。当时主流的教学模式是一种严肃的，以教授法为主的教学模式。这样的教学模式对教师的要求比较低，几乎不需要怎样的专业训练，教师只要能把一本教科书读过去，就能教这门课。在现实中德育课在某种程度上已

① 访谈时间：2007年10月4日。

经沦为了“人人都能教”的课程。

20世纪70年代认知心理学的研究认为，教师知识作为教师认知活动的一个基础，从其功能出发可以分为三个方面的结构内容：本体性知识、条件性知识和实践性知识，这三个方面共同构成教师的知识结构。本体性知识是指教师所具有的特定的学科知识，如语文知识、数学知识等。具体的应该包括内容知识，即各学科有关的事实、概念、原理、理论等；实质知识，即一个学科领域的主要诠释框架与概念架构；章法知识，即一个学科领域里新知被引入的方式及研究者对知识的追求与探究的标准或思考方式等；有关学科的信念；有关学科的发展——最新的发展、正在进行的研究以及最近取得的成果。[①] 而PCK理论认为，教师作为一个专业人员，要有效教学，也必须具备一定的知识。PCK作为一个专门术语，是学科教学知识（Pedagogical Content Knowledge）的简称，最早由美国斯坦福大学教育学教授舒尔曼（Lee Shulman）提出，具体说来这种学科教学知识是指教师对所教的学科内容和教育学原理有机融合而成的对具体课题、问题或论点如何组织、表达和调整以适应学习者的不同兴趣和能力以及进行教学的理解。换言之，它是教师在面对特定的学科或问题时，能够针对不同学生的兴趣和能力，组织、调整和呈示学科知识，进行有效教学的知识。概括起来，舒尔曼关于PCK概念的核心要素有两个：一是关于学科内容知识的呈示，二是对学生前概念、概念以及具体学习困难的理解。[②] 联系德育课教师的学科知识构成状况我们却很难列出它们具体包含的内容。找不到它们不可替代的专业性特点，反而是很容易被替代的学科特点。因此，德育课教师的专业性是非常低的。专业化程度的低下就直接影响到这个教师群体所享有的学科地位。

（2）轻易“入场”的代价

如果把德育课教师群体作为一个整体来看待，这个群体与其他学科教师群体相比必然有着某些不同之处。从社会学的意义上讲，没有群体之外

---

① 教育部师范教育司组织编写：《教师专业化的理论与实践》（修订版），人民教育出版社2003年版，第57—58页。

② 冯茁、曲铁华：《从PCK到PCKg：教师专业发展的新转向》，《外国教育研究》2006年第12期，第58—63页。

的感觉也就无所谓群体之内的感觉。作为一个群体有着一种天然的边界意识，即“我们”与“他们”之分。如齐尔格特·鲍曼所指出的：没有这样一个群体，它将要被发明出来——为了这个的群体的凝聚力和它的统一，它必须假设一个敌人，来划定和保卫它自己的边界，并且，形成内部的忠诚和合作。① 边界是群体构成的基本要素，边界的存在使得群体成员的归属感得以强化，并有助于保持群体成员之间的团结和加强群体内部的凝聚力，也才可能让某个群体真正产生共同体的感觉。如韦伯所指出的，某个群体的有了共同的称谓并不足以产生“共同体”的感觉，“人与人之间在素质、处境或行为上呈现的某种共同性，并不能表示共同体的存在。……关于共同境况和其后果的简单‘感觉’，还不能造就一个共同体。他们只有在这种感觉之上，不仅仅在他们各人和环境之间，而且以某种方式在他们各人之间，在双方的相互行动中互为取向，他们之间才出现了社会关系。而只有到这一社会关系打上了同属于某一整体的感觉印记时，才产生了‘共同体’”。② 可以设想如果某个群体内的成员缺乏了“边界感”，群体角色的归属感就可能会减弱。那么这样的边界感如何才能得以产生？这就需要在个体的意识中，“我们”与“他们”相比有着一些不同的地方，并能被自身和别人所认可。如齐尔格特·鲍曼所言：“我们和他们，在群体内的和群体外的每一件事情中，都得出我们各自的特点，以及我们各异的情绪上的色彩。这是发生在我们相互对立中的。”③ 那么，德育课教师的“我们感”如何呢？或许通过下面的一段材料的分析可以帮助我们理解这些教师如何给自己划界的。下面是同一位教师在不同的场合所说的话：

①昨天某某告诉我想让他的一个学生来听我的课。他的那个学生

---

① ［英］齐尔格特·鲍曼：《通过社会学去思考》，高华、吕东等译，社会科学文献出版社2002年版，第25页。

② ［德］马克斯·韦伯：《社会学的基本概念》，胡景北译，上海人民出版社2000年版，第65页。

③ ［英］齐尔格特·鲍曼：《通过社会学去思考》，高华、吕东等译，社会科学文献出版社2002年版，第25页。

就是我们学校的一个打字员，好像准备考教师资格证，报的政治学科。我没让她听，我就是想让她知道，也不是什么人都能当政治老师的。

②在外面人家如果问我在中学教什么的，我才不好意思说我是教政治的，我就给他们说我是教心理的。

这位老师的两段话我们可以得到这样一些信息。首先，这位老师对自身的学科角色的认识是矛盾的，一方面认为“不是人人都可以当政治老师的”，想突出其具有的专业性；另一方面却不太愿意在外人面前承认自己的“学科身份”，试图用另外的学科身份获得他人的认可。也就是说这位教师一方面在力图维系自己所教在群体的“边界”，另一方面对自己的“界里人”的身份又有些不太认同。其次，从第一段材料中我们可以看出德育课教师的“边界”不牢，随时都可以有人通过一定的方式“闯进来”。而“人人都可以当政治老师”就是一种证明。而这位教师的“反抗”也是以接受了这种观念为前提的。第三，如果说第一段材料还主要是关于德育课教师自己如何看待自身的角色，第二段材料则提供了在“他们”眼中是如何看待这个群体的。在局外人的眼中，德育课教师显然不是属于很值得羡慕的学科角色。总体而言，德育课教师群体的“边界感”实际上比较弱。在笔者接触的德育课教师中，对自身的学科角色的认同感普遍比较低，包括那些在这个群体内部获得了较高声誉的教师。因为“人人都可以当政治教师”所导致的必然是进入这个群体的容易性，其群体的边界就处于不稳定的状态，已经在群体内的人也随时有被取而代之的可能，心理的不安全感显然就比其他学科的教师更严重。这样，没有专业背景依托的德育课教师就成为了“无根”的群体。

德育课教师群体的“边界”比较模糊，进入或者退出都带有一定的随意性。这种现象在整个教师群体中是不多见的，为什么会形成这样的群体特色？一门学科要成为任何学科背景的人都能教的学科需要具备一定的条件。一方面是其知识的专业性很差，自然不需要承担该门学科教学的教师经过专门的专业训练；另一方面学校和社会对此门学科的教学效果要求很低，即使教师的教学水平很差也不会带来严重的后果，如影响到学生的升学就业、影响到学校的声誉等。这两方面的合力的结果才会促使这种情况产生。德育课教师群体专业构成复杂说明德育课本身的专业性很低，德育课本身没有足够的专业知识背景和相应的教学技能要求作依托。

（二）德育课专业性低下的成因分析

1. 德育课大德育模式的困境

如陈桂生所指出的：如今不管人们是否还这样认为，我国现在流行的“德育”观念及德育实施的范围，已经包括：世界观、人生观教育；政治教育；法制教育；品德教育。此外，最近若干年间，青春期教育、心理咨询与指导亦被列入“德育”范围。其中，只有“品德教育”才能算得上是名副其实的“道德教育”。[①] 正是“德育是个筐，什么都往里面装”。大德育的模式使得课程内容无所不包，其中的任何一方面的内容，无论是道德还是政治抑或是法律等都有着专门的学科概念和理论基础。进入德育课的内容又往往就成为各种知识的罗列，使得这些概念与理论之间又缺乏逻辑上的自洽性，很难成为一个有机整体，缺乏了应有的逻辑性和理论深度。这样一种大德育的模式，包括了政治学、法学、心理学、哲学、伦理学等一系列的知识内容。长期以来我们的教科书的编写模式又主要是以一些道德知识组成，这些知识并无系统的逻辑性。德育学科内容几乎无所不包就使得这门课什么都是，又什么都不是，学科的专业性很低。

如果说内容上的繁杂所带来的是该门课程专业知识背景的不稳定性，那么在具体的教学实践中则会带来更多的问题。人的品德形成同世界观、人生观的形成，特别是同政治觉悟的提高过程差别很大，相互之间的替代是有问题的。如黄向阳所指出的：“品德的发展、世界观和人生观的形成、政治觉悟的提高，各属于不同层面的问题，其过程与机制相差甚大，不能以一样的手段、方法、通过一样的途径，遵循一样的原则，实施政治教育、思想教育、道德教育。”[②] 首先，在理论上人们道德品质、人生观价值观、政治觉悟各自的形成的过程和机制在理论上的探讨本身就不充分，教师在课堂教学的处理上就很可能失之于简单，运用同一种方式方法进行教学，其效果也就可想而知。在现实的运作中，因为政治教育在大德育中一直占据着非常重要的地位，而政治教育的重要模式就是采用说理与

---

① 陈桂生：《教育学视界辨析》，华东师范大学出版社 1999 年版，第 192 页。

② 黄向阳：《德育原理》，华东师范大学出版社 2000 年版，第 9 页。

灌输的方式进行，结果在中小学的课堂中这种教学模式盛行，严重地影响了课程的实效性。

2. 德育课知识化取向的弊端

德育课成为“人人可教”的课程与长期存在的德育课的知识化倾向不无关联，即把它看作一门知识性的学科进行教学，这在无形中把德育课教师应具有的专业素养降低到一个较低的水平。在前面分析教科书的逻辑时笔者就指出，这门课程的内容安排基本上遵循学科的逻辑结构，学科知识在教材中占据着主要的部分，也就是一系列的道德规范和价值观的罗列，在内容的形式组织上一般是观点加材料的方式。书中的道德规范和道德知识本身并无多强的专业性可言，只要具备了起码的知识水平都可以懂得它们的道理，因为这些内容本身就与人们的日常生活息息相关，在一定程度上它们就是“生活智慧”的浓缩，通过其他的途径人们已经有所认识和感知。古希腊时代的学者们就指出：道德规范并不是只有少数专门研究者才知道的深奥事物，而是几乎人人都了如指掌的普通事物。在道德上，无所谓专家，也无所谓业余爱好者。[①] 从教的角度，这种以道德规范和道德知识为主要内容的德育课并没有太大的难度。从评价的环节来看，中小学德育课一般是用知识性的考试方式来进行的，考的内容大多是学生对各种道德知识的识记和理解水平，有些地方甚至并未将它纳入考评的范围。这种评价方式也决定了教师在操作的层面上可以把这门课程当作一门“关于道德的知识”的课，而无须负更多的责任。综上从学科的教材内容、教学方式和评估方式来看德育课有着较为严重的知识化倾向，这种知识化倾向使得该门课程并无专门的精深的知识背景作为支撑，专业性大大降低。

教学大纲和教科书是实践层面的最直接的支配力量，尤其是教科书作为教师最直接的教学用书，其编制的形式和逻辑对教师有着强烈的导向性作用。变化缓慢的教科书所造成的后果就是几十年以来的现实的教学模式变化缓慢，占据主流形态的教育教学模式几乎没有大的变化。道德课的知识化取向所带来的影响非常深远，它在无形中造就了一大批以传授道德知识为目的的教师群体，而这个群体又反过来强化着这门课程的知识性特

---

① 黄向阳：《德育原理》，华东师范大学出版社 2000 年版，第 71 页。

征，在这种相互塑造的过程中，德育课的专业性减弱。

（三）德育课的学科定位

作为一门学科课程，德育课虽然内容繁杂，但还是有一定的专业属性的。德育课的学科定位是什么，这样的定位对其独立性产生了怎样的影响是值得关注的。现实中，学科教师的专业定位与这门学科的专业定位是一致的，因为后者是前者的基础，因此可以通过德育课教师的专业定位来推知德育课的专业定位。

1. 政治教师：德育课教师的代名词

在笔者所访谈的过程中，教师都自称为“政治教师”，而在学校的管理制度内他们也被定位为“政治教师”。“政治”一词与他们的职业身份有了密不可分的关系。在笔者与中小学德育课教师的接触过程中，这些教师也都是以“政治课”来指称自己所教的课程，以“政治教师”来指称自己的。他们并不以此为荣，不太认可自己的学科角色，就如一位教师所言：

> 当外面的人问你是教什么的，如果你是教语文或者数学的就会很干脆地告诉他们，像我们教政治的，就不太好说。

由上我们可以看出不管是教师自身对自己的职业定位还是在旁人眼中，他们都是“教政治”的教师，而且这种学科身份给他们带来的更多是尴尬而不是认可。其实把德育课教师定位为“政治教师”就是把这门课程本身定位为一门进行政治教育的课程。

2. 政治教师的定位：中小学德育课政治化的折射

把德育课教师称为政治教师道出我国德育课长期存在一个问题，即政治化取向严重。政治教育即有目的地形成人们一定的政治观点、信念和政治信仰的教育。[①] 虽然我国的德育课在内容上是以“大德育”的方式存在的，但若仔细分析却能从这些内容构成中分出轻重来。新中国成立后的德育课自产生之日起就有着非常浓厚的“政治教育”的色彩。从解放区所开设的“共产主义”或“共产主义浅说”等课程到新中国成立初期开设

---

① 顾明远主编：《教育大辞典》，上海教育出版社 1998 年版，第 2013 页。

的德育课无一不是以政治教育为主旨的，最具代表性的如我国的“五爱教育”（爱祖国、爱人民、爱科学、爱劳动、爱社会主义），其中的“爱祖国”、“爱人民”、“爱社会主义”教育主要就是“政治教育”。由此，在现实中广泛地存在着“政治思想”与“道德”概念的混淆。① 在前面章节中笔者曾经论述到这五爱源于新中国成立后政治协商会议后所颁布的《共同纲领》中对国民公德的要求，只是后来把“爱护公共财物”换为“爱社会主义”。这种政治化的“道德教育”模式也成为中国学校德育的特色之一。

（1）政治教育的必要性

首先要明确的是，政治教育无疑是必要的也是重要的。政治教育是伴随着阶级的产生和国家出现而产生和发展起来的，它在任何一个国家的发展中都起到至关重要的作用。政治教育的最终目的是培养人的政治信仰，政治信仰是政治合理性的最终理解，是对政治体系、政治行为的深度认同。政治信仰的重大意义就在于：一方面，政治信仰为新的统治体系的建立提供心理上的支持。政治制度的合法性意味着社会成员对该制度的认同和支持，只要人们在内心对新的制度产生了认同，就会产生自觉的情感和行为。另一方面，政治信仰为政治秩序的稳定提供意识上的支持。因为一个社会的真正稳定，必须要有社会成员在意识层面上对该社会的政治制度、资源分配等重大问题上自觉的情感选择。政治信仰的形成既是一个权力运作的政治化过程，也是一个自然的社会化过程。任何时代的统治者都会利用一切手段尽可能宣扬自己的信念工具，政治体制和统治者自身往往被信念化、神圣化。当这种信仰被世俗化、社会化之后，便衍生为公众的政治认同。

其实很多国家都是非常注重政治教育的。国外对政治教育一般理解为学校有目的地传授参与政治过程和政治活动所需要的知识、态度、价值和技术。② 很多国家虽然没有设置明确的学科进行政治教育，但在政治学、社会学、伦理学和教育学等学科之中却渗透着“思想政治教育”和实行

① 陈桂生：《教育学视界辨析》，华东师范大学出版社 1999 年版，第 205 页。

② 武汉大学思想政治教育系组编：《比较德育学》，武汉大学出版社 2000 年版，第 256 页。

“政治社会化”引导。他们通过这种教育使统治阶级的思想意志和观点渗透到社会公众之中，使社会成员普遍接受。在这一基础上，使之进一步懂得如何适应在所处的社会制度中生存与发展。所包含的内容如在一个开放的社会中，他们将拥有的公民权，以及如何通过请愿、陈述信仰、竞选部门职位和表决的正式行为发挥自己的作用等。通过政治教育让学生准备好见识广博地参与民主过程，了解当地、地区以及国家层面上的民主机构如何运作，以便他们可以行使自己作为公民的权利和履行自己的责任等。

(2) 德育课政治化取向的偏颇之处

我们不仅要研究政治教育在德育课中占据了多大的比重，更要追问长期以来我们的“政治教育”是以怎样的方式存在的，以何作为自身的宗旨，成效又如何？在新中国成立后的很长时间里，我国一直是以政治伦理控制和影响社会生活的，它影响着个体能够享有的各种资源和获得的各种机会。贡斯当指出：“政治自由把公民最神圣的利益的关切与评估毫无例外地交给所有公民，由此丰富了公民的精神，升华了他们的思想，在他们中间确立了某种知识平等，这种平等构成了一个民族的荣誉与力量。”① 这就昭示着政治不仅仅意味着服从，而更意味着参与的权利与能力。在这个层面上说我国的政治教育是有缺憾的。我国的政治教育更多被理解为一种对现有政治信仰和政治政体的守护而相对忽略培养公民参与政治、建设性地促进政治建设的功能。事实上，人们参政议政的责任感和激情是不可能通过课堂的知识讲授来达成的。如黎德化指出的：参与政治是需要激情的，这种激情来自于对团队的认同和责任，而这又是以共同的价值观念和共同的精神追求为前提的。② 道德教育政治化产生了一系列的后果，如其他学科教师德育观念模糊，偏向政治，在学科教学中不能充分地挖掘教学的道德教育意涵。一位高校的教师在与笔者的一次交谈中就说出了这样的困惑：

---

① [法] 贡斯当：《古代人的自由与现代人自由之比较》，选自李强《自由与社群》，三联书店 1998 年版，第 325—326 页。

② 黎德化：《现代人的精神需要与灵魂拯救》，内蒙古人民出版社 1999 年版，第 29 页。

> 我让我的一个学生作硕士论文的时候选题为化学教学中的道德教育问题。因为我一直认为道德教育是任何一个学科教学中一个基本的任务，要教书也要育人啊，非常的重要。但在现阶段对不同的学科如何结合自身学科的特点进行道德教育研究并不够。如我们化学学科，一讲就还是停留在侯德榜制碱什么的，老掉牙了，所以我觉得这个论题有做的价值。谁知道从学生开题到答辩都一片反对声，说我什么不好做，要搞什么思想政治教育。他们对德育的理解就是思想政治教育，而且有一种本能的反感，我只有努力地说服他们。事实上我和学生在作这个论文的过程中，也发现很多老师对德育的认识存在严重的误区。

另外的问题是，政治教育的重要性是否就可以僭越到道德教育的其他方面，这里的僭越既有内容范围上的僭越，也有教学方式方法的僭越。如金生鈜所指出的，道德目标变成了政治目的，而政治目标又道德化，政治目标的实现依靠道德的手段，而道德理想的追求又运用政治的手段。政治思想因而成为道德的核心内容。学校的道德教育因而灌输政治思想，成为思想政治教育。[①] 这样的教育使得道德教育本身失去了自身的品格，而沦为政治教育的附属品。如薛晓阳所言："长期以来，学校道德教育总是处于依附性的话语系统中，处于寄生和从属的位置，没有自己的话语权利和价值独立性，不能按道德教育的内在价值支配教育过程。"[②] 这样的课程取向使得这门课程在人们心中逐渐成为了一门讲授政治知识的课程，背负了一些本不应背负的责任。

综上，从德育课的大德育模式、德育课的知识化和德育课政治化取向几个方面分析，我们可以得出这样的结论：德育课的独立性是比较弱的，并不具备自身独立的学科品格。这种独立性的缺失直接影响着该门课程的学科地位和教育效果。

---

① 金生鈜：《德性与教化》，湖南大学出版社 2003 年版，第 335 页。

② 薛晓阳：《希望德育论》，人民教育出版社 2003 年版，第 201 页。

第二节 中小学德育课拥有的“学科地位”

学校中各门学科课程的设置是由国家的教育大纲所规定的，它们都是为了让学生获得健康和谐的发展。但是在课程体系中总是存在着“什么知识更有价值”的问题。不管承认与否，不同的课程在学校的课程体系中有着不同的地位。如吴永军所指出的：“从理论上讲，知识本无高低之分，只有正误之别。然而实际上，课程知识却有高低之分，呈阶层化状态，通常表现在各学科在学科体系中的课时比例以及受到重视的程度。课程知识的这种‘社会地位’和人们对该知识价值的判断有关。”① 德育课在学校的课程体系中实际占据着怎样的地位是通过其在现实中的运作呈现的。

一 处于学校课程边缘的德育课

对德育课的地位分析可以拿德育课教师的地位作为切入点。社会学研究早就指出，在教师群体内部也存在一定的社会分层。上层的教师享有较高的声誉，低层的教师似乎也完全心甘情愿地让这些教师享有这种特权。② 造成教师社会分层的一个重要原因就是他们所教的学科的差异，教师群体中的“社会分层”其实质是课程的“等级之分”的某种折射。我们可以从某个学科的教师群体的社会等级推断出他们所教学科的等级。

（一）教师对自我学科地位的认知

在问卷调查中，在涉及教师对自身学科地位以及自身在学校中地位的认知方面的统计结果如表4－3所示。③

---

① 吴永军：《课程社会学》，南京师范大学出版社2001年版，第219页。

② 郑金洲：《教育文化学》，人民教育出版社2000年版，第266页。

③ 全部问卷内容详见书末的附录。

表 4－3　　　　德育课教师对本学科学科地位认知的调查结果

题目	选择的百分比
16. 你认为学生对德育课	很重视（0%）；比较重视（6.7%）；一般（26.7%）；不重视（51.7%）；很不重视（15%）
24. 你认为自己所在学校对德育课	很重视（0%）；比较重视（5%）；一般（43.3%）；不重视（41.7%）；很不重视（10.0%）
25. 你认为其他学科的教师认为德育课的存在	很有必要（0%）；比较必要（1.7%）；一般（41.7%）；不太必要（40.0%）；没有必要（16.7%）
26. 你认为在其他学科的教师眼中，德育课教师的地位	很高（0%）；比较高（0%）；一般（25.0%）；比较低（50.0%）；很低（25.0%）
27. 你认为德育课教师在学校中的地位	很高（0%）；比较高（0%）；一般（35.0%）；比较低（45.0%）；很低（18.3%）

其中，经过方差分析，在第 26 题上不同教龄的教师间存在差异，如表 4－4 所示。

表 4－4　　　不同教龄德育课教师对学科地位认知的方差分析结果

题号	变异来源	SS	df	MS	F	Sig.
W26	组间	4.972	3	1.657	3.708	0.017
	组内	25.028	56	0.447		
	Total	30.000	59			

对此项的两两配对比较（LSD 分析）结果如表 4－5 所示。

表 4－5　　　不同教龄德育课教师对学科地位认知的 LSD 分析结果

题号	检验组	Mean Difference（I－J）	Std. Error	Sig.
W26	1 与 2	0.97（*）	0.336	0.006
	1 与 3	0.52（*）	0.200	0.013
	1 与 4	0.37	0.271	0.179
	2 与 3	－0.45	0.325	0.171
	2 与 4	－0.60	0.373	0.113
	3 与 4	－0.15	0.257	0.567

说明：1—4 表示不同的教龄 1：1—5 年，2：5—10 年，3：10—20 年，4：20 年以上。

问卷统计结果表明，德育课教师整体上对自己地位的认知都不太高。一方面认为学生和学校并不重视自己所教的学科，另一方面认为在学校和其他教师眼中自己的地位比较低下。经过方差分析，只是教龄在1—5年的教师这方面的定位与其他年龄段的教师之间存在显著差异。除此以外，无论是不同的学力层次，还是不同类别的学校的教师之间在此方面未有显著性差异。一位教师针对问卷中的“你认为德育课哪些方面最需要改革”一题这样写道：

> 我认为从一个人一生的成长来看，健康的心理、基本的道德法制观念、爱国主义精神比会背一个单词，会解一道数学题更有价值。绝大多数人工作以后，所学的英语、数学等知识并没有发挥什么作用，而从政治课上所学的知识对每个人的一生都有指导意义，可为什么政治课这么没地位。希望能把政治课的真正价值体现出来！

而在问及“你在教学中感到最困难的是什么”，相当数量的教师指出“学校、家长、学生不重视”。由此，我们可以大致地推论出德育课教师在整个教师群体中所处的地位。

（二）让课尴尬：德育课教师地位的现实呈现

如果调查问卷所反映的仅仅是德育课教师自身对其地位的认知，还不足以说明他们在整个教师群体中所处的真实地位的话，那么在实际的学校教育实践中他们处于怎样的地位呢？笔者作论文的过程中经常到中学去听课，每次的主要目的是听某堂课，但在此过程中却难免会碰到不同的教师，碰到各种情境性的教育事件。正是这些不可复制性的“情境碎片”使得德育课真实的实践样态得以呈现，也可以由此推知德育课教师到底在教师群体中处在“哪一级”。

> ①要上课了，一个学生过来问德育课教师：“老师，今天的政治课还上吗？”“上啊，怎么？你们不想上吗？”“不是，想上。”那位老师转过身来对我说：“因为要期中考试了，所以学生以为不上这个课了。”

②下课后，在某年级办公室里，一位德育课教师走进来，笑着说："我今天只上了不到10分钟的课。"周围的人问原因，她说："我刚要上课，数学老师进来了说要占用20分钟讲一道题目，我想那总还剩下20分钟我可以讲课啊。结果等他讲完，离下课就不到10分钟了。"

③一位教师说："今天上课真是的，都上了几分钟了，一个老师要来占课。我都让学生上去开始这堂课的演讲了。我就没让他，谁叫他不早点给我说。"

以上的三个片段都发生在临近期中考试时，虽然事件的场景和情节有所不同，但主题都是"让课"。让课是在中学的各种大考前普遍存在的现象。一般就是某些学科教师占用其他学科教师的教学时间进行本学科的教学，其结果就是某些学科课程的教学时间增加了而另外被占用的课程的教学时间相应减少。"让课"是中学的一种习惯性做法，而德育课就成为"让课"的主要课程之一。笔者就这个问题向一位中学教师了解情况：

问：你们这样调课学校不管吗？

答：默许吧，反正没有领导出来说什么的。

问：那被占掉课的老师心里怎么想？

答：没什么啊，大家都乐意。副科的老师正好乐得少上课，巴不得呢。主科老师也可以有多的时间压压学生，考试的时候也许分数就考得好一些啊，各取所需。

问：哪种情况下老师不愿意把课让出来呢？

答：除非是自己这门课的进度实在是太慢，一般情况下都会让的。

问：经常让课的是哪些学科呢？

答：历史、地理啊，政治也经常让，但少一点，毕竟中考还要考政治。

从上我们可以看出，对教师而言，让课是你情我愿的事，教师一般都达成了某种默契，某种程度上是一种"合谋"。虽然这种做法不符合学校的课程制度安排但已经被学校领导所默许，并不会带来任何管理上的问题。这种默契也传递给了学生，学生不会因为某门课的时间被另一门课所占用而感到奇怪，严格地按照课表上课倒是会让他们感到诧异了（如场景2所反映的）。如果说初中阶段的让课反映出德育课在实践中不太受重视的境遇，那么小学阶段德育课的开而不上则更能说明现实的实践逻辑。由此我们就知道支配现实的教育教学的力量到底是什么，不是国家的课程标准也不是政府文件，而是整个教育评价制度。教师的等级也就在"让课"的过程中得以呈现。

在关于"让课"的谈话中我们可以看到教师间的彼此妥协与竞争，如马维娜所言："学校场域是一个婀娜多姿、缤纷异彩的教育生活世界，不仅有张弛有序、井然有致的教育教学活动，而且有时时孕育其中的关系冲突、资源竞争、话语宰制、行为抗衡，至于置身婀娜多姿、缤纷异彩的教育生活世界中的人更是既有冲突也有平衡，既有竞争也有妥协，既有矛盾也有联合。"[①] 即便如此，德育课教师更多的时候是扮演着妥协和合作者的角色，因为他们所教的学科在学校整体的学科布局谋划中的重要性低于其他学科，在与其他教师"竞争"的过程中他们所能运用的资源也是有限的。

无论是从德育课教师自身的认知还是从实际的情况来看，德育课教师在整个教师群体中所处的地位比较低，而无论是学生还是学校对某门学科教师的重视程度最终源于对教师所教学科的重视程度，而不是相反。这说明德育课在整个学校课程体系中所处的位置也比较低，德育课在学校课程体系中处于边缘的地位。

（三）德育课教师对学科地位的争取

如布迪厄所指出的："社会行动者并非被外力机械地推来扯去的'粒子'。正相反，他们是资本的承载者，而且，基于他们的轨迹和他们利用自身所有的资本数量和结构在场域中所占据的位置，他们具有一种使他们积极踊跃地行事的倾向，其目的要么是竭力维持现有的资本分配的格局，

---

① 马维娜：《局外生存：相遇在学校场域》，北京师范大学出版社2003年版，第36页。

要么是起而颠覆它。”[①] 现实中的德育课教师群体必然争取自身的地位，这个过程就必须通过加强这门学科的地位的方式来实现。在现实中，这种方式最为集中地体现对考试的处理上。

考试是任何一个中小学教师都无法回避的问题。无论对这种评价方式喜欢与否，它都在教师的职业生活中占据着重要的地位。对德育课教师而言，考试则更多了几分无奈和困惑。在对他们访谈的过程中，这个话题频频被提到。在对 R 老师的访谈中，就考试问题我们的交谈内容如下：[②]

问：你认为怎样才能使学校重视政治课呢？

R：提高分值，学校肯定就更重视，肯定地位就提高了。你看英语简直重视得不得了，从老师到家长。

问：英语是 100 分吧？

R：语数外是 120 分，物理化学是 100 分，政治 50 分，英语据说还要加。

问：我们以前那个时候，有的老师带初三很厉害就老放到初三，现在还有这种情况吗？

R：现在还这样，我们学校好一点，因为老师整体的水平差不多，大家就轮换。我觉得轮换比较好，你带学生带到半路上一下又丢出去，这样是不利于学生整体发展的。还有一个很重要的原因，其实老师就很狭窄了，因为他老教初三，只对初三这个年段研究很深很透。我们好多初三有的老师就两年不下去，他就会觉得有的内容陌生了。一些老师十几年都待在初三，现在我们的初三是国情，他就只熟悉国情，连法律那一块都不很熟悉，初二的法律因为要考也还知道一些，初一压根就不知道，全是围绕考试转。

R：以前考 100 分，大家都平起平坐，政治还是一门很主要的科目，现在一下下降到 50 分，在学校的地位就降了一半了。

---

① ［法］皮埃尔·布迪厄：《实践与反思——反思社会学导引》，李猛、李康译，中央编译出版社 1998 年版，第 149 页。

② 访谈时间：2007 年 11 月 4 日。

在笔者所作的问卷调查中，在“你认为现行的德育课考试方式”一题，有21.7%的教师认为“比较好”，53.3%的教师认为“一般”，13.3%的教师认为“不好”，8.3%的教师认为“很不好”，另有3.3%的教师没有作选择。在开放性问卷部分，当问及：“你认为德育课哪些方面最需要改革？”大多数的教师都提出了考试问题，认为考试制度应该改革，具体的改革方案如表4－6所示。

表4－6　　所调查德育课教师提出的德育课考试改革方案

改革方案	原因
1. 考试分值太低，应该提升至100分（持这种观点的教师占了绝大多数）	1. 分值太低，教师的劳动得不到重视。 2. 分值太低，学生不重视该门课程的学习。 3. 只有考一样的分值，与其他学科的地位才平等。
2. 放弃笔试	1. 这样考不出学生水平。 2. 让教师疲于应试。
3. 改革开卷考试制度，要闭卷①	1. 学生对本应熟记于心的政治常识性知识掌握不好。 2. 开卷考试会导致学生在学习过程中学习态度不重视。 3. 考试时因对课本知识不熟悉，要花很多时间翻书，也让师生觉得考试不严肃。 4. 进入高中以后会不适应高中的闭卷考试。

说明：南京近年来的中考科目为6门，满分为610分。其中语文、数学、英语120分为满分，物理化学100分为满分，思想政治50分为满分，占总分值的8.2%。

由上，我们不难发现影响德育课在学校课程体系中的地位的最重要的因素之一就是考试，具体即考不考、考多少分值等。要加强该门学科的地位的最直接和有效的方式就是提高其在考试中所占据的比重。

二　德育课地位所反映的问题

（一）德育课：考与不考的两难困境

通过对德育课教师的地位分析可以知道德育课在整个课程体系中占据

① 某些地方近年来中考实行开卷考试的考试形式。

着怎样的位置。在现实的操作过程中，中小学的课程安排和实施主要是根据考试升学的要求来决定的，不考就少教或者不教是现实课程运行的一种逻辑。在大多数的地方，中小学的德育课更多的是当作一门提高学生修养的课程来开设的，并没有被纳入升学考试的科目，学生在这门课上的表现的好坏并不影响其升学和就业。这样的课程设置使德育课往往缺乏现实实施的保障，包括时间、师资等，它在中小学的课程体系中往往就处在了边缘的地位。德育课虽然对人的发展具有本体的价值，但是在升学和就业的层面上所具有的工具性的价值却并不明显，因此德育课在中小学受到漠视、处于边缘化的地位也就不难理解。

将“考”与“试”两个字合在一起用，最早出现于汉代。如西汉董仲舒在《春秋繁露·考功名》中写道：“考试之法，合其爵禄，并其秩，积其日，陈其实，计功量罪，以多除少，以名定实，先内第之。”这就是说，用考试的方法，检查、考核官吏的政绩，并按考试的结果计功量罪。[①] 演化到今天，学校里的考试就主要以纸笔测量的方式出现。在很多时候，它是作为终结性评价方式采用的，首要目的在于给学生评定成绩、为学生作证明，或最终确定教育方案是否有效。它是对学生在整个教育过程或其某个重要部分所取得的成果进行评定的方式。在当今学校教育制度中，考试无疑在教师的教学生活和学生的学习生活中都扮演着非常重要的地位。只要在教育场域内生存，没有任何人能轻视它的存在。从学理上看，考试只是学校评价的一种方式，只是在发展的过程中这种方式逐渐成为支配性的评价方式。

考试同样支配着德育学科的实践运作。主要以纸笔测验的形式存在的考试仍然是德育课中占主流的终结性评价方式。这种考试是用分数来衡量的，最终会计入学生升学考试的总分而成为学校录取新生的依据。这种考试模式和其他学科的考试并无本质的不同，不管是学生还是教师这种评价都是刚性的。它直接影响着学校和社会对教师教学能力的评价，并由此直接或者间接地影响到教师的职业声誉和前途。对学生而言考试成绩更有着非比寻常的意义，是升入高一级学校的必要筹码。在考试中，师生可谓各

---

① 程凯、王卫东主编：《考试社会学概论》，河南大学出版社2000年版，第14页。

取所需，因此这样的考试对师生都具有非常强的工具性价值。如前所述，终结性的量化评价方式是不适合中小学德育课的，而这种信度和效度都值得怀疑的考试方式却恰恰成为了导引实践教学的决定性力量。就笔者了解的南京市的情况，初一年级的德育课是最不受重视的，体现为规定的课时经常不能完成，教师的专业性也是最差的，相当多的授课教师由行政人员兼职或者其他学科教师兼职。究其原因，就是因为南京的中考并不考初中一年级的内容。很多学校往往有几个专门的德育课教师专门负责初三的德育课，准备中考。

关键的问题是，这种评价方式是否适合于德育课。考察考试必须有两个最为基本的衡量指标，即信度和效度。无论是从信度还是从效度方面考察，考试都不是德育课可以采取的最好的评价方式。如前所述，德育学科与其他学科不一样，与知识学习和技能学习相比，学生的掌握程度可以通过纸笔测验的方式来呈现，道德的学习如若用这种方式测评所考察的最多是学生对一些道德知识掌握的水平和文字语言的表达情况，对其内隐性的道德成长和变化的测查度非常有限，就决定了德育课用纸笔测验的评价方式不太合宜。20世纪初在关于中国考试制度的论战中，吕思勉在《考试论》一文中写道："考试之法，惟有一弊，必不可免者，即应试者之所学，但求其足以应试而已，他皆不问。"① 此论自有为考试辩护的意味，却道出了考试的最大弊端。对于德育课这种弊端尤其为烈。对德育课而言，更有意义的是各种过程性评价和诊断性评价，如以项目评价、谈话、成长记录袋等形式出现的评价方式。

只要有这种考试方式存在，它就是一种硬性的影响因素影响教师的教学行为，现实的教学又很容易沦为应试教育，教师教学的自主性和创新性受到相应的制约。最关键的问题是这样的考试的信度和效度都难以得到保证，分数高低并不是学生真实道德发展水平的体现，如果说知识学习的考试中存在"高分低能"的情况，在道德学习的考试中更有可能产生"言行不一"的伪君子。道德学习虽然具有一定的功利性的工具性价值，但若此学科的学习纯粹演变成学生升学的手段，这样的德育课已经远远背离

---

① 天津市教育招生考试院:《考试研究》2002年第2辑，天津人民出版社2002年版，第138页。

了道德教育的本意，甚至是不道德的。但是如果没有了考试，德育课的现实状况可能会更糟。笔者就这个问题也与一位教研员（简称Y）和一位教师（简称R）进行了探讨。①

问：如果没有中考，教师不就可以作一些更有意义的探索吗？

Y：给你说实话，如果没有中考，谁会来参加教研活动啊。

R：如果没有中考，对一部分教师而言是一种解放，可以去教一些自己想教的东西。其实我所希望的就是不考试，然后就只教两个班的学生。现在教6个班级要认识多少学生啊！

Y：但这部分教师很小，最多10%左右，而且阵营会越来越小，因为不考学校就不会重视，那肯定会被其他主课排挤的。

R：是啊，我们学校的历史课和地理课你知道怎么上的啊，老师让学生看《猫和老鼠》还是四川话配音的。有时候不放学生就会问：你为什么不放啊。老师就说：你们上节课纪律不好就取消一次。就是现在政治要考也不受重视啊，我们是和副科一起考的，而且每到中考主科教师就会来要课的。

问：你们在中考中所作的一些尝试有效果吗？

R：中学老师的办法可多了。我们在去年的中考中就涉及活动的考试，今年我听下面的老师就说他们已经有了一套应对活动考试的方案了。你看任何的东西都能被应试化，我们设计这个题目的本意是想引导教师在平时的课堂教学中注意活动的开展，转变原有的教学行为，但是你看他们还是有办法。看来还是不能这样考了。在城市好一点，在农村教学的应试性就更强了，就是为了考试。他们请我去干什么，就是想了解中考的一些信息。

Y：是啊，这些老师可有办法了。有一个老师就给学生讲：如果问题是“什么对什么的意义”之类的题目，你回答就用“什么有利于什么”的句式；如果是材料分析题，要记住回答问题的时候没有材料不答题。

① 讨论时间：2004年6月7日。

但是，对各个被纳入考试体系的学科来讲，终结性的评价考试是现实中对教学最具有决定性的导引性力量，它决定着不同学科在整个学科体系中的地位，决定着现实中的教学形态。评价本身的终极性目的在于促进学生进一步学习和发展，但在我国的具体教育文化背景下，评价所具备的功能单一化，使其更多地成为选拔人才的工具。在现代教育制度下，中国金字塔结构的教育体系更是将考试的筛选淘汰功能推向了极致，考试也就成了教育的“指挥棒”，考什么就教什么，怎么考就怎么教就成为现实的教育教学逻辑，学科的等级地位差异也就在考试的运作中显示出来。由此，各种终极性的评价考试就成为“操纵”教学实践的决定性力量。

综上我们可以看出德育课在考试文化中所面临的两难困境。一方面如果考试，虽然其信度和效度都存在一定的问题，但教学还是可能完全围绕考试展开。这种考试使得德育课的工具性价值得以呈现，本身可能就是不道德的；另一方面如若不考，这门学科的学科地位更为低下。因为在中小学课程设置的逻辑中，并不是从应然的角度来考虑如何设置课程，而是从现行的社会选拔制度来进行课程设置的。现在的小学阶段的德育课就面临这样的困境，因为没有终结性的量化考试作为支撑，连正常的课程开展都无法得到保证。现实中小学阶段的德育课很多处于停上状态，即使开课也经常被其他的学科所挤占。在小学阶段与德育课命运差不多的还有《科学课》、《艺术课》等。初中阶段的德育课因为是中考的考试科目，所以还能维持正常的教学。因此考与不考对中小学德育课而言是一种两难选择。

(二) 功利化的社会背景中如何进行专门道德教育

事实上，对学校场域的格局起支配性作用的力量不存在于学校内部。如马维娜所指出的：“原来，在学校场域之外还有一个无法逃遁的隐形场域，一道无法逾越的‘界’，它远远地但又真切地调配着学校的各方力量，编织着学校的各方关系，并将那些已有的或将要有的资源或资本聚拢在一个巨大的圆轴上，而不必担心离心力的作用。这就是国家权力场域的巨大功能，它对不同场域和在其中流通的不同形式的资本施展权力，它对其他不同种类的资本特别是它们之间的兑换比率实施支配，正是这种元资本确定了国家的特有权利，并且能赋予支配不同种类的资本及其再生产（特别是通过学校系统）的权利。”[①] 因此，形成学校中德育课地位低下的原因还应从社会因素中去寻找。考试之所以对每一门学科的地位有着如此重要的影响，关键在于考试是现行的社会选拔人才的一种最为主要的方式。因此，这种考试文化背后是一种功利化的社会文化的折射。在我国一门课程存在的社会基础是社会控制和社会选拔的功能。

在中国社会发展的过程中，教育与社会的选拔制度有着非常紧密的联系。吴刚在《知识演化与社会控制——中国教育知识史的比较社会学分析》一书中针对李约瑟所提出的问题“为什么现代科学只在欧洲文明中发展，而未在中国（或印度）文化中成长?”运用知识社会学的理论对影响中国知识发展的文化变量进行了深入的分析。他通过分析比较后得出：中国以前的考试：重人伦、轻科技，将科学技术看成“奇技淫功”的科举，扼制了中国科技文化的发展。这种教育与选拔制度的高度同构性使得科举制度控制着社会知识的选择和分配。[②] 究其本质中国传统的正统教育有着高度的功利性，人们通过接受教育而获得参与社会博弈的资本和资格，进而形成了一个考试和教育高度同构的教育文化。从科举制度开始施行的伊始，教育，无论是公学还是私学都与考试有着千丝万缕的联系，这种后天的结盟使得中国的教育带有强烈的“入世”特征。这种文化到今天只是形式有所变化，实质的内核并未发生改变。当然在这个过程中也曾经出现过一些比较有自为精神的教育方式如“书院”等，但这都没有成为中国正统教育的主流，其精神也在时间的长河中慢慢地消失，成为一种历史的存在而没有成为一种活着的传统。运用这种观点分析中国的道德教育将会发现，虽然中国一贯有重视道德教育的传统，但其背后往往有科举选拔考试作为制度性的支撑。

反观现在的中国学校教育制度也可以发现支配学校教育知识生产和分配的决定性力量。那些对升学和就业起着重要作用的学科的知识自然就成

---

① 马维娜：《局外生存——相遇在学校场域》，北京师范大学出版社 2003 年版，第 109—110 页。

② 吴刚：《知识演化与社会控制——中国教育知识史的比较社会学分析》，教育科学出版社 2002 年版。

为“最有价值的知识”。到底哪些是“最有价值的知识”则与现实的社会背景相关，考试的变化反映着社会观念的变迁。如黎向东所言：“在人类历史发展的过程中，一定历史时期的考试观念总是从属于同一时代的社会价值观。而一定历史阶段的社会价值观，虽在一定程度上受到历史与文化传统的影响，但必与所处时代的社会历史条件相适应，因为社会发展的客观需求是社会价值观的源泉。”① 随着中国社会的发展，“什么知识最有价值”也产生了位移。具体体现为能够为个人带来良好的发展前途（包括职业发展、社会声望、经济收入）的学科知识成为最有价值的知识。在社会选拔中各种知识所占的权重发生了变化，考试测查的重心也发生了变化。正是在这种功利化取向的教育背景下，德育课受忽视成为必然。这也就难怪德育课要用考试来强化自身的学科地位，这种忽视反映的是对整个道德教育的忽视。下面是一篇题为《小学生苦恼没机会做好事》的小学生日记。②

2004 年 2 月 27 日 星期五

老师布置我们大家要学雷锋做好事，我准备放学就开始，做个“小雷锋”。

一放学，走出校门，老远就看到爸爸的车停在路边，我跑过去对爸爸说：“爸爸，今天我想坐汽车，我要和雷锋叔叔一样，在车上帮助老弱病残!”爸爸说：“不行，时间很紧，赶快回家做作业。”我只好上车了。

回到家，看到楼下的草坪上，几个老人在晒太阳。我想，我来陪陪老人，打发他们的寂寞。可爸爸已经催促了：“快，上楼做作业，做完再……”唉，又不行了。

妈妈回来了，忙着做饭，对！我帮妈妈择菜，做一些力所能及的事也是好事呀！我刚说出我的意思，妈妈笑着说：“孩子，快看书，这些事是妈妈做的，你的任务就是看书学习。”唉……我只好返回了书房。就这样，做“小雷锋”的计划没有实现。我想：要是雷锋叔

① 黎向东:《论中国古代文官制度对西方近现代公务员制度创建的影响》，载天津市教育招生考试院编《考试研究》2002 年第 2 辑，天津人民出版社 2002 年版。

② 《小学生苦恼没机会做好事》，载于 2004 年 3 月 1 日《金陵晚报》A3 版。

叔在，今天会不会和我一样连做好事的机会也没有呢。

刊载于《南方周末》的另一篇报道中则反映了这样的现实：

南京一位高三毕业生的话："高中三年的学习中，学校教学只有80%时间和高考有关，……学校用上课时间给我们组织社会调研、第二课堂等素质教育的内容，占全部学习时间的两成多，但这些对高考没有用，我真后悔当初浪费了那么多时间。"①

上面一篇小学生的日记反映出现道德教育中的诸多问题。抛开学校的道德教育方式是否恰当不谈，从家庭教育的角度看这位小学生的苦恼，可以看出道德教育的空间究竟有多大，而留给德育课的空间又有多大。后一篇报道中这位中学生自己的谈话或许更能说明今日的教育模式，功利化的教育背景不断地挤压着道德教育的空间。在学校德育中，一方面存在着教育者感叹学校德育实效性不高的问题，另一方面却也存在着德育"说起来重要，做起来次要，忙起来不要"的现象。就中小学德育课自身而言，其本身的形式和内容存在一定的问题影响了其功能的发挥，受到指责。但不可否认的是，功利化取向的教育环境并未给中小学德育课提供良好的空间。如问卷调查中一位教师所言：

新的教材中那么多的活动设计，不太符合学生的实际生活。因为学生的课余时间很少，而政治课要想完成得更好需要学生花费较多的时间准备，需要家长、学校、社会等各方面配合。学生每天补课到较晚，政治课节数又少，中考分数比例又少，又需要学生花时间去完成，是不现实的。

因此，德育课的学科地位所折射不仅仅是这门学科自身的困境，更折射出整个教育文化所存在的某些问题。当然，德育课本身无法左右教育文

① 吴非：《不是爱风尘，又被风尘误——反思南京教育界的一场讨论》，《南方周末》2004年9月16日B14。

化的发展方向，但认识到此点却是很有必要的。尤其是随着新课程改革的进行，德育课中的活动性、践行性的内容大大增多，这些内容往往要借助家庭和社会的支撑系统才能达到理想的效果。如何为学生提供发展品德、展示品德的机会和空间就成为必须面对的问题。

第三节　中小学德育课的实践效果及原因分析

长期以来，在学校课程体系中德育课都是一门常设课程，但是它的作用如何，取得了怎样的效果是需要关注的。学生是德育课直接的受众，长期以来我们习惯于从学生的行为表现去探究德育课的效果如何。这种方式当然没有什么问题，但是笔者认为了解一门学科的教学效果不仅仅可从学生的角度去了解，还可以从执教者本身来推知。具体德育课教师的职业意义感和他们在课堂中实际遭遇的一些问题来对德育课的运行效果进行探讨。

人是天然的寻求意义的动物，可以说，没有意义作为依托人的精神生命也就难以为续。作为一种意义的存在，几乎没有人能够忍受无意义的生活。该门学科的教师从所教学科中获取的意义感和价值感在某种程度上能够反映该门课程的实际运行状况。

一　中小学德育课的“实践效果”

（一）职业意义感缺失：来自教师的感知

根据人本主义的观点，人有多重需要，最高层次是自我实现的需要。哈贝马斯则把人的兴趣分为技术的兴趣、实践的兴趣和解放的兴趣。技术的兴趣是人们试图通过技术占有或支配外部世界的兴趣；实践的兴趣则是维护人际间的相互理解以及确保共同性的兴趣；解放的兴趣就是人类对自由、独立和主体性的兴趣，其目的是把主体从依附于对象化的力量中解放出来。[①] 赫茨伯格与其同事创立了管理心理学中颇有影响的“双因素理论”。这种理论把人对工作的满意程度分为两种因素：一是激励因素，是指能促使员工产生满意的一类因素。这些因素主要

---

① ［德］哈贝马斯：《认识与兴趣》，郭官义、李黎译，学林出版社 2002 年版。

有：工作中的成就感、工作中得到的认可和赞赏、工作本身的挑战性和趣味性、工作职务的责任感以及个人晋升与发展的机会等内在因素。二是保健因素，是指能促使员工产生不满意的一类因素。这些因素主要有：监督、工作条件、人际关系、薪金、工作安全感、公司政策等外在因素。[①] 上述这些管理学和心理学都普遍认为，人从事某一种职业，除了从这种职业中获取功利性的报偿之外，人也需要从职业中寻找另外的价值和意义，总会有意无意地从工作中寻求精神满足。作为一门学科教师，也必然要从自己的工作中寻找意义和价值。那么德育课教师从自己所教的学科中所获得的价值感和意义感如何呢？或许下面对一位老师（简称 M）的访谈能说明一些问题：[②]

问：你觉得教书有意义吗？

M：没多大意思。

问：怎么会有这样的感觉呢？是因为政治不受学校重视吗？

M：受重视又怎样？难道中考考 100 分就舒服了？主要原因在于自己觉得没有教给学生什么有用的东西。这么多年我们的教育到底给了学生什么影响呢，没有负面的影响就不错了。

问：那这又是因为什么产生的？

M：我们的教材就是沿着“是什么”、“为什么”、“怎么样”的思路来的，灌输的成分太重了。我的家离学校挺远的，可上班路途上奔波的劳累远不如这门课给我带来的疲惫。

从上面这段谈话中可以了解到以下的一些信息：这位教师从自己所教学科中所获得的价值感受比较低，从内心深处不太认可自己工作的价值。其原因不仅仅是因为这门学科在整个考试评价制度中所占的地位，还有对这门学科对学生发展所能发挥的作用的怀疑。这种价值无力感的直接原因则与教科书有着紧密的联系。下面是笔者和另外一位教师（简称 R 老师）的谈话：[③]

---

① 胡君辰：《管理心理学》，东方出版社 1997 年版，第 127 页。

② 访谈时间：2007 年 10 月 15 日。

③ 访谈时间：2006 年 11 月 4 日。

R：我们这门功课还是很重要的，特别是未成年人。

问：我想你也是慢慢意识到这个问题的吧？

R：对啊，原来一开始的时候没有想过很多，就是把它当作一种职业。我觉得我的经历蛮奇怪的，开始工作的前六七年里是普通得不能再普通的那种老师的想法一样，就是无可奈何地从事着这个职业。

问：那时候你上课心理感受也不是特别好吗？是一种什么心态去上课？

R：也有过比较有意思的时候，但那是短暂的，个别的。比如说在上有些课的内容的时候，我觉得我首先也是在说我认为的正确的、真心的话。但是也并不是说我多么热爱这个职业，或者说我从来没有从这么大的一个角度去考虑过，没有想过这门功课对学生有多么重要。我只是比如说我们来讨论一些问题，如爱国啊。而且我觉得我给学生讲的时候我不认为我是在喊口号，我觉得我还是发自内心的，我认为是什么样子的我就给他们说。其实最初的时候我还是不喜欢这个职业，也就是说当时也是有点无奈地选择了这个职业。

在笔者所作的问卷调查中，在涉及教师职业的意义感方面设计的题目的统计结果如表4－7所示。

表4－7　　所调查德育课教师职业意义感的调查结果

题目	百分比
18. 你对自己所教的学科	很喜欢（10%）；比较喜欢（48.3%）；一般（31.7%）；不喜欢（10%）；很不喜欢（0%）
19. 你对自己是一名德育课教师感到	很自豪（15%）；比较自豪（16.7%）；一般（46.7%）；不自豪（11.7%）；很不自豪（10%）
22. 认为自己所教的学科	很有意思（8.3%）；比较有意思（35%）；一般（38.3%）；没多大意思（16.7%）；没有意思（1.7%）

续表

题目	百分比
23. 你从这份工作中获得的成就感	很高（5%）；比较高（21.7%）；一般（48.3%）；比较低（21.7%）；很低（3.3%）
20. 你认为自己所从事的工作	很重要（26.7%）；比较重要（38.3%）；一般（35%）；不重要（0%）；很不重要（0%）

经方差分析，第18、19、22、23题在教龄间存在显著的差异，如表4－8所示。

表4－8　　所调查不同教龄德育课教师职业意义感方差分析结果

题号	变异来源	SS	df	MS	F	Sig.	题号	变异来源	SS	df	MS	F	Sig.
W18	组间	8.025	3	2.675	4.902	0.004	W22	组间	7.007	3	2.336	3.116	0.033
	组内	30.558	56	0.546				组内	41.977	56	0.750		
	Total	38.583	59					Total	48.983	59			
W19	组间	15.046	3	5.015	4.635	0.006	W23	组间	11.227	3	3.742	6.038	0.001
	组内	60.604	56	1.082				组内	34.706	56	0.620		
	Total	75.650	59					Total	45.933	59			

对此几项的两两配对比较（LSD分析）结果如表4－9所示。

教龄：1表示1—5年，2表示5—10年，3表示10—20年，4表示20年以上。

表4－9　　所调查不同教龄德育课教师职业意义感LSD的分析结果

题号	检验组	Mean Difference（I－J）	Std. Error	Sig.
W18	1与2	0.94（*）	0.371	0.014
	1与3	0.33	0.221	0.142
	1与4	－0.49	0.299	0.110
	2与3	－0.61	0.360	0.097
	2与4	－1.42（*）	0.412	0.001
	3与4	－0.81（*）	0.284	0.006

对自己学科的喜爱程度：1—5 年教龄教师明显较 5—10 年教龄教师更喜爱自己的学科。同时，教龄在 20 年以上教师明显较教龄为 5—10 年、10—20 年的教师更喜爱自己的学科。即年轻的和年老的教师更倾向于喜爱自己的学科，而中间教龄段的教师（一般的骨干教师）更不喜爱自己的学科。

表 4－10　　所调查不同教龄德育课教师对德育课喜爱程度

题号	检验组	Mean Difference（I－J）	Std. Error	Sig.
W19	1 与 2	1.07（＊）	0.523	0.045
	1 与 3	0.70（＊）	0.312	0.029
	1 与 4	－0.53	0.421	0.216
	2 与 3	－0.38	0.506	0.459
	2 与 4	－1.60（＊）	0.580	0.008
	3 与 4	－1.22（＊）	0.400	0.003

对自己作为政治教师的身份的自豪感：与前面第 18 题一致。

表 4－11　　所调查不同教龄德育课教师对德育课教师身份的自豪感

题号	检验组	Mean Difference（I－J）	Std. Error	Sig.
W22	1 与 2	0.63	0.435	0.152
	1 与 3	0.63（＊）	0.259	0.018
	1 与 4	－0.15	0.350	0.678
	2 与 3	0.00	0.422	1.000
	2 与 4	－0.78	0.483	0.113
	3 与 4	－0.78（＊）	0.333	0.023

学科是否有意思方面：教龄 1—5 年的教师明显较教龄为 10—20 年的教师更认为自己的学科有意思，而教龄在 20 年以上的教师也比教龄为 10—20 年的教师认为自己的学科有意思。

表 4－12　　所调查不同教龄德育课教师工作成就感的分析结果

题号	检验组	Mean Difference（I－J）	Std. Error	Sig.
W23	1 与 2	1.06（*）	0.396	0.009
	1 与 3	0.49（*）	0.236	0.044
	1 与 4	－0.51	0.319	0.112
	2 与 3	－0.58	0.383	0.137
	2 与 4	－1.58（*）	0.439	0.001
	3 与 4	－1.00（*）	0.303	0.002

工作成就感：教龄为 1—5 年的教师明显较教龄为 5—10 年、10—20 年的教师更有工作成就感，而教龄在 20 年以上的教师也比这两个年龄段的教师更有成就感。

从问卷的统计结果可以发现，从教龄上看，教龄在两头的教师更有成就感，更认为自己的教学地位较高，更认为学生喜欢自己的课程。而中青年骨干教师，作为学校教育的主体，却并不这样看。在现实的教师构成中，这部分教师占了大部分，因此这是个值得关注的问题。在笔者进行访谈的过程中也发现同样的趋势，究其原因年轻教师可能由于刚刚参加工作，职业的新鲜感还比较强，而对自身的期望值比较高有关。

总体而言，德育课教师虽然普遍认为自己所教的学科对学生的发展是重要的，但是自身从其中所获得的职业成就感和自豪感偏低，这不仅表明着教师的职业价值感不高，同时也预示着这门课程本身在实际运行的过程中的效果问题。因为教师的职业意义感和价值感不会是无因之果，他们的价值感的最重要来源是学生和其他的一些人对自己所教学科的意义与价值的认可程度。

现实中我们仍然可以看到一些德育课教师在进行一些教学的改革和尝试，这些改革和尝试不是在国家课程改革的组织下进行的，多具有自发的性质。笔者对这些改革者产生了浓厚的兴趣，希望通过与他们的交谈中发现促使其改革的动力和源泉。笔者就此问题问过两位教师，结果她们的答案几乎是一致的。（简称 M 和 R 老师）

问：促使你进行一些新的教学尝试的动因是什么呢？

R：过去反正我也没想过那么多啦，但是我过去呢，如果说唯一做了一点事情，可能这和我自己的个性有关系，我不喜欢自己那个课自己都觉得上得没味，烦！我要动点脑筋。因为不然你在工作的时候你就不愉快啊，否则一想到上课就头疼，皱眉头，难过。

M：职业的疲倦，这课上得没意思，很累。自己没意思，学生也觉得没意思，于是就想着要改变。

从两位教师的回答中我们可以得到这样一些信息，在她们开始从事这份工作的时候她们从中获得的快乐和意义感是很少的，甚至更多的是一些负面的情绪体验，因此她们试图作出一些努力来缓解自己这种焦虑状态。改变的初衷首先要让自己上课的时候“愉快一些”，这种愉快感的追求说明德育课的教师在工作中不停地寻找自己的意义与价值。但是这种教师毕竟在整个德育课教师群体中并不占主流，大量的教师的职业意义感还是比较低的。

教师职业意义感缺乏的原因可能多种多样，但是如果某个学科教师群体普遍存在这种状况，就在很大程度上反映出这门课程在实践中运行的效果不佳的问题。因为一方面，学科教师的职业意义感是源于所教学科在现实中所产生的效果。另一方面，教师职业意义感缺乏本身又直接影响着这门学科的运行效果。

（二）所教非所信：教师在课堂中的尴尬与困境

虽然对德育教师究竟应该扮演怎样的角色一直存在不同的争论，如权威主义强调教师在道德教育过程中的作用，代表人物如中国的荀子、西方的洛克等。中立主义则认为教师应该采取一种价值中立主义的立场，如价值澄清学派认为，身为教师我们必须清楚，既然我们无法强制规定儿童的生活环境及其经验，我们也就不能发号施令，规定他们应该持什么样的价值观。[①] 调和论者则认为前两者都有偏颇之处，代表人物如威尔逊明确指出作为教育者，使学生确实清楚我们在道德教育上正在努力做什么以及如

① ［美］路易斯·拉思斯：《价值与教学》，谭松贤译，浙江教育出版社2003年版，第35页。

何把道德教育作为一门学科来处理是极其重要的。就我国德育课现实情况来看，对教师的角色期待则并非这三者中的任何一种，而是希望教师代表教科书中所持的立场和观点。教师被赋予的职业角色就是社会的代言人，也就是必须代表着课程中的"那个声音"，这种规范性的角色要求就可能使德育课教师产生所教与所信的矛盾，也就是教师自身的情感、态度和价值观与所教课程中所主张的相关内容有所差别。

教师所面临的"所信与所教"的矛盾似乎还不足以把教师推入尴尬的境地。毕竟在自己的真实信仰和自己角色要求扮演的行为之间产生矛盾还不仅仅是德育课教师需要面对的问题。关键问题在于，教师在课堂上要面对众多学生的目光，接受来自学生的质疑和追问。苏联教育家加里宁就惊讶地描述道："世界上任何人也没有受着这样严格的监督，孩子们几十双眼睛盯着他，须知天地间再没有什么东西，能比孩子的眼睛更加精细、更加敏捷、对于人生心理上多种微末变化更富于敏感的了，再没有任何人像孩子那样能捉摸一切最细微的事物。这点是应当记住的。"① 对其他人而言，教室是一个非常私人化的地方，但对学生而言，它却是一个公共性很强的活动空间。

曾经有一个老师给我说了这样一件事情：

> 我这学期坚决不教初三了，那些内容和学生隔得挺远的，而且把有些东西"遮"起来，好像不存在一样。你不知道，我讲到有些内容的时候，学生就会在下面笑。有一次下课后一个学生跑过来问我："老师，你相信你自己所教的东西吗？"还没等我回答，这位学生接着说："如果你相信你所教的，那你就是傻子；如果你不相信你所教的，那你就是骗子。"搞得我挺尴尬的。②

作者还听到师生之间的这样一段对话：

---

① 转引自藏乐源主编《教师学》，天津人民出版社 1987 年版，第 134 页。

② 注：在作访谈时，南京的中学没有采用新的教科书，不同年级教学内容分别为初一是心理、初二是法律、初三是国情。

学生：社会主义和资本主义是什么先后关系啊，是不是资本主义发展到一定程度才可能达到社会主义。而社会主义和共产主义又是怎样一种关系?

老师：是这样的，经过社会主义的发展才可能到达共产主义。

学生：那我们国家现在是社会主义啦。

老师：我们现在是社会主义的初级阶段。

学生：那怎么我们的社会主义和人家的资本主义那么像，好像还在模仿他们呢。厂长好多都变成资本家，也在剥削工人的剩余价值。而且共产主义是一个各尽所能、按需分配的社会，那必须要物质极大丰富才行啊，我们哪里可能啊?

老师：我们是在社会主义的初级阶段啊。我们的生产资料还是公有制为主体。

学生：是吗，怎么说我们是公有制为主体，现在那么多私人老板。

老师：我们国家在所有制方面控制着一些优质的国有资源，如铁路、能源等部门。

学生：那你觉得资本主义和社会主义到底谁更优越，凭良心说啊!

老师：资本主义它经过几百年的发展已经相当完备了。就我们国家的实际情况并不是很刻意地强调社会制度的性质，而是要促进生产力的发展，促进生产力发展的就支持的。

材料中反映了很多德育课教师都可能遭逢到的类似的尴尬和困境。两段材料中都体现出学生对教师课堂所讲内容的不信任态度，他们用不同的方式表达着这种不信任。往往在课堂上他们可能没有被赋予足够的话语权利对教师所讲的内容进行反抗，但是他们会用另外的方式来表达。或者是用“笑声”，或者把“两难的问题”抛给老师（如材料 1)，或者直接对教科书中的有关内容进行质疑（如材料 2)，或者用一种秘而不宣的方式表达。就如一位教师总结的：“学生经过那么多年的训练，也会配合你的，因为他们很清楚你要的答案是什么，另一方面心里却在嘲笑你!”

在以前信息封闭的时代，学生没有足够的渠道了解到相关信息，因此对教师所讲的内容少了很多质疑的机会。伴随着社会环境的日益开放，网络时代的快速到来，学生了解信息的通道更为畅通和多元，他们对教师的“前台”的表现也就有了自己的态度和相应的反映方式。

二　德育课实践效果之反思

如上文所述，中小学德育课在现实实践的过程中遭遇种种尴尬和困境，其效果不尽如人意，这种现实反映了什么问题，作为课程的开发者和实践者需要进行必要的反思，进而提升该门课程的实效性。在新的时代背景下，中小学德育课面临种种的挑战。

（一）在多元、开放的社会环境中德育课如何定位

如果教师尚可以通过自己的努力去缓解由所教与所信之间的矛盾所带来的焦虑，而学生对所教内容怀疑或者嘲讽的眼光则可能使教师陷入更深的职业困境中。教师的这种困境反映出德育课在现时代所必须面对的问题：在一个多元与开放并存的时代，以文本为载体、课堂教学为主要形式的德育课该如何应对这种变化？

1. 多元与一元的矛盾

首先，我们必须承认现代社会已经是一个多元化的时代。价值多元产生的前提是价值主体的多样化。正因为价值主体是多元的，每个价值主体有着不同的利益和需要，有不同的价值体系和准则，所以相对于这众多不同价值主体而言的价值就不可能是单一的，而只会是多元的。由于需要的多层次性，这些多元的价值很多又是很难互相归结的。尽管人类一直在道德实践中试图实现总体性和一致性的道德价值，但是道德异质、价值多元是人类历史中的事实。而且伴随着社会的不断进步，各种生活方式、各种道德价值取向渐渐处于自由发展的平等的地位。如英国的伦理学家麦金太尔在《德性之后》中所指出的，在这个世界，要在社会中寻求到共同一致的道德观是不可能的，因为任何一方都能找到自己的伦理准则的合理性，任何一方都没有充分和足够的理由说服对方放弃原有的观点。日常的道德争论具有无休无止性，而且找不到终点。[1] 著名的政治哲学家罗尔斯

---

① ［英］A. 麦金太尔：《德性之后》，龚群、戴扬毅等译，中国社会科学出版社1997年版。

则在《政治自由主义》一书中深刻指出："现在，严重的问题是，现在民主社会不仅具有一种完备性宗教学说、哲学学说和道德学说之多元化特征，而且具有一种互不相容而却又合乎理性的诸完备性学说之多元化特征。这些学说中的任何一种都不能得到公民的普遍认同。任何人也不应期待在可预见的将来，它们中的某一种学说，或某些其他合乎理性的学说，将会得到全体公民或几乎所有公民的认肯。"① 他同时指出："我们不把这种多元论视为灾难，而是视为持久的自由制度下人类理性活动的自然结果。把理性多元论看作是一种灾难，也就是把自由条件下的理性的运作本身看作是一种灾难。"② 还有大卫·杰弗里·史密斯指出："虽然理性作为思辨和认识人生的能力，的确有其普遍性，但是，不同的人和不同的文化是按各自的方式、根据摆在他们面前的生活状况理解生活的。不承认这一点，就会导致极权主义。……谁拥有控制明确的理性规则的技术和政治手段，谁就控制明确的理性规则的技术和政治手段，谁就控制着该游戏规则。"③ 在实践层面，1998 年联合国发表的世界文化报告中，专门就普世伦理的问题作了调查报告。这份报告得出的结论也许很有启示意义，报告指出：在关于价值观问题的陈述中，没有一种价值观似乎得到了一致支持只是依靠频度体现出一些观点。没有发现一条被一地区的居民们一致地接受、被另一地区的公民们绝对地反对的情况。我们也没有能力确认一种被所有地区一致接受的价值观。只是成功地证明了一些价值观被相当广泛地坚持（统一性），另一些价值观各国相当清楚地表现出不一致（多样性）。④ 可见，价值多元已经成为不争的社会现实。

就中国的具体情况而言，伴随着政治经济体制改革的不断深入，社会的开放性逐步提高，多元化的利益主体开始出现，社会的价值观渐趋多元

---

① ［美］约翰·罗尔斯：《政治自由主义》，万俊人译，译林出版社 2002 年版，第 4 页。

② 同上书，第 12—13 页。

③ ［加］大卫·杰弗里·史密斯：《全球化与后现代教育学》，郭洋生译，教育科学出版社 2001 年版，第 98 页。

④ 关世杰等译：《世界文化报告——文化、创新与市场（1998）》，联合国教科文组织、北京大学出版社 2000 年版，第 203—227 页。

也是不可阻挡的发展趋势。一直以价值引导为己任的德育课如何在多元化的价值背景中对学生进行价值引导？如何证明自身的合理性？在可见的将来，今日的学生所面对的无疑将是一个价值观更为复杂和多元的社会，他们面临的主要问题或许不是我的道德观是什么，而我该选择怎样的价值观。社会多元化的道德取向也要求多元化的道德教育。那种封闭的、保守的道德教育必将为学生所排斥，所疏离，所嘲弄。而且教师自身也是多元价值观的承载者。当教科书中的一元面对教师和学生价值观的多元化时，所能发挥的引导作用也就可想而知。我们的德育课传统都是以一元化的价值观教育学生，教科书中所设置的问题也总是存在“标准答案”，这就必然产生文本中的一元与实际的多元的矛盾。

2. 封闭与开放的矛盾

在相当长的一段时间里，德育课的内容呈现出较强的一元化的特点，但并未引来如此多的争议，也不太可能引发学生的质疑。因为在一个相对封闭的时代，人们了解信息的通道相当单一，所接受的信息量也有限。人的观点是在所吸收的信息的基础上建构起来的，单一的信息渠道和已经被选择过的信息使得学生不太可能对自己所接受的课程内容有反思和追问的能力。与之相匹配的是，在那个时代社会的主流价值观也是以一元化的方式存在，人们对什么是“好”与“善”基本的观点是一致的。

伴随着社会的开放程度逐步提高，信息源更为多样。各种媒体都介入到信息的传播之中，人们被各种信息所包围。现代化信息手段快速、准确、及时、同步的特点基本上消除了信息传播的障碍，甚至语言障碍。网络技术的产生更使得人们的信息接收方式产生了巨大的变化，信息几乎可以做到全球同步传真。以 2003 年的伊拉克战争为例，各种网络媒体把这场真实的战争活生生地呈现在世人面前，其间穿插着各种评述、预测，这在以前是不可想象的。不仅是传播方式的变化，网络的交互性更意味着话语特权的解放。凡是进入网络中的人都可以通过各种方式（如电子邮件、BBS、MSN、微博、微信等）发表自己的看法和观点，并可以根据自己的需要进行编辑。每个人既可能是信息的接受者也有可能是信息的传递者。它作为一种信息的媒介和交流的工具给人们的价值观形成提供了更多的可能。通过电脑进行远距离交流、收发数字编码的信息、进行交流“互动”，这种现象已成为最流行的利用因特网的方式。“以因特网模拟社群，这种用途远远超出它作为零售商店和参考资料的功能。……由于没有性别、年龄、种族、社会地位等方面的可视特征，交谈便会通往人们平时可能会避免的方向。这些虚拟社群的参与者们往往没有什么抑制感，对话很快就会活跃起来且有所进展”。[①] 人们之间信息观点互动的模式也就更为多样化。正因如此，现代社会已经成为一个话语权逐步下移、逐步开放的社会。

聂庆璞认为存在着三种信息传播的途径：纵向传播、横向传播、网状传播等。纵向传播是专制性的垄断传播，横向传播是松散化的社会传播。而网状传播则是纵向传播与横向传播都非常发达的传播形式，信息能够得到最充分的传播，能被广泛需要的人所获取，并能得到充分利用。[②] 我们如果以德育课的传播模式和现在的网络传播模式作对比就不难发现一些问题。传统的课堂的教学是以印刷媒介为载体的纵向传播为主、横向传播为辅的方式，它是带有专制性和垄断性的。在人们还没有机会通过其他传播模式了解信息时，这种传播模式就极容易影响人的思想和行为。网络则是一种典型的网状传播模式，其高度的开放性、互动性使得其传播的效果自然大大提高。学生作为网络的一个受众群体自然不可能脱离这种文化的影响，学生在经历着现实生活的同时，随时都有可能听到各种声音，接触来自各方面的信息。这些信息就必然成为影响学生道德成长的影响因子。如张琼在《道德接受论》中所指出的：道德文化信息的传递过程，因其传递形式不同又分为两种形式，一种是自发的道德文化信息的传递过程，诸如各种影视、书报等大众传播媒介的传递，一种是自觉的道德文化信息传递过程，这一过程实质上就是道德教育活动。[③] 自发传播方式的增多意味着学生选择信息的机会和自由度都增加了，学生便可以根据自己的需要选择信息。以前那种一元性由上至下的文本必然失去其吸引力和说服力。雷蒙德·鲍尔在他的《顽固的受传者》一文中指出：“在可以获得的大量（传播）内容中，受传者中的每个成员特别注意选择那些同他的兴趣有

---

① ［美］马克·波斯特：《第二媒介时代》，范静晔译，南京大学出版社 2001 年版，第 46—49 页。

② 聂庆璞：《网络叙事学》，中国文联出版社 2004 年版，第 68—69 页。

③ 张琼、马尽举：《道德接受论》，中国社会科学出版社 1995 年版，第 74 页。

关，同他的立场一致、同他的信仰吻合，并且支持他的价值观念的信息。他对这些信念的反应受到他的心理构成的制约……现在可以看到，传播媒介的效果在广大受传者中远不是一样的，而是千差万别的，这是因为每个人在心理结构上是千差万别的。”① 在课堂学习中，教科书虽然对接受者具有一定的客观制约性和规范性，要求理解者必须遵循文本的逻辑途径进行，但接受主体在理解时却不能不将自己的历史地形成的经验、知识、价值观念等纳入其中。在开放的社会中，如果德育课仍然很强调一元化的价值取向，课程的效果自然会受到相应的影响。

（二）社会文化对德育课影响之体现

1. 高度的教育教学分工观对学校德育的影响

高度的专业化所带来的高度的分工，是工业文化最为突出的特征，也是转型社会的突出表现，这从福特汽车公司所分的 7882 种专业化的工序中就可见一斑。伴随着这种精密的分工观的是相应的效益观，即每一份工作都有专门的人负责并得到相应的经济收益。伴随着知识门类的增多，这种高度专业化的分工在学校中也得到了极度的张扬，分科教学就是其突出的表现。较之经济生产部门，学校里的分工之明晰、责任之明确丝毫不亚于它，各科老师各司其职，有条不紊。与分工明确相对应的是工作量与经济挂钩，老师所教的学科和承担的日常工作都与其经济收入有了对应关系。从社会发展的角度这种专业化的分工无疑是学校教育进步的表现，它使教育的目的性更为明确，也在一定程度上提高了教育者的积极性，学校教育效率也得到了提高。

但不可否认的是，当学科教学分工越来越精细的时候，这种以专业化的分工为基础的教育有可能忽略“教育是一项培养完整的人的事业，对人的精神培养很难进行分工”的事实。各科老师主要负责自己这门课的授课的同时，德育就成为班主任和思想品德课老师的事。特别是班主任除一般的工资外，每个月还有特别的班主任津贴，在多拿钱就应多干事的经济规则指引下，对学生进行道德教育的责任理所当然地就落到了班主任的肩上。于是乎，课堂纪律不好，应向班主任反映；学生出了问题，要扣的

---

① 中国社会科学院新闻研究所世界新闻研究室编：《传播学》，人民日报出版社 1983 年版，第 19 页。

是班主任的奖金；要加强学校的德育工作，要召开班主任工作会议等。在学校管理的层面，各科教研室与政教处也是各司其职。正因如此，在课堂教学中，我们能够看到的多是知识之“教”，而教育之“教”则被隐匿了。问题学生在班主任和政教处那里接受专门的“教育”，自古以来的教书育人的传统发生了割裂，人师与经师似乎有了更为清晰的划界，这种分工明确的教育教学观在知识传授方面不乏其合理之处，而对学生的德性生长而言，却是有违其生长规律的。更为可怕的是当“德育”与教师的经济收入对应的时候，德育本身所具有的道德性还存在吗？“育人”的职责如何可以被明确分工并与教师的经济利益相连？事实上，学生自进入学校之日起，就与所有的老师有了道德关系，他随时都在受着不同老师的综合影响，从这个角度来看，德育是每一个老师的共同责任，是没有办法被明确分工的，更是无法用金钱进行量化的。而且每门学科的授课教师都有自己的学科阵地，也就有了能够对学生进行道德教育的特殊的、有利的途径，各科老师与学生接触面的总和也是大于班主任的，失去这个阵地，德育就大大受到了局限。从学生的角度看，他们的德性时时都在生长之中，每个老师的一言一行在其眼中都具有价值的意义，老师对其德性生长的影响只是自发与自觉之分而已。在分工的前提下，如果老师以专业化为理由而不自觉地放弃了自己对学生所拥有的道德责任，教师群体作为教育者整体在无形中就被分割了，学生的德性生长被人为地划定了专门的时间和空间，德育也被挤压到越来越狭窄的时空中。如马克思所言，高度的分工容易使人成为抽象的存在物，在学校中，学生就被抽象化为教育流水生产线上的产品，教师被抽象化为生产流水线上主管不同工序的工人，而学校成为了生产某种产品的企业，但是学校毕竟和工厂是两个不同的场域，有着截然不同的内涵。

2. 社会转型的背景下如何进行道德教育

任何的道德有其产生的社会土壤和发挥其作用的机制。品格不会在真空中起作用，它离不开社会环境。在教科书中出现的种种价值观和道德规范也需要有强有力的道德资源作为其支撑，否则存在于课本中的道德将不具备说服力，演变为教条。学生的思想与德育课所传递的价值观的冲突还不仅仅来自于社会价值观所呈现的开放性与多元性的特征。德育课教师所面对的难题之一是，在课堂上所宣扬的价值观本身并没有问题，但这些价值取向和学生平时生活中所看到的社会的各种价值观相冲突，在这种情况下如何去让学生相信这些价值观并内化为自身的道德信念？因为没有任何的教育是在真空中进行的，学生随时随刻都在接触着社会生活，感受着社会的道德风貌。这种社会生活的大背景究竟对专门的德育课进行着正强化还是负强化？当学生在课堂中所接触到的道德宣传和自身对社会道德生活的感觉产生直觉性的冲突和矛盾时，学生价值的天平将倒向哪一边？心理实验表明，人的注意力更主动地注意那些与自己固有观念相一致以及为自己所需求和关心的信息，而忽视或主动回避那些与自己固有观念相悖或自己不感兴趣的信息。这也就可以解释为什么初中学生对初三德育课内容不感兴趣。[①] 这个问题所隐藏的更为深刻的问题是：在社会道德资源支撑不足的情况下，如何对学生进行道德教育？结合中国的具体情况，我们不难发现当代中国的德育生态环境存在诸多的问题。

当代的中国社会无疑正处在高速发展的时代，经历着深刻的社会转型过程。但在这个过程中，社会存在着一定的道德风险。道德风险主要有两重含义：其一是指社会生活各个方面所采取的行为措施，尤其是具体的制度体制的安排、重大行为措施、剧烈的社会动荡，对社会道德状况、价值取向，对社会成员精神面貌、心灵提升的重大消极影响可能。其二是指在包括国家生活在内的社会组织生活过程中，立足于依赖个体的道德状况进行管理，由于个体道德行为本身的表达在某种意义上具有相当的不确定性，因而，可能使社会公共生活及其管理蒙受巨大的风险性。[②] 其中制度性失范的现象更为明显。制度的失范可能由两种原因造成，一是某些制度的不健全或者本身的道德性存在问题，二是有了制度却不能够得到有效的运行。制度的最重要的功能就是保证社会基本的正义性。美国学者罗尔斯在《正义论》中开篇就指出："正义是社会制度的首要价值，正像真理是思想体系的首要价值一样。一种理论，无论它多么的精致和简洁，只要它不真实，就必须加以拒绝，同样，某些法律和制度，不管它们如何有效率

---

① 2002 年课程改革前，南京初三的德育课内容为国情教育。

② 高兆明：《制度公正论：变革时期道德失范研究》，上海文艺出版社 2001 年版，第 271—272 页。

和有条理，只要它们不正义，就必须加以改造和废除。”① 如果观照中国的社会现实不难发现，社会中大量的存在着制度失范的现象。一方面有的人能有机会作恶，另一方面在作恶之后不会受到相应的惩罚，付出代价，反而有一定的收益。这种制度的亏空和缺失就使得人们对社会的认同感降低，不义行为往往得不到有效遏制。我们不难在现实的社会生活中看到权钱交易、官员腐败行为等。在这样的制度背景下，如金生鋐指出的：“在教育所灌输的道德准则与规范、道德理想与现实社会中道德状况相差甚远的情况下，个体往往怀疑的是道德教育的真实性，特别是当社会中以道德者自居的人普遍地存在着伪善和道德欺骗时，教育却在灌输着某种乌托邦的道德清规如‘无私奉献’时，个体的道德冲突是非常强烈的，他可能选择的是不道德或者嘲弄道德。”② 这给我们一个很重要的警示，当整个社会的道德环境出现了某些问题，德育课堂上的宣讲就更容易显得力不从心，甚至产生与教育本旨相背离的后果。

诚然，就如人对环境并不是完全的受动者，二者总是在相互的作用之中。德育课与其存在环境之间的关系也同样如此。课程所存在的种种问题固然与社会文化环境有着紧密的联系，但课程本身的发展不应该成为完全的受动者，更应该成为主动者，通过自身的努力获得一个良好的生存发展空间，进而对其环境产生积极影响。

---

① ［美］约翰·罗尔斯：《正义论》，何怀宏、何包钢、廖申白译，中国社会科学出版社 2001 年版，第 3 页。

② 金生鋐：《德性与教化》，湖南大学出版社 2003 年版，第 338 页。

结束语

在很长一段历史时间内，学校道德教育都融合在日常的教学和管理之中。赫尔巴特提出了不存在“无教学的教育”这个概念，也不存在“无教育的教学”更成为长期以来指导学校道德教育的信条。但是随着时代的发展，科学知识数量激增，学生社会化所需要学习的知识门类也越来越多，学校教育教学也就日益专门化。伴随着教育的功利化取向日趋明显，道德教育慢慢演变为在形式上谁都有责任，但是在实际的教育教学中最容易被忽略的责任。因此如何寻找现实可行的途径对学生进行道德教育就成为当务之急。单独设置道德课程，至少可以使得学校道德教育在时间上得到最基本的保证。在本书写作的全过程中，笔者都一直在思索这样几个问题：这门课程应该如何定位？它之所能为和不能为在哪些方面？它的深层理念是些什么？它在现实中的实践命运怎样？究竟该作怎样一些建设性的工作使这种道德教育方式能够最大限度地发挥作用？经过此研究，对这些问题笔者自身也没有得到满意的解答，只能说作了一定的探索。

如本书所论述到的，德育课是处在整个教育环境中的一门课程。其发展变革受到诸多因素的影响。一方面，当代教育的功利化取向使其缺乏足够的支撑性条件；另一方面，长期以来德育课自身的自为性较弱，缺乏足够的学科魅力也阻碍了其功能的发挥。总体而言，这门课程在中小学的命运是堪忧的。在二者之间，德育课无法控制外界的教育文化环境，而在提升自身学科品质方面则是可以有所作为的。

经过这次课题研究，笔者感受到了现实中德育课的困境、尴尬、无奈，也感受到德育课的希望所在。我们必须正视单独的德育课有其优势也有其先天的不足，必然有着自身的能与不能，相应的它应该有所为、有所不为。它的优势在于，一是这种课程是学生集体一起道德学习的一种方式。由于固定的班级是班级授课制组织的基础，使学生可能一直长期集中在一起，形成学习团体。而学习团体的形成为学生的道德学习提供了良好的教育资源。二是它有助于促进人的道德理智感的形成。道德思维能力具体包含道德推理能力、道德判断能力、道德决策能力与道德抉择能力的培养。德育课围绕着专门的道德主题，通过师生之间、生生之间的对话和互动就有可能使得学生对某些问题在理性上有更为深刻的思考和感悟。而作为一种专门的道德教育方式，它有着自身的缺陷，如：课程内容的外生性容易与学生现实相脱节；教学内容或者教学方式不当招致学生的反感；教学评价方式不适宜使其走入应试的怪圈等。因此，不应对这门课程寄予过高的价值期待，它仅仅是道德教育的一种方式。道德教育要达到理想的效果，必然是各门学科教师、所有教育教学人员乃至全社会的共同责任。

附　录

教师职业状态调查问卷

尊敬的老师：

您好！

这是一项有关思想政治课教师的工作状况的问卷，您对这些问题的回答纯属个人看法，没有对错之分。我们了解您对这些问题的看法是作为研究之用，请不必有任何顾虑。请仔细阅读下列各题，并根据您的实际情况作出选择。

回答方法：

1. 请填写表格中的内容。

2. 在问卷的第一部分的每一个问题后面都有 5 个表示不同程度的选择，请您仔细阅读每一道题目，根据您的实际情况在相应的选择后面画上“√”。

3. 在问卷的第二部分回答出自己的观点即可，没有字数限制。

对于您的大力协助，我们表示衷心的感谢！

性别	教龄	所学的第一专业是	第二专业是（没有不填写）	除了这门课，还担任的教学课程（没有不填写）	学校类别	学校类别	学历	所担任的行政职务（没有不填写）
1. 男（ ） 2. 女（ ）	1—5 年（ ） 5—10 年（ ） 10—20 年（ ） 20 年以上（ ）				城市（ ） 农村（ ） 乡镇（ ）	省重点（ ） 市重点（ ） 普通中学（ ）	中专（ ） 大专（ ） 本科（ ） 硕士（ ） 博士（ ）	

一、封闭问卷部分

(1) 你认为现在的思想政治课教材：

很好（ ）比较好（ ）一般（ ）不好（ ）很不好（ ）

(2) 你认为现在教材里的观点：

很先进（ ）比较先进（ ）一般（ ）比较落后（ ）很落后（ ）

(3) 你认为教参对自己教学：

很有帮助（ ）比较有帮助（ ）一般（ ）帮助不大（ ）帮助很小（ ）

(4) 你备课时使用教参的时候：

很多（ ）比较多（ ）一般（ ）比较少（ ）很少（ ）

(5) 你认为思想政治课教材内容与学生生活：

很贴近（ ）比较贴近（ ）一般（ ）距离较远（ ）距离很远（ ）

(6) 你认为现行的思想政治课的考试方式：

很好（ ）比较好（ ）一般（ ）不好（ ）很不好（ ）

(7) 你认为现在的教材留给教师的发挥空间：

很大（ ）比较大（ ）一般（ ）比较小（ ）很小（ ）

(8) 你认为开发思想政治校本课程：

很有必要（ ）比较必要（ ）一般（ ）不太必要（ ）没有必

要（　）

(9) 除了常规的各级教研活动，你参加思想政治学科培训的机会：

很多（　）比较多（　）一般（　）比较少（　）很少（　）

(10) 你平时是否喜欢看教育理论方面的书籍：

很喜欢（　）比较喜欢（　）一般（　）不喜欢（　）很不喜欢（　）

(11) 你认为参加的各级教研活动对提升自身教学水平的帮助；

很大（　）比较大（　）一般（　）比较小（　）很小（　）

(12) 你对所教学科的教师继续教育的方式：

很满意（　）比较满意（　）一般（　）不满意（　）很不满意（　）

(13) 你认为所学的教育理论对教学的作用：

很大（　）比较大（　）一般（　）比较小（　）很小（　）

(14) 你认为现在的学生对思想政治课：

很喜欢（　）比较喜欢（　）一般（　）不喜欢（　）很不喜欢（　）

(15) 你认为思想政治课对学生道德发展所起的作用：

很大（　）比较大（　）一般（　）比较小（　）很小（　）

(16) 你认为学生对思想政治课：

很重视（　）比较重视（　）一般（　）不重视（　）很不重视（　）

(17) 你认为对学生而言，思想政治课的存在：

很有必要（　）比较必要（　）一般（　）不太必要（　）没有必要（　）

(18) 你对自己所教的学科：

很喜欢（　）比较喜欢（　）一般（　）不喜欢（　）很不喜欢（　）

(19) 你对自己是一名思想政治课教师感到：

很自豪（　）比较自豪（　）一般（　）不自豪（　）一点都不自豪（　）

(20) 你认为自己所从事的工作：

很重要（ ）比较重要（ ）一般（ ）不重要（ ）很不重要（ ）

（21）你对自己现在的工作状态：

很满意（ ）比较满意（ ）一般（ ）不太满意（ ）很不满意（ ）

（22）你认为自己所教的学科：

非常有意思（ ）比较有意思（ ）一般（ ）没多大的意思（ ）没有意思（ ）

（23）你从这份工作中获得的成就感：

很高（ ）比较高（ ）一般（ ）比较低（ ）很低（ ）

（24）你认为自己所在学校对思想政治课：

很重视（ ）比较重视（ ）一般（ ）不重视（ ）很不重视（ ）

（25）你认为其他学科的教师认为思想品德课的存在：

很有必要（ ）比较必要（ ）一般（ ）不太必要（ ）没有必要（ ）

（26）你认为在其他学科的教师眼中，思想政治课教师的地位：

很高（ ）比较高（ ）一般（ ）比较低（ ）很低（ ）

（27）你认为思想政治课教师在学校中的地位：

很高（ ）比较高（ ）一般（ ）比较低（ ）很低（ ）

（28）你所了解的新课程改革相关信息：

很多（ ）比较多（ ）一般（ ）比较少（ ）很少（ ）

（29）你认为对思想政治课程进行改革：

很有必要（ ）比较必要（ ）一般（ ）不太必要（ ）没有必要（ ）

二、开放问卷部分

1. 你认为现在的思想政治课教材中存在的最大问题是什么？
2. 你认为在现阶段自己最需要哪方面的专业培训？
3. 你在教学中感到最困难的是什么？
4. 你认为思想政治课哪些方面最需要改革？
5. 请列举你认为对你教学帮助最大的三本书。

参考文献

一　著作类

[1]［法］皮埃尔·布迪厄、华康德：《实践与反思——反思社会学导引》，李猛、李康译，中央编译出版社 1998 年版。

[2]［日］佐藤学：《课程与教师》，钟启泉译，教育科学出版社 2003 年版。

[3]［英］齐格蒙·鲍曼：《流动的现代性》，欧阳景根译，上海三联出版社 2002 年版。

[4]［德］汉斯—格奥尔格·伽达默尔：《真理与方法——哲学诠释学的基本特征》，洪汉鼎译，上海译文出版社 2002 年版。

[5]［法］米歇尔·福柯：《知识考古学》，谢强、马月译，三联书店 2003 年版。

[6]［加］大卫·史密斯：《全球化与后现代教育学》，郭洋生译，教育科学出版社 2000 年版。

[7]［美］柯尔伯格：《道德教育哲学》，魏贤超、柯森等译，浙江教育出版社 2005 年版。

[8]［美］杜威：《道德教育原理》，王承绪译，浙江教育出版社 2003 年版。

[9]［英］约翰·威尔逊：《道德教育新论》，蒋一之译，浙江教育出版社 2003 年版。

[10]［美］杜威：《学校与社会·明日之学校》，赵祥麟、任钟印译，人民教育出版社 1994 年版。

[11]［美］杜威：《民主主义与教育》，王承绪译，人民教育出版社 2001 年版。

[12]［美］迈克尔·W. 阿普尔：《意识形态与课程》，黄忠敬译，华东师范大学出版社 2001 年版。

[13]［美］小威廉姆·E. 多尔：《后现代课程观》，王红宇译，教育科学出版社 2003 年版。

[14]［英］齐格蒙·鲍曼：《生活在碎片之中——论后现代道德》，郁建兴等译，学

林出版社 2000 年版。

[15] [英] 麦克·扬等:《未来的课程》,谢维和、王晓阳等译,华东师范大学出版社 2003 年版。

[16] [苏] 苏霍姆林斯基:《苏霍姆林斯基选集》,教育科学出版社 2001 年版。

[17] [美] 露丝·本尼迪克特:《文化模式》,王炜等译,三联书店 1988 年版。

[18] [美] 约翰·马丁·费舍、马克·拉维扎:《责任与控制——一种道德责任理论》,杨韶刚译,华夏出版社 2003 年版。

[19] [美] 阿尔温·托夫勒:《第三次浪潮》,朱志焱、潘琪、张焱译,三联书店 1984 年版。

[20] [英] 弗里德利希·冯·哈耶克:《自由秩序原理》(上),邓正来译,三联书店 1997 年版。

[21] [俄] 尼古拉·别尔嘉耶夫:《人的奴役与自由——人格主义哲学的体认》,徐黎明译,贵州人民出版社 1994 年版。

[22] [俄] 别尔嘉耶夫:《论人的使命》,张百春译,学林出版社 2001 年版。

[23] [美] 麦特·里德雷:《美德的起源:人类本能与协作的进化》,刘衍译,中央编译出版社 2004 年版。

[24] [德] 马克斯·韦伯:《社会学的基本概念》,胡景北译,上海人民出版社 2000 年版。

[25] [美] 约翰·杜威:《学校与社会·明日之学校》,赵祥麟、任钟印译,人民教育出版社 1994 年版。

[26] [美] L. W. 安德森、L. A. 索斯尼克主编:《布卢姆教育目标分类学 40 年的回顾》,谭晓玉、袁文辉译,华东师范大学出版社 1998 年版。

[27] [美] 托马斯·里克纳:《美式课堂:品质教育学校方略》,刘冰、董晓航、邓海平译,海南出版社 2001 年版。

[28] [巴西] 保罗·弗莱雷:《被压迫者教育学》,顾建新、赵友华、何曙荣译,华东师范大学出版社 2001 年版。

[29] [美] C. 赖特·米尔斯:《社会学的想象力》,陈强、张永强译,三联书店 2001 年版。

[30] [美] 乔治·H. 米德:《心灵、自我与社会》,赵月瑟译,上海译文出版社 1997 年版。

[31] [美] 伯格:《通俗文化、媒介和日常生活中的叙事》,南京大学出版社 2000 年版。

[32] [古希腊] 亚里士多德:《尼各马科伦理学》,苗力田译,中央人民大学出版社 2003 年版。

[33] [加] 马克斯·范梅南：《生活体验研究——人文科学视野中的教育学》，宋广文译，教育科学出版社 2003 年版。

[34] [美] 安布拉斯特、安德森：《教科书分析》，刘家访、李复新译，李一平校，见瞿葆奎主编、陆亚松和李一平选编《课程与教材》（下），人民教育出版社 1993 年版。

[35] [法] 保罗·利科：《活的隐喻》，汪堂家译，上海译文出版社 2004 年版。

[36] [美] 霍尔、戴维斯：《道德教育的理论与实践》，陆有铨、魏贤超译，浙江教育出版社 2003 年版。

[37] [加] 克里夫·贝克：《优化学校教育——一种价值的观点》，戚万学、赵文静等译，李自修审校，华东师范大学出版社 2003 年版。

[38] [德] 康德：《实践理性批判》，关文运译，广西师范大学出版社 2002 年版。

[39] [德] 马丁·布伯：《我与你》，陈维纲译，三联书店 2002 年版。

[40] [德] 康德：《道德形而上学原理》，苗力田译，上海人民出版社 2002 年版。

[41] [英] J. 莱夫、E. 温格：《情景学习：合法的边缘性参与》，王文静译，高文审校，华东师范大学出版社 2004 年版。

[42] 包亚明译：《布迪厄访谈录：文化资本与社会炼金术》，上海人民出版社 1997 年版。

[43] [英] 弗里德利希·冯·哈耶克：《自由秩序原理》，邓正来译，三联书店 1997 年版。

[44] [德] 弗里德里希·包尔生：《伦理学体系》，何怀宏、廖申白译，中国社会科学出版社 1997 年版。

[45] [美] 默里·斯坦因：《日性良知与月性良知——论道德、合法性和正义感的心理基础》，喻阳译，东方出版社 1998 年版。

[46] [日] 小园国方：《小园国方教育论著选》（上卷），刘剑乔、由其民、吴光威译，吴光威、由其民校，人民教育出版社 1993 年版。

[47] [英] 齐尔格特·鲍曼：《通过社会学去思考》，高华、吕东等译，社会科学文献出版社 2002 年版。

[48] [法] 贡斯当：《古代人的自由与现代人自由之比较》，李强译，选自《自由与社群》，三联书店 1998 年版。

[49] [德] 哈贝马斯：《认识与兴趣》，郭官义、李黎译，学林出版社 2002 年版。

[50] [美] 路易斯·拉思斯：《价值与教学》，谭松贤译，浙江教育出版社 2003 年版。

[51] [美] A. 麦金太尔：《德性之后》，龚群、戴扬毅等译，中国社会科学出版社 1997 年版。

[52] [美] 约翰·罗尔斯:《政治自由主义》，万俊人译，译林出版社 2002 年版。

[53] 关世杰等译:《世界文化报告——文化、创新与市场（1998）》，联合国教科文组织、北京大学出版社 2000 年版。

[54] [美] 马克·波斯特:《第二媒介时代》，范静晔译，南京大学出版社 2001 年版。

[55] [美] 约翰·罗尔斯:《正义论》，何怀宏、何包钢、廖申白译，中国社会科学出版社 2001 年版。

[56] [美] 布鲁纳:《教育过程》，邵瑞珍译、王承绪校，文化教育出版社 1982 年版。

[57] [苏] 瓦西留克:《体验心理学》，黄明等译，中国人民大学出版社 1989 年版。

[58] [苏] 吉登斯:《社会的构成》，三联书店 1998 年版。

[59] [美] 阿伦·C. 奥恩斯坦、琳达·S. 贝阿尔——霍伦斯坦、爱德华·F. 帕荣克:《当代课程问题》，余强主译，浙江教育出版社 2004 年版。

[60] [美] 拉瑞·P. 纳希:《道德领域中的教育》，刘春琼、解光夫译，黑龙江人民出版社 2003 年版。

[61] [英] 戴维·伯姆著，李·尼科编:《论对话》，王松涛译，教育科学出版社 2004 年版。

[62] [英] 戴维·莫利、凯文·罗宾斯:《认同的空间：全球媒介、电子世界景观与文化边界》，司艳译，南京大学出版社 2001 年版。

[63] [俄] 尼古拉·别尔嘉耶夫:《自由的哲学》，董友译，广西师范大学出版社 2001 年版。

[64] [英] 约翰·汤姆林森:《全球化与文化》，郭英剑译，南京大学出版社 2002 年版。

[65] [英] 约翰·斯道雷:《文化理论与通俗文化导论》，杨竹山、郭发勇、周辉译，南京大学出版社 2001 年版。

[66] [德] 雅斯贝尔斯，《什么是教育》，邹进译，三联书店 1991 年版。

[67] [日] 佐藤正夫:《教学原理》，钟启泉译，教育科学出版社 2001 年版。

[68] 施良方:《课程理论——课程的基础、原理与问题》，教育科学出版社 2003 年版。

[69] 瞿保奎主编、陆亚松、李一平选编:《教育学文集 课程与教材》，人民教育出版社 1993 年版。

[70] 班华主编:《现代德育论》，安徽教育出版社 2001 年版。

[71] 吴康宁:《教育社会学》，人民教育出版社 2003 年版。

[72] 鲁洁、王逢贤主编:《德育新论》，江苏教育出版社 1998 年版。

[73] 杨明全：《革新的德育课程实践者——教师参与课程变革研究》，上海科技教育出版社 2003 年版。
[74] 朱明光、蓝维等：《思想政治学科教育学》，首都师范大学出版社 2000 年版。
[75] 吴永军：《课程社会学》，南京师范大学出版社 2001 年版。
[76] 王策三：《教学论稿》，人民教育出版社 2001 年版。
[77] 杨启亮：《困惑与抉择——20 世纪的新教学论》，山东教育出版社 1995 年版。
[78] 吴康宁等：《课堂教学社会学》，南京师范大学出版社 2001 年版。
[79] 丛立新：《课程论问题》，教育科学出版社 2000 年版。
[80] 黄向阳：《德育原理》，华东师范大学出版社 2000 年版。
[81] 袁桂林：《当代西方德育理论》，福建教育出版社 1995 年版。
[82] 陈向明：《质的研究方法与社会科学研究》，教育科学出版社 2002 年版。
[83] 杨辛、甘霖：《美学原理》，北京大学出版社 1983 年版。
[84] 刘云杉：《学校生活社会学》，南京师范大学出版社 2001 年版。
[85] 江山野编译：《简明国际教育百科全书·课程》，教育科学出版社 1991 年版。
[86] 罗厚辉：《课程发展的理论基础》，台湾学富文化事业有限公司 2002 年版。
[87] 魏贤超：《德育课程论》，黑龙江教育出版社 2001 年版。
[88] 蒋广学、赵宪章主编：《二十世纪文史哲名著精义》，江苏文艺出版社 1997 年版。
[89] 葛兆光：《中国思想史》，复旦大学出版社 2003 年版。
[90] 吕达：《课程史论》，人民教育出版社 2000 年版。
[91] 梁忠义、罗正华主编：《教师教育》，吉林教育出版社 2000 年版。
[92] 陈善卿、张学智：《思想政治课教学研究》，南京大学出版社 1992 年版。
[93] 檀传宝：《学校道德教育原理》，教育科学出版社 2000 年版。
[94] 陶本一：《学科教育学》，人民教育出版社 2002 年版。
[95] 王健敏：《道德学习论》，浙江教育出版社 2002 年版。
[96] 王海明：《伦理学方法》，商务印书馆 2004 年版。
[97] 赵汀阳：《论可能生活》，三联书店 1994 年版。
[98] 郑金洲：《教育通论》，华东师范大学出版社 2000 年版。
[99] 胡卫编：《学生品德测评》，华东师范大学出版社 1992 年版。
[100] 郑航：《中国近代德育课程史》，人民教育出版社 2004 年版。
[101] 高谦民主编：《中国小学思想品德教学史》，山东教育出版社 1995 年版。
[102] 舒新城：《中国近代教育史资料》（中册），人民教育出版社 1961 年版。
[103] 陈学恂主编：《中国近代教育文选》，人民教育出版社 2001 年版。
[104] 王炳照、阎国华：《中国教育思想通史》，湖南教育出版社 1994 年版。

[105] 徐继超:《公民道德教育与公民法制教育》，中国社会出版社 2003 年版。

[106] 毛礼锐、沈灌群主编:《中国教育通史》（第六卷），山东教育出版社 1989 年版。

[107] 刘晓东:《儿童精神哲学》，南京师范大学出版社 1999 年版。

[108] 罗炽、简定玉、李太平、陈会林:《中国德育思想史纲》，湖北教育出版社 1998 年版。

[109] 杨国荣:《伦理与存在——道德哲学研究》，上海人民出版社 2002 年版。

[110] 金生鈜:《德性与教化》，湖南大学出版社 2003 年版。

[111] 李申申主编:《人性:存在与超越的审视——中西方道德教育思想与实践比较研究》，新华出版社 1999 年版。

[112] 万俊人:《现代西方伦理学史》，北京大学出版社 1997 年版。

[113] 任剑涛:《道德理想主义与伦理中心主义:儒家伦理及其现代处境》，东方出版社 2003 年版。

[114] 何建华:《道德选择论》，浙江人民出版社 2000 年版。

[115] 王海明:《伦理学方法》，商务印书馆 2004 年版。

[116] 陶东风:《社会转型与当代知识分子》，上海三联书店 1999 年版。

[117] 李晓文:《学生自我发展之心理学探究》，教育科学出版社 2001 年版。

[118] 李伯黍、岑国桢主编:《道德发展与德育模式》，华东师范大学出版社 1999 年版。

[119] 郝德永:《课程与文化:一个后现代的检视》，教育科学出版社 2002 年版。

[120] 聂庆璞:《网络叙事学》，中国文联出版社 2004 年版。

[121] 黄伯容、廖序东主编:《现代汉语》(下卷)，甘肃人民出版社 1988 年版。

[122] 张琼、马尽举:《道德接受论》，中国社会科学出版社 1995 年版。

[123] 金生鈜:《理解与教育——走向哲学解释学的教育哲学导论》，教育科学出版社 1999 年版。

[124] 茅于轼:《中国人的道德前景》，暨南大学出版社 2003 年版。

[125] 贺来:《现实生活世界——乌托邦精神世界的真实根基》，吉林教育出版社 1998 年版。

[126] 费孝通:《江村经济——中国农民的生活》，商务印书馆 2003 年版。

[127] 郑金洲:《教育文化学》，人民教育出版社 2000 年版。

[128] 马维娜:《局外生存:相遇在学校场域》，北京师范大学出版社 2003 年版。

[129] 教育部师范教育司组织:《教师专业化的理论与实践》(修订版)，人民教育出版社 2003 年版。

[130] 陈桂生:《教育学视界辨析》，华东师范大学出版社 1999 年版。

[131] 武汉大学思想政治教育系组编:《比较德育学》,武汉大学出版社 2000 年版。

[132] 黎德化:《现代人的精神需要与灵魂拯救》,内蒙古人民出版社 1999 年版。

[133] 薛晓阳:《希望德育论》,人民教育出版社 2003 年版。

[134] 程凯、王卫东主编:《考试社会学概论》,河南大学出版社 2000 年版。

[135] 天津市教育招生考试院:《考试研究》2002 年第 2 辑,天津人民出版社 2002 年版。

[136] 吴刚:《知识演化与社会控制——中国教育知识史的比较社会学分析》,教育科学出版社 2002 年版。

[137] 高兆明:《制度公正论:变革时期道德失范研究》,上海文艺出版社 2001 年版。

[138] 龚群:《道德乌托邦的重构——哈贝马斯交往伦理思想研究》,商务印书馆 2003 年版。

[139]《基础教育课程改革纲要(试行)》,2001 年版,教育部基础教育司。

[140]《思想品德课程标准解读》(实验稿),北京师范大学出版社 2003 年月版。

[141] 朱小蔓:《情感教育论纲》,南京出版社 1993 年版。

[142] 刘惊铎:《道德体验论》,人民教育出版社 2003 年版。

[143] 郭华:《教学社会性之研究》,教育科学出版社 2002 年版。

[144] 王朝闻主编:《美学概论》,人民出版社 1996 年版。

[145] 肖川:《教育的视界》,岳麓书社 2003 年版。

[146] 施良方:《学习论——学习心理学的理论与原理》,人民教育出版社 1994 年版。

[147] 渠敬东:《缺席与断裂:有关失范的社会学研究》,上海人民出版社 1999 年版。

[148] David Tuohy: *The Inner World of Teaching: Exploring Assumptions Which Peomote Change and Development*, London, Falmer Press, 1999.

[149] Kathleen Sernak, *School Leadership—Balancing Power with Careing*, Teachers College Press, Columbia University, New York, 1998.

二 论文类

[1] 胡潇:《教学解释方式的认识论思考》,《教育研究》2002 年第 11 期。

[2] 吴康宁:《中国大陆小学“品德”教学大纲的社会学研究——兼与台湾小学“道德”课程标准相比较》,《南京师范大学学报》2001 年第 3 期。

[3] 魏贤超:《整体大德育课程体系初探》,《教育研究》1995 年第 10 期。

[4] 班华:《对设置心理教育课程的认识与设想》,《教育改革》1994 年第 4 期。

[5] 郭晓明:《课程知识供应制度与个体精神自由》,《教育研究与实验》2003 年第 4 期。

[6] 甘剑梅:《教师应该是道德家吗——关于教师道德的哲学反思》,《教育研究与实验》2003 年第 3 期。

[7] 王有升:《语文教科书的社会学阐释》,《教育科学》2000 年第 3 期。

[8] 高清海:《追寻"人"的教育,当代主体教育论》序言,江苏教育出版社 2001 年版。

[9] 丁钢:《价值取向:课程文化的观点》,《北京大学教育评论》2003 年第 1 期。

[10] 冯建军、王俊卿:《论道德学习》,《江西教育科研》2003 年第 8 期。

[11] 杨启亮:《教材的功能:一种超越知识观的解释》,《课程 教材 教法》2002 年第 12 期。

[12] 陈庆挺:《社会转型期学校德育存在的问题及对策》,《教育探索》2003 年第 8 期。

[13] 鲁洁:《关系中的人:当代教育的一种人学探寻》,《教育研究》2002 年第 1 期。

[14] 班华:《近十年来德育思想现代化的进展》,《教育研究》1999 年第 2 期。

[15] 金生鈜:《教育为什么要培养理想精神》,《教育研究与实验》2003 年第 3 期。

[16] 张东桥:《中美义务教育阶段教科书使用制度的比较研究》,《比较教育研究》2003 年第 2 期。

[17] 杨启亮:《为生活的教育和为教育的生活》,《江西教育科研》2002 年第 12 期。

[18] 沈晓敏:《关于新媒体时代教科书的性质与功能之研究》,《全球教育展望》2001 年第 3 期。

[19] 高水红:《语文教科书中叙事的社会学分析上海教育科研》2003 年第 6 期。

[20] 杨启亮:《教学实践与课程理论的"对话"》,《当代教育科学》2004 年第 1 期。

[21] 高凌飙:《关于新课程教科书的几点思考》,《课程 教材 教法》2002 年第 9 期。

[22] 杨亚军:《正确认识和把握思想政治教育的"三性"》,《江苏高教》2000 年第 1 期。

[23] 吴康宁、吴永军:《历史人物在历史课本中的地位沉浮》,《南京师范大学学报》1995 年第 2 期。

[24] 易晓明:《学科式德育的问题及其对策》,《江西教育科研》2002 年第 1—2 期。

[25] 郑航:《平民化的自由人格:当代道德教育的目标取向》,《华南师范大学学报》2003 年第 2 期。

[26] 姜勇、郑三元:《理解与对话——从哲学阐释学出发看教育与课程的关系》,《全球教育展望》2001 年第 7 期。

[27] 吴康宁:《意义的生成与变形:课程授受的社会学释义》,《教育发展研究》2001 年第 4 期。

[28] 廷宪:《教师专业发展与教师道德》,《安徽师范大学学报》(人文社会科学版)

2003 年第 3 期。

[29] 郑航:《社会变迁中公民教育的演进——兼论我国学校公民教育的实施》,《清华大学教育研究》2000 年第 3 期。

[30] Judich A Maccallum: "Teacher Reasoning and Moral Judgement in the Context of Student Discipline Situations", *Journal of Moral Education*, Vol. 22, No. 1, 1993.

[31] Pamela B. Oseph, Sara Efron: "Moral Choices/Moral Conflicts: teachers' self—perceptions", *Journal of Moral Education*, Vol. 22, No. 1, 1993 .

[32] Dwight Boyd, Mary Louise Arnold: "Teachers' Beliefs, Antiracism and Moral Education: Problems of Intersection", *Journal of Moral Education*, Vol. 29, No. 1, 2000.

[33] Paul Duncan Crawford: "Education for Moral Ability: Reflections on Moral Development Based on Vygotsky's Theory of Concept Formation", *Journal of Moral Education*, Vol. 29, No. 2, 2002.

[34] Alifle Kohn: "A Critical Examination of Character Education Nava Maslovaty: Teachers' Choice of Teaching Strategies for Dealing with Socio—Moral Dilemmas in the Elementary School", *Journal of Moral Education*, Vol. 29, No. 4, 2000.